老年人的社会交往与社会工作研究

廖 薇 著

北京工业大学出版社

图书在版编目（CIP）数据

老年人的社会交往与社会工作研究 / 廖薇著 . — 北京 ：北京工业大学出版社，2021.12（2022.10 重印）

ISBN 978-7-5639-8218-9

Ⅰ．①老… Ⅱ．①廖… Ⅲ．①老年人－社会生活－研究②老年人－社会工作－研究 Ⅳ．① C913.6

中国版本图书馆 CIP 数据核字（2021）第 260549 号

老年人的社会交往与社会工作研究

LAONIANREN DE SHEHUI JIAOWANG YU SHEHUI GONGZUO YANJIU

著　　者	廖　薇
责任编辑	张　娇
封面设计	知更壹点
出版发行	北京工业大学出版社
	（北京市朝阳区平乐园 100 号　邮编：100124）
	010-67391722（传真）　bgdcbs@sina.com
经销单位	全国各地新华书店
承印单位	三河市元兴印务有限公司
开　　本	710 毫米 ×1000 毫米　1/16
印　　张	15
字　　数	300 千字
版　　次	2021 年 12 月第 1 版
印　　次	2022 年 10 月第 2 次印刷
标准书号	ISBN 978-7-5639-8218-9
定　　价	60.00 元

作者简介

　　廖薇,助理研究员,毕业于中南林业科技大学,硕士学位,现工作于长沙环境保护职业技术学院,负责退休老干部管理工作,致力用心用情精细呵护退休老干部。国家体育总局体操运动管理中心中国舞蹈啦啦操二级教练员。出版专著1本,主持部级课题1项,省、市级课题4项。公开发表论文20余篇,成功申请国家知识产权局实用新型专利1个。主要研究方向: 退休老年人身心健康管理、高职院校教育管理;主要特长:朗诵、主持、指挥、瑜伽等。

前　　言

　　随着人们物质生活水平的提高，老年人越来越重视心理需求的满足。老年人的社会交往对满足老年人的精神需求起着重大作用。然而，老年人在社会交往方面存在诸多问题。另外，随着全球老龄化日趋严重，老年人作为社会的主要群体之一，有着劳动能力、自理能力低等特点，使老年社会工作服务显得尤为重要。

　　本书共六章。第一章为老年群体概述，分别介绍了老年人健康标准、老年群体的特点、老年人的生命历程、老年期生理方面的变化、老年期心理方面的变化五个方面的内容；第二章为老年社会工作的背景，主要从五个方面进行了论述，依次是老年社会工作的场所、老年人小组工作、生理上的变化对开展老年社会工作的意义、心理上的变化对开展老年社会工作的意义、老年社会工作的伦理困境及对策；第三章为老年人的社会交往及社会工作干预情况，依次介绍了五个方面的内容，分别是社会交往的相关理论、老年人社会交往特征、老年人社会交往的意义和心理效应、影响老年人社会交往的不健康心理、老年人社会交往问题的社会干预情况；第四章为老年群体常见问题及社会工作干预情况，依次介绍了四个方面的内容，分别是老年人酗酒与药物滥用问题及社会工作干预、虐待与疏于照顾老年人问题及社会工作干预、老年人自杀问题及社会工作干预、老年人其他常见问题；第五章为老年人认知与情绪问题及社会工作干预情况，主要介绍了五个方面的内容，分别是老年人的抑郁症、老年人的痴呆症、老年人的焦虑症、社会工作对老年人认知及情绪问题的干预过程、老年人认知与情绪问题的另类干预手法；第六章为临终关怀常见问题及社会工作干预情况，主要介绍了三个方面的内容，分别是老年人的临终关怀的必要性、对老年人丧亲与哀伤的社会工作干预、对老年人配偶和照顾者的社会工作服务。

　　在撰写本书的过程中，作者得到了许多专家、学者的帮助和指导，参考了大量的学术文献，在此表示真诚的感谢。本书内容系统全面，论述条理清晰、深入浅出，但由于作者水平有限，书中难免会有不足之处，恳请广大同行批评指正。

目　　录

第一章 老年群体概述

第一节 老年人健康标准

一、身体衰老相关理论

（一）老化的生物学理论

老化的生物学理论又称生物老化理论，其重点探究老化过程中生物体的生理改变的特性和原因。迄今，科学家根据各自的研究结果提出了种种关于老化的学说或理论。但衰老的机制比较复杂，没有一种学说可以全面阐述人体老化的机制。老化的生物学理论主要包括自由基理论、遗传程序衰老理论、免疫衰老理论、神经内分泌理论。

1. 自由基理论

自由基理论认为，衰老由自由基损伤机体所致。自由基是由细胞代谢过程中不断产生的，带有一个以上不配对电子的原子、原子团或分子。自由基具有高度氧化活性，在体内可直接或间接地发挥强氧化剂作用，损伤生物体的大分子或多种细胞成分。这些损伤反应是细胞凋亡的特征，而细胞凋亡正是衰老细胞的死亡形式。在正常情况下，机体内存在相应的抗氧化系统以保证清除过多的自由基。但随着年龄的增加，机体内的自由基数量增加，衰老组织和器官对自由基的清除能力也减退，造成体内自由基不能完全清除而积累，自由基的增加反过来又促进细胞的凋亡，从而加重组织器衰老的病理改变。

2. 遗传程序衰老理论

遗传程序衰老理论认为，衰老如同生长、发育、成熟一样，均是由遗传程序决定的。目前的实验已经证明，在细胞核内的脱氧核糖核酸（DNA）控制下，生物体的衰老按照程序进行。在遗传程序衰老理论中，目前研究较热门的领域如下：与衰老有关的基因的研究，包括长寿基因、抑癌基因、衰老相关基因等；端粒及端粒酶与衰老关系的研究；DNA 甲基化及线粒体 DNA 损伤与衰老关系的研究。

3. 免疫衰老理论

免疫衰老理论认为，衰老与机体免疫功能有关。发生老化的基础是免疫系统功能的逐渐下降，老化不是被动耗竭而是由免疫系统介导的主动的自我破坏。其表现为，在人体衰老过程中，免疫细胞（T、B 细胞）绝对数目减少且亚群发生变化，T 细胞对有丝分裂原刺激的增殖反应能力下降，B 细胞对外来抗原的反能力下降但对自身抗原的反应能力增强，从而造成感染性疾病、自身免疫性疾病和恶性肿瘤的发生率明显增加。

4. 神经内分泌理论

神经内分泌理论认为，机体生长、发育、衰老、死亡均受神经内分泌系统的控制。下丘脑是调节全身自主神经功能的中枢，起着重要的神经内分泌换能器的作用。随着老龄化，下丘脑发生明显老化，下丘脑功能也显著衰退，使各种促激素释放激素的分泌减少或功能降低，垂体及其下属靶腺功能全面衰退，从而引起衰老。

（二）老化的心理学理论

心理学观点的老化理论主要着重解释老化过程对老年人的认知思考、心智、行为与学习动机的影响，相关的理论有需求理论、人格发展理论等。

1. 需求理论

需求理论中最具代表性的是马斯洛的需求理论。该理论指出，人类的需求有不同的层次，由下到上为生理需求、安全感、爱与归属、自尊、自我实现。人在不同的阶段有不同的需求，人的一生皆在此五种需求中来回移动。当一个人年纪大并达到自我实现的状态时，他所表现出的行为特质是独立，自主与拥有良好人际关系的完全成熟人格，这就是成功的老化。

2. 人格发展理论

心理学家发现每个人的整个人生过程分为几个主要阶段，每一个发展阶段就像一个关卡有必须完成的发展任务；一个人若能完成并胜任每一个发展任务，个体将获得相应的品质，人生则趋向成熟完美；反之，个体的发展会出现失败的停滞或扭曲发展现象。此相关理论称为发展理论。在众多相关理论中，爱利克·埃里克森的人格发展理论将人生过程叙述得最完整。

（三）老化的社会学理论

1. 角色理论

社会老年学家解释个人如何适应衰老的最早尝试之一包括对角色理论的应用。人们在一生中扮演着各种各样的角色，如学生、母亲、妻子、女儿、商人、顾问、祖母等。这些角色把一个人确定为一种社会存在，是自我概念的基础。这些角色相继进入生命的过程，每一种社会角色都与一定的年龄或生命阶段相联系。在大多数社会里，尤其是在西方社会里，按年月计算的年龄被用来确定不同地位的合格性、评价不同角色的适应性和形成对人们在社会环境中的预期。有些角色有与年龄相关的、合理的生物学基础（如母亲的角色），但是许多角色可以由不同年龄的人来扮演（如志愿者的角色）。年龄不仅会改变人们预期的角色，而且会改变预期他们去扮演的角色。例如，一个家庭对 32 岁母亲的期待不同于她 62 岁时对她的期待。个人如何才能更好地适应衰老被认为取决于他们在晚年时如何较好地接受角色的改变。

年龄标准适用于开始或结束时人们在一定年龄所能扮演的角色。年龄标准是对与年龄有关的能力和局限性的假设，认为一定年龄的人可以和应当做某些事。例如，一位表示不赞同的家庭成员可能告诉一位开始与人约会和很晚回家的老年鳏夫，他的举止"应该与他的年龄相称"。年龄标准可以通过社会政策和法律正式表明（如反歧视法和强制退休政策等）。不过，更为经常的是，这些标准在非正式地起作用。例如，即使雇主不能因为年龄正式拒绝雇用一位 55 岁的妇女，但他们可以假定她因为年龄太大而不能为新职务去接受培训；他们的经营标准是雇用年轻人。在这种情况下，年龄标准似乎是不公正的，而且往往对老年人产生有害的心理影响，使他们感到自己已无用、生气和沮丧。此外，这种标准强化了年轻人歧视老年人的陈旧观念，更可能认为老年劳动者没有生产能力和不可靠。个人在任何特定年龄都有自身的行为是否合适的标准，所以"社会的时钟变得内在化，年龄标准使人们根据时间轨迹行事"。例如，我们社会的大多数男性都有关于在适当的年龄从学校毕业、工作、结婚、建立家庭，然后达到他们事业的顶峰和退休的预期。不过，这些预期已在年轻人中发生了变化。例如，更多的男性在 40 岁或 50 岁时从事第二种或第三种职业而不是认为他们应该一直从事第一种工作。

每一个社会通过社会化传达年龄标准。人们的终身经历就是去学习如何扮演新的角色，适应不断改变的角色和放弃过去的角色，从而使自己与社会一体化。我们往往认为社会化主要发生在儿童期，但我们一生都在不断地适应新的角色。

老年人面临着许多角色困境。随着年龄的增长，人们更可能失去原先扮演的角色而不是得到新的角色。此外，大多数一般角色丧失多半是不可逆转的。例如，因丧偶而丧失配偶角色或因退休而丧失劳动者角色。尽管有些老年寡妇再婚，有些退休者重新从事她所满意的工作，但大多数并非如此，她们没有新的角色来取代她们所失去的角色。因为角色是自我概念的基础，所以角色丧失可能导致社会身份和自尊受到侵害。早期的某些研究发现，因为退休和丧偶而丧失角色与心理失调有关，这一点可以根据自诉用于幻想过去、想到死亡和心不在焉的时间来衡量。但后来的研究不太支持这种结论。

随着年龄的增长，角色也倾向于变得更为模糊。对于老年人自己和其他人来说，关于如家庭权威或赡养父母等角色要求的标准和预期都变得含糊不清了。美国社会学家伯吉斯认为，退休人员的角色就是"无角色"。也就是说，老年人不能一贯地用社会规则来指导他们的行为，这样就把他们排除在社会有意义活动之外了。在我们的社会里不存在老年人的标准，往往反映了与独立的社会活动有关的"中年人"标准。这实际上可能妨碍老年人的社会化。

没有明确的标准去衡量符合或偏离某种角色，对成功地扮演一个角色便没有多少回报。这又可能使老年人失去掌握新角色（如志愿者的角色），或保持现有角色（如帮助邻居的角色）的动力。此外，许多不愿接受被削弱的地位和退休角色"无用"的老年人面临着缺乏称心的角色选择和模式。其他人，尤其是妇女可能缺乏进入新角色或竞争年轻貌美的角色模式的资本。

缺乏合适的角色模式在某种程度上是基于这样的事实：21世纪以前，大多数人都未能活到老年。不仅角色模式很少，而且那些新闻媒介和公共领域里的角色在外表和行为方面也倾向于年轻化，而保持实际上妨碍老年人社会化的中年人标准。随着老年人数量的增加，今天的中年人比过去有更多的角色模式可以去竞争。此外，近年来更注意老年人可以在我们的社会里扮演的可任选择的角色，这趋势可能有利于降低未来老年人角色的模糊性。

另一困境是从劳动者角色过渡到退休角色的特点是角色的不连贯性，在一个年龄层次上学会的东西在下一年龄层次上可能是无用的或有抵触的。例如，在工作岗位上学会努力生产可能很难适应退休后的闲暇。无论是通过退休计划还是在工作时与退休者交往，大多数劳动者都很少有机会为新的、比较悠闲的退休生活做好准备。

尽管角色理论的框架能够帮助我们理解为什么有些老年人很难适应衰老过程，但是老年人的数量迅速增加可能改变这种状况。在将来，适合于老年的角色可能变得更明确，与过去角色相比更有连续性和更令人满意。未来的老年人可以更好为随着衰老过程而来的角色变化做好准备，越来越多的干预——如退休前的咨询、寡妇支援团体——可能有助于角色的顺利过渡。

具有活动力和健康的老年人不断增多，我们关于伴随着老年角色变化的概念可能也会发生变化。尽管老年是一个角色丧失的时期，但也可能包含角色的获得，如志愿者、非全日劳动者和祖父母等角色。而邻居、朋友、父母等其他角色通常会持续一生。尽管个别人的角色概念可能在一段时间内发生变化。例如，邻居的角色对于那些健康状况良好的老年退休者来说更加重要，因为如今他们有更多的时间去帮助照顾邻居的孩子，帮助健康状况不佳的邻居或参与邻里防止犯罪的计划等。

人们也越来越认识到，与年龄有关的"依赖者"角色不是不可避免的，更确切地说，生命过程的特点是在不同的时期或多或少要依赖社会关系，大多数人在感情上要依赖他人而不论年龄大小。甚至肉体受到损伤的老年人也仍然可以在感情上继续支持他人（如通过电话进行安慰），也可能想出一些创造性的办法来保证在家庭生活的能力。现在为了把老年人留在家中而不去养老院的种种努力反映了人们意识到需要尽可能长久地保持其独立自主的角色。

2. 活动性理论

老年人的角色变化构成两种争论最多的关于结果良好的衰老的理论的基础：活动性理论和脱离理论。这两种理论都是以堪萨斯市成年生活研究为依据的，但是它们得出的结果良好的衰老的结论根本不同。许多人站着参加1985年美国老年协会年会以"老年理论绝不会销声匿迹"为题的讨论会说明了这种争论会持续下去，这些理论观点在某种程度上也有助于使某些为满足老年人的需要而设计的社会政策合理化。

活动性理论在社会老年学领域是一种占优势的理论，它在很大程度上是一种符合常识的理论。这种理论认为，有活动力的老年人比没有活动力的老年人更容易感到满意和更能适应社会。活动性理论假定，一个人的自我概念是通过参与具有中年人特点的角色而被证实的，所以老年人应该尽可能保持许多中年人的活动，用新的角色取代那些因丧偶或退休而失去的角色，为了把老年人和社会的距离——这是违背老年人愿望的——缩小到最低限度，必须通过尽可能长久地保持中年人的生活方式——保持活力、保持繁忙、保持年轻来否定老年期的存在。这种观点在很大程度上是和我们社会的价值体系一致的，它强调劳动和生产能力。这种观点反映尽力为老年人发展包含责任和义务在内的新角色。在许多娱乐活动、旅游以及退休团体和老年人活动中心主办的各种学习班中，这种活动性观点也许最明显。

对活动性理论的经验支持是各式各样的。第二轮杜克纵向研究发现，积极参加组织和体力活动是结果良好的衰老的两个重要特征。不过，其他研究却认为，正式的群体活动与生活满意程度之间存在着消极联系，这就是说，要说明生活是否满意，需要有如有机会与其他人亲密交往的机会等活动水平以外的可变因素。尽管有些研究发现，有活动能力的人比不活动的人身心更健康、对生活更满意，这些人通常比不太活动的人受教育较多，经济条件较好，选择余地也较大。所以，社会经济、生活方式等可变因素可能比在活动性与生活满意程度、健康、幸福之间已认可的关系更为重要。

活动性理论很少告诉我们有关那些不能保持中年标准的人的情况。由于不承认性格因素的影响，所以这种理论不能解释如下事实：有些老年人活动不积极却很快活；而另一些老年人活动积极却不快活。另一个局限性是假定人们希望继续他们过去的活动。然而，许多在中年时活动积极的老年人可能不再希望保持他们的活动水平，而且实际上可能更重视减少社会参加的机会。老年人对积极活动的评价，可能因他们的终身经历、个性和需要而不同。罗伯特·哈维格斯特本人后来也承认在预测活动水平和生活满意程度之间的关系时个性的重要性。因此，在中年时就一直积极活动、有成就和外向的人可能愿意继续这种生活直到老年，而那些一直不积极活动、有依赖性和内向的人可能甘愿在晚年维持这种类型的生活。这种现象已导致其他许多社会学家认为，为了更好地适应衰老过程，应脱离社会而不是继续活动。

3. 脱离理论

在社会老年学领域里，脱离理论是最为人知和引起争论最多的理论。这是伊莱恩·卡明和威廉·亨利在1961年第一次提出来的。他们的著作《逐渐衰老》对设想老年人为了更好地适应社会而不得不积极活动的观点提出了异议。相反地，老年人降低活动水平，寻求较消极的角色，减少与他人的交往，越来越关心他们的内心生命却被看作正常的、不可避免的和令个人满意的。脱离理论的基础是，假设能力不可避免地会随着年龄的增长而下降和普遍期待死亡。脱离的过程可能由老年人也可能由社会启动。不管脱离社会的过程如何开始，都可以假定是相互起作用的，对社会和个人都会产生积极的影响。

按照这种理论，丧失角色和活动力的老年人希望摆脱要求他们具有生产能力和竞争能力的社会期望。因此，脱离被看作一种适应行为，使老年人可以保持一种有价值和平静的感觉，同时扮演比较次要的社会角色。例如，卡明和亨利认为，脱离社会的老年人摆脱了对职业角色的种种要求，比那些仍然在工作的老年人更容易进入令人满意的家庭关系。对男性来说，当他们丧失职业角色时，脱离过程往往是突如其来的。对妇女来说，由于她们经常以母亲为中心角色，因此角色的转化比较缓慢而顺利；不过，未来的职业妇女可能经历不同的转化期。

脱离理论被认为不仅适应老年人，而且对社会有利。按照卡明和亨利的见解，所有的社会都需要井然有序地把老年人的权力传给年轻一代。例如，退休政策被认为是确保具有新能力和技能的年轻人进入职业角色的一种手段。当老年人脱离了社会的主流时，他们的死亡也被认为不会破坏社会的最佳功能。因此，脱离理论认为，社会服务——如果有的话——不应该谋求恢复老年人的生气，应该鼓励他们退出社会。

这种理论观点一直受到广泛的批评，因为它认为脱离是不可避免的、有用的和普遍的现象。批评者指出，在其文化中，老年人转向了有威望、有权力的新角色。同样，在我们的文化中，也并非每一位老年人都脱离社会，老年人数量增多就是证明。他们中有许多人已经80多岁，但仍在工作，身体健康且积极参与社会活动。与活动性理论相似，脱离理论没有说明个人爱好的可变性。

一个人脱离社会的程度可以随着个人在社会结构中所处地位的不同而发生变化。例如，一位退休的大学教授比一位退休的钢铁工人会有更多的机会保留他的专业职务。一个人可能脱离社会（如较少参与社会事件），但在心理上依然充分参与（如继续从报章杂志上了解并讨论当前的各种事件）。此外，对一位局外人来说好像是脱离行为，但对老年人来说则可能具有十分不同的意义。例如，一位老年人倚窗坐着数小时不一定是脱离社会，而是在充分享受变化着的街景。

脱离理论也倾向于忽视个性在一个人适应衰老过程时所起的作用。那些总是积极果断地参与社会活动的老年人可能不愿意因年老而退出社会，而愿意保持他们适应环境的特有方式。同样，有些人总是退缩或消极，因此脱离社会对他们来说是他们原来生活的自然过渡或延续，而不是所有老年人特有的衰老过程的顶点。老年人脱离社会可能不是个人的选择，而是我们的社会不再为他们提供继续参与的机会。例如，没有有意义的全日工作比他们不愿干非全日工作更能说明老年人的就业人数减少。这就造成了脱离社会究竟是被迫的还是自由选择的差别。

最后，不能认为老年人退出有用的角色对社会必定有利。例如，脱离理论可以使强制提前退休法和其他政策合理化，这些法律和政策使老年人与社会上其他人隔离开来。但是鼓励提前退休的政策已经产生了消极的社会影响。例如，由于更多人过早退休，赡养退休人员的在职职工便相应减少，从而增加了退休金制度的负担，同时，工作场所也丧失了老年职工的技能和知识。与此同时，许多社会趋势正在抵制原来导致脱离社会的力量，其中包括预防医学的进步、老年人的经济保险的增长、退休人员的闲暇角色和选择的扩大等。

为了对这些批评做出反应，卡明修改了这种理论，更多地考虑到个性与脱离之间的关系。这种修改承认不是每一个人都脱离社会，老年人的适应行为变化范围极大。老年人与环境相互作用可被区分为两种方式：撞击和选择。撞击者在相互作用中被认为是主动的和活跃的；而选择者在社会关系中倾向于比较被动和有节制，等待其他人来证实原来有关他们的设想。主动的应付方式和被动的应付方式被认为是老年人从矛盾或消极的信息中保护自己的办法，从而保留了他们的自身价值。卡明也认为，错误地把脱离解释为孤独和被动，忽视了脱离行为可能是适应衰老的方式的问题。

脱离理论是一种包括许多内容的理论，但是只有一部分接受过检验，因此，关于脱离理论的争论一直没有得到解决。尽管有些研究者已发现不同的脱离（某些老年人以不同的速度在行为的不同方面脱离）是有用的，但这种理论通常得不到经验研究的支持。有些研究已经表明，脱离与许多个人和环境的可变因素有关。据发现，环境机会的差别在老年人中造成不同类型的参与和脱离。这种理论还造成一种直觉，即某些人愿意脱离不满意的联系而保持令人满意的联系；他们也可以容忍不令人满意的联系，以便继续参与社会。为了调查脱离水平的可变性、影响这些水平的因素，以及参与和脱离对个人的意义，需要进行更多的研究。

活动性理论和脱离理论显然都没有充分说明结果良好的或适应良好的衰老过程，也没有涉及发生衰老过程的社会结构或文化背景和历史背景。明克勒和威廉姆·埃斯蒂斯认为，只注意老年人做什么而不考虑引起老年人这样做的社会条件和政策的理论是不适当的。例如，研究人员可以探索经济大背景与老年人失业之间可能存在的联系，而不只研究个人对退休的适应问题。这些理论受到批评还因为它们指责老年人的自身条件和使对社会政策采取渐进主义和个人主义的态度合理化。这两种理论的潜在危险是，社会和老年人可能把它们解释成约定俗成的规矩。例如，老年人可能认为，他们应该以某些方式行事。两种理论都可以更恰当地被描述为关于在老年时如何生活的哲学忠告，而不是对衰老过程的解释。我们在能够解释有些老年人为积极活动的老年期感到快乐而另一些老年人甘愿减少他们的活动和参与的原因之前，需要考虑更多的可变因素。

4. 连续性理论

活动性理论和脱离理论的明显不足导致了另一种在老年期适应社会的心理学理论的出现，即连接性理论。按照连续性理论，老年人用新的角色取代失去的角色，并继续保持适应环境的特有方式。这种理论的基本原则是，不论年轻或年老，人们都有不同的个性和生活方式，而个性在适应衰老过程时起着重要的作用。总是消极或退缩的人不可能在退休后成为活动分子。同样，一贯活跃、自信和参与社会的人在老年时不可能安静地坐在家里。这种观点声称，从根本上讲，随着年龄的增长，我们变得更像年轻时的样子。主要的个性特点和价值观念随着年龄的增长变得更加突出。如果一个人在逐渐变老时保持一种成熟和完整的个性，那么，他便会有一个结果良好的老年。按照连续性理论，这就是对生活感到满意的基础。因此，个人为结果良好的衰老规定自己的标准，而不是试图适应共同的规范。

虽然连续性理论有某种直觉的吸引力，似乎克服了活动性理论和脱离理论的某些弱点，但它也有局限性。一种观点认为，它不可能有生态学的有效性。这就是说，它把发育的早期阶段当作衰老结果良好的标准，当作个人一生都在力求保持一种特殊的行为方式。这种理论只能意味着老年期的生活方式是由早先的生活方式发展起来，并持续至老年的。老年期遵循的生活方式可能是逐渐变老的一种反映，而不是毕生生活方式的反映。

当健康状况不佳或财力受限可能需要改变早先的生活方式时，对连续性的需要可能削弱个人在晚年时的自尊心。事实上，保持早先的生活方式可能引起不适应。有证据表明，对连续性的需要，也可能会妨碍个人根据个人的愿望改变不喜欢的角色和行为。研究表明，摆脱原来的角色可能有积极的影响。例如，许多妇女在老年时接受了比较典型的"男子汉"性格；有些老年男子却有通常被称为"女性化"的倾向。看来对生活最满意的老年人是那些没有死板地拘泥于传统的性别角色，而是将在文化上被确定为男子气概的特点和在文化上被确定为女性行为的特点结合起来。连续性理论的复杂性使它很难进行经验检验，因为个人对衰老的反应是通过生物学和心理学变化的互相关系与持续一生的生活方式等来解释的。因为这种理论将重点主要集中在作为分析单位的个人身上，忽略了外部社会因素在改变衰老过程时所起的作用。因此，以连续性理论为基础制定的政策可以使听其自然或"自己活也让别人活"的办法合理化来解决老年人面临的个人问题。不同个人在衰老过程中发生的许多不同变化，可以被认为统一政策的干预难以实施。老年人作为一个亚文化群体，与活动性理论家不同，主张衰老是一种亚文化的人认为，老年人通过他们在一个亚文化群体中的成员资格来保持他们的自我概念和社会身份。亚文化是由一个社会中的特定成员彼此间的交往比与这一社会中其他成员的交往多而形成的。这种交往被认为发生在一个群体中的成员通过共同的背景、问题、利益发展彼此间的亲密关系，同时排除与人口中其他成员的交往之时形成的亲密关系。

许多社会和人口趋势被认为能够增加老年人彼此认同和他们从社会的交流中分离出去的机会。这种趋势包括：老年人数量的增加；老年人在退休群体内部的自我隔离；由于早先年轻人离开了当地，造成内地城市和农村地区老年人的"非自愿"性隔离；在退出职业角色后，依赖社会服务和其他人的老年人增多。老年人亚文化的形成被认为对老年人产生了两种具有重大意义的影响：老年人已认识到自己是老人，因而在社会和文化这两个方面疏远了我们以年轻人为主的社会；老年人群体意识增强，对社会行动产生了潜在影响。

另一种观点认为，老年人构成一种亚文化是把老年人看作一个少数群体。从这种理论观点出发，老年人便被看作区别对待的对象，因为他们有共同的生物学特点（年老），这种特点容易被人看到。老年人往往处于较低的社会经济地位和存在机遇不平等的问题，尤其是在就业方面。社会对老年人的消极评价可能导致老年人的自我憎恨感，但也可能促使他们团结起来。

5. 社会交换理论

以行为心理学和功利主义经济学为依据，社会交换理论试图说明存在不同年龄层次中的结构性不平等的问题。西蒙·德·波伏娃断言，衰老是各阶级之间的一场斗争。多德进一步认为，年龄分层的定义是不全面的，没有提到权力问题，因为作为权力基础的资财不平等决定着人们的社会地位和机遇。按照社会交换理论，确定老年人地位的关键因素在于他们对社会的贡献（这种贡献由他们对权力手段的控制决定）和社会为支持他们所付出的费用之间是否平衡。社会地位已事先注定了老年人拥有或缺乏宝贵的资财。通过掌握物质财富、能力、成就和社会认为令人满意的其他本领，个人便能够在他们的社会关系中行使权力。因为在我们社会里有些老年人掌握的权力手段比年轻人少，所以他们的地位便相应下降。

公众对为支持老年人所付出的费用的态度可用那些错误地认为老年人是使促进健康、社会服务和长期照顾的费用上升的根本原因来说明。多德认为，在一个社会里，占有支配地位的群体试图使制度上的安排长期存在以维护他们的自身利益。

从这个观点出发，老年人作为"损害联邦预算"的替罪羊符合占支配地位的群体的利益。社会交换理论最初不是由老年学家提出来的，而是作为一种社会学理论由霍曼斯和彼得·布劳首先提出来的。它包括以下四个基本前提：

①个人和群体合理地使自己得到最大的回报和付出最少，包括时间、精力、努力和财富等。这些交易不仅是经济方面的，而且包括内在的心理满足。个人试图根据他们在某些方面的利益来选择相互作用。利益可能以增加社会机遇，增强自我价值感或成就感的形式表现出来。互惠的原则隐含在如下这些相互作用中：人们应该帮助那些帮助过他们的人；不应该伤害他们，否则可能引起报复。

②人们利用过去的经验预测现在类似交换的结果。对有关收益和费用的评估包括评估为达到同样目标的其他可供选择的办法。

③个人将保持某种相互作用，只要这种作用所获得的回报继续高于所付出的代价。如果回报的价值低于他们所付出的代价（为了得到回报所必须完成或丧失的东西），社会交往便将停止。

④当一个人依靠另一个人时，后者的权力便会自然增长。换言之，权力来自社会交换的不平衡，过分重视回报的人失去权力，对方便获得权力。

对家庭访问类型的研究是社会交换理论研究老年人问题最先使用的方法。唯一具有的权力是，提醒来访者有义务来访的家庭老年成员被置于一种依赖和依存的地位。当面对的只是老年人抱怨访问太少时，访问者是不会感到愉快和满意的。另一方面，有其他权力来源，如可能有遗产或能讲有趣轶事的家庭老年成员实际上处于有权力地位，而把亲属置于依赖的地位。

多德最普遍和最广泛地应用社会交换理论去解释老年人的地位。为了涉及为什么社会交往和活动往往随着年龄的增长而减少的问题，他先从批评脱离理论和活动性理论入手。与活动性理论及脱离理论一样，社会交换理论预言，重大社会交往和活动的参与随着年龄的增长而减少。不过，这个预言的基础不同于其他理论。首先，这种理论认为，老年人社会一体化程度的下降是通过主要社会机构在社会制度内发生的，因为老年人被有组织地剥夺了为了满意的社会交换所必需的宝贵资财。其次，这种理论认为，个人行为水平并不取决于将老年人分类为一个独特的群体。相反，过程和后果可能与任何个人正在经历的资财变化有关。最后，社会交换理论提出有可能改善许多老年人现在资财减少状况的办法。

根据多德的见解，互利不可能在社会交换中做到；相反，必须考察社会交换的双方来确定谁受益多和为什么受益多。丧失个人控制环境的权力和能力可作为用来说明老年人为什么只剩下屈从和脱离社会能力的问题。老年人脱离社会并非由于社会和个人彼此满意，而是因为社会在权力关系中享有特殊的优势。这种权力优势被反映为只有过时技术的老年人的经济和社会依赖性，因为没有什么东西能与社会交换有价值的东西。为了限定社会服务，老年人不得不接受退休角色来换取有限的社会服务、退休金和医疗照顾。由于不可能进入劳动力市场，所以老年人只能接近两种宝贵的权力资源：物质财富和权威地位。

多德认为，其他权力资源是个人的特点，如漂亮、强壮和聪明；有关系的特点，如拥有具有影响力的朋友或能照顾他们的子女；强化权力的一般因素，如尊敬、承认和支持。所有这些权力资源都有利于年轻人。例如，衰老通常导致社会所认定的强壮和漂亮特点减少；从而减少老年人在代与代之间相互作用中的权力。多德认为，剩下未被衰老过程触动的唯一重要权力来源是那些强化权力的一般因素。不过，由于尊敬、认可等强化权力的一般因素比较容易得到，所以它们的价值比其他权力资源要低得多，常使老年人只有最低限度的能力影响交换率。多德强调，依赖和依从等概念是权力的标志，权力是通过满足一个人的需要而不必依靠或受惠于他人才能获得的。许多没有资源作为权力基础的老年人，会在他们的交往中处于主导地位。

尽管老年人的权力资源有限，但他们在自身生活安排中力求保持某种程度的互惠性、活动性和独立性。多德提出，发展与老年人有关的政策和社会服务的原则应当是力求最大限度地使他们增加受到我们社会重视的权力资源。在这种模式中，适应性是一个影响个人环境和适应环境的双重过程。老年人被设想为能够通过抑制他们对回报的期望和发扬他们的政治效能感和年龄意识，最大限度地保持他们的权力。要想确定社会交换理论作为解释衰老过程的价值，有必要进一步进行经验研究。为了用数量来表示形成这种理论观点的多少有点抽象的概念，尚需进行更多的研究。

二、老年人健康标准

世界卫生组织（World Health Organization，WHO）曾于 20 世纪中期提出"健康不仅是没有疾病和衰弱，并且在身体、精神和社会上都呈现完美状态"。WHO 对老年人的健康标准提出了多维评价，具体包括 5 个方面，即精神健康、躯体健康、日常生活能力、社会健康和经济状况。WHO 还指出，老年人的健康最好的测量指标是功能，身体功能的适应能力可能比病理的改变程度更能衡量老年人对于健康照护的需求量。

世界卫生组织制定的健康标准是躯体没有疾病，并符合以下标准：

①有充沛的精力，能从容不迫地担任日常繁重的工作。

②处世乐观，态度积极，乐于承担责任。

③善于休息，睡眠良好。

④应变能力强，能适应环境的各种变化。

⑤能抵抗一般的感冒和传染病。

⑥体重适中，身体匀称，站立时头、肩、臂的位置协调。

⑦眼睛明亮、反应敏捷，眼和眼睑不发炎。

⑧牙齿清洁，无龋齿，不疼痛，牙龈无出血现象。

⑨头发有光泽、无头屑。

⑩肌肉丰满、皮肤有弹性。

第二节　老年群体的特点

本节内容以美国的情况为例。

一、老年人口的增长

美国老年人口持续增长。例如，2000 年，每 8 个美国人中就有 1 个人年龄超过 65 岁，或者说有 13% 的总人口年龄超过 65 岁。预计到 2030 年，当最后一波人口出生高峰期的同期群体到 65 岁时，老年人在美国总人口中的比例将超过 20%。

二、预期寿命与婚姻状况

据调查，1997 年出生的婴儿有望活到 76.5 岁，而在 20 世纪初出生的婴儿预期寿命只有 49 岁。妇女的预期寿命是 79.4 岁，而男性的预期寿命是 73.6 岁。曾经有人认为，男性的预期寿命之所以比妇女短，是因为就业压力，源于男子常常要干重体力活。然而，即使是在出生后的第一年，女婴的死亡率也比男婴的低，这说明更强有力的生物构成有助于女性更好地适应整个生命周期中生理和心理上的变化。从 20 世纪 60 年代开始，妇女加入劳动力大军中终生工作，只是到现在才显现出一些同样的与压力有关的工作后果。只有假以时日才能辨别出生理优势和与工作相关的因素各自对妇女有更长的预期寿命的影响。

1998 年，老年男性比老年妇女有配偶的可能性更大，其在婚比例分别为 75.1% 和 42.9%，反映出不同性别在预期寿命上的差异。尽管没有在婚的老年男女最有可能是丧偶，但 20 世纪 90 年代骤然增加的离婚和未婚人数预示，21 世纪单身老年人将会增加。

三、经济状况

20 世纪 60 年代以来，老年人口总体的贫困状况有所改善。20 世纪 60 年代，在 65 岁以上的人口中，有 30% 的人的收入低于贫困线。尽管如此，在 1998 年仍有近 20% 的老年人收入很低，被归为贫困或近于贫困人群。虽然 65 岁至 74 岁的老年人中只有 11% 的人收入低于贫困线，但是 75 岁及 75 岁以上年龄的老年人中，贫困人口的比例增加到了 16%。

更进一步地审视有关贫困人口的统计数字会发现，那些在工作时候收入就很低的人最有可能在晚年收入偏低或陷入贫困状态。对老年妇女来说，贫困率徘徊在 16% 左右，而老年男性只有 9% 生活贫困。同老年男性相比，老年妇女更有可能丧偶或者独自生活，因而只能依赖一份而不是两份固定收入生活。然而，对许多妇女来说，贫困并不是一件新鲜的事情。或者由于身为单身母亲需要钱抚养孩子，或者是由于时断时续的就业经历，抑或由于选择的职业薪水低，妇女在一生中贫困率都偏高。

据调查，有 26.4% 的非洲裔美国老年人的收入低于贫困线。西班牙语裔老年人和亚裔或太平洋岛屿裔老年人的贫困率分别为 21.0% 和 16.0%。有限的收入使个人没有可能积累财富，如拥有固定资产或储蓄，而且低收入的工作很少有退休金计划。一方面，当低收入工人退休的时候，他们完全没有经济来源保证收入能高于贫困线；另一方面，高收入工人有更高的社会保障津贴，财富积累更多，并且更有可能有私人的退休金。老年人的退休收入折射出他们毕生赚取的收入。

四、就业情况

过了 65 岁的老年人大约仍有 12% 留在劳动大军中，超过一半的人或者出于经济上的需要，或者是出于仍对上班有兴趣，会从事非全日制工作。这一数字涵盖的只是那些官方认为的劳动力队伍中的老年人，可能掩盖了实际参加所谓地下经济的老年人人数。有些老年人的工作收入没有走现金支取账目，没有申报自己的收入，以避免削减退休金或社会保障津贴。现在，仍然留在劳动力队伍中的老年人的数量有可能会继续增加。社会保障方案和私人退休金计划对退休年龄的修改，对享受老年医疗保健资格要求的变更，以及个人用于退休后生活的储备有所减少的趋势，都预示着即将步入老年的人口出生高峰期的这些人会比当今的退休老年人群体工作更多的时间。

五、健康状况

据调查，年届 85 岁时，超过半数的老年人在行动、洗澡、准备饭菜或其他日常生活活动中需要他人的协助。然而，3/4 的 65 岁至 74 岁的老年人和 2/3 的年龄超过 75 岁的老年人自评健康状况良好或非常好，尽管在这一群体内慢性病的发生率很高。

急性或慢性病所造成的经济上的负担会瓦解中产阶级老年人的经济储备，很快使他们从经济无忧变为贫困。这在很大程度上要归结于老年人的卫生保健资助机制。老年医疗补助计划这一为低收入人群设立的健康保险计划，只适用于那些低收入的、没有财产的老年人。许多低收入老年人既申领医疗补助也享受老年医疗保健服务，后者是联邦健康保险计划，覆盖了 96% 的年龄在 65 岁以上的人，不需要接受收入审查。两个计划结合在一起，绝大部分的健康护理开支都可以得到报销，但是对低收入老年人来说，要获得这一切仍然是一个问题。对中上收入阶层的老年人来说，除了老年医疗保健计划，他们常常还会购买医疗保险补充险种，即私人保险，以覆盖老年医疗保健计划没有包括进去的部分。老年医疗保健计划只涵盖了老年人一部分的卫生保健费用，它本身并不能充分解决老年人的卫生保健费用问题。

对于那些没有资格享受医疗补助又负担不起补充保险的老年人来说，明显会有一些卫生保健方面的支出没有着落。美国全国卫生统计中心估计，部分由于医疗补助系统覆盖面不全，近 10% 的老年人在卫生保健方面的需求没有得到满足，其中大部分人是贫困者、女性。这部分人定期做身体检查的可能性最小，最不可能接种流感和肺炎疫苗，或者及早对糖尿病和高血压做筛查，或者采取医疗措施防止疾病恶化，所以一旦生病就很可能比较严重。大多数慢性病预防的费用要少于治疗的费用，但是有部分老年人负担不起采取预防措施的费用。

对老龄群体人口特征的概述让我们看到，65 岁以上的老年人人口数量正在增长，并且在 21 世纪会继续快速增长。尽管老年人慢性病的发病率较高，但大多数老年人并不是疾病缠身，也没有贫困潦倒，更没有住在老年护理机构。虽然绝大多数老年人要对付时不时出现的健康问题，但是他们仍然是社会中积极的、有贡献的成员，完全驳斥了认为老年人身体病弱、与社会隔离、生活悲惨的刻板观点。然而，在经济方面，美国的老年妇女和高龄老年人的生活却是风雨飘摇、无所庇护。老年人早年生活的不平等会映射到晚年生活中。如果这样的趋势继续下去，老年人的寿命会继续延长，但是延长了的寿命未必健康，除非长期贫困问题和卫生保健体系不健全问题能够得到解决。

第三节　老年人的生命历程

（一）不同发展阶段

本节把老年看成人生历程一系列阶段的最后一程。人生历程的每个阶段都包含着生理上的发育和许多社会任务，所有这一切都嵌入宏大的社会文化背景中。人身体上的发育会经历从婴儿期到儿童期，再到青春期、青年期、中年期，直到老年期。所有人在每个阶段都有一些具有共性的身体上的变化，尽管在其中任何一个阶段一个人生理上的发育可能会因基因组合或疾病、伤残而有差异。就人的身体而言，老年期是生物意义上生命历程的最后一程，这一阶段受到在此之前的所有身体变化的影响极大。

每个生命阶段都有一系列通常与之联系在一起的社会任务。青少年必须给自己定位，把生活重心由原生家庭转向同辈群体，在此框架下接受社会化。青年人需要作出职业选择，决定挑选什么样的人生伴侣。到了成人期和中年期，个人一般把关注点放到家庭或事业发展上，开始寻求社会生活和经济上的稳定。对所有年龄的老年人来说，享受与子女和孙辈在一起的天伦之乐，退休后摆脱工作上的琐事，转向个人乐在其中、自己选择的社交和娱乐活动，常常是晚年的社会任务。这些被视为恰当的、顺理成章的人生历程中每一阶段的任务，它深深嵌入社会文化背景中，是美国社会期许的个人在每个人生阶段要做的事情。作为社会化过程的一部分，个人内化了这些期许，把它们当成了规划人生的蓝图。

在现实生活中，生命历程却并不是可以如此预测的。每个人都可以找出一个处于某一人生阶段却没有做通常期许在那个年龄该做的事情的人。要真正理解生命历程这一概念，必须把每个老年人看成不同的个体，他们经历了可以预料的生理发展阶段，但是各自有其独特的深受社会任务影响的生命历程。更精准的对人生历程的看法应当是把它视为一个流动的过程，而不是有固定时间跨度的一系列阶段。每个人人生阶段的长度和强度会因人而异。例如，有些女性在十几岁就做了母亲，40多岁就将孩子养育成人；而有的女性在40多岁才做母亲，在人们认为该退休的年纪还在养育孩子。还有些女性出于自愿或者是机缘问题，根本没有孩子，年轻或中年的时候压根就没有花时间经营过家庭。再有些女性因所处的情况而要养育自己的孙子辈，又担当起做祖母的责任。

生命历程是一种个人经历，用其独特的方式塑造了每个人。早年的全部经历就是造就每个老年人的参数。其结果是，老年人口比任何一个其他生命历程阶段的人口更具多样性。

把老年人简单地看成"到"了老年这一站，就忽视了整个生命历程中人的发展的动态性。

（二）老年期的划分

厘清对老年阶段的一般划分十分重要。人们一般接受65岁是老年期的开始只是缘于它是传统的退休年龄，并不是因为有特定的生理上或是社会生活方面的缘由。年龄在65～74岁的老年人常被称为低龄老年人。他们可能仍然工作或者刚刚退休，即使有健康问题也不是太多，仍然积极投入各种社会活动中。中间层的老年人年龄在75～85岁，被称为中龄老年人。他们可能会有健康问题，行动上有些不便，公开承认自己是老年人。在这个年龄段，个别老年人会丧偶，完全退出了职场。一般来说，这一老年群体比较需要支持。年龄在85岁以上的老年人被称为高龄老年人，他们是年纪最大的一群老年人，最需要得到支持和服务。高龄老年人更有可能有严重的健康问题，部分老年人会行动不便，个人生活的很多方面都需要他人的协助，如洗澡、进食、穿衣、如厕或走路等。

与前面谈到的生命历程的独特性一样，在此有必要重申有许多老年人的状况与这些一般性的分类完全不符，他们的状态与其年龄段一般的功能水平相去甚远。一些人到了50多岁身体就有许多严重问题，困在家中；但偶尔也有老年人即使到了98岁的高龄仍然从事特技跳伞运动。这些50多岁的人和98岁的老年人身上体现出了各自独特的人生经验。

第四节　老年期生理方面的变化

人体随时间的推移而发生的正常生物学意义上的改变过程是人所共知的衰老过程。身体衰老不会被视为病理现象，正常的衰老过程也不会被看成疾病。这一生命阶段特定的生物方面的变化可能会让老年人注定要慢慢患病。然而，机体在衰老过程中发生的生理上的变化并不一定预示着人在老年时健康会很糟糕。接下来的这部分内容会探讨老年期所有主要的生理系统发生的种种生物方面的改变。尽管各个单独机体实际上是以不同的速率老化的，但是生理上的变化过程还是表明衰老遵循着一个可以观察得到的规律。

一、皮肤、毛发与指甲

人体的皮肤系统包括皮肤、毛发和指甲。伴随衰老过程的最明显的生理上的变化是皮肤起皱纹，它是由丧失皮下脂肪和皮肤表面之下的水分造成的。这一过程还伴有皮肤细胞内弹力纤维的丧失。随着机体的衰老，皮肤变薄，弹性减少。日晒也是手臂和脸上产生色素沉着过度的主要原因，即所谓"黄褐斑"（肝斑）。一生当中的皮肤护理和身体健康都会影响到皮肤出现这些变化的速率。过度暴露在阳光下的人可能早在30多岁时皮肤就已显现出皱纹。而非洲裔美国老年人可能直到五六十岁才开始出现皱纹，这是由皮肤中含油量的不同造成的。

30～70岁，皮肤细胞的更替作为正常的机体维护过程的一部分减慢了50%。老年人的皮肤变得比较娇弱，皮肤的更替较慢。这些可以说明老年人比年轻的成年人更容易碰伤皮肤的原因。碰撞和跌倒可能会造成比看来应受的伤要严重得多的创伤，对高龄老年人来说更是如此。机体的老化、循环系统总体上的效率滑坡，血液循环到皮肤表面的速度减缓，造成皮肤受伤后愈合的时间延长。在伤口愈合上，老年人比年轻人需要多50%的时间。

血液循环到皮肤表面的功能受损常常影响老年人对冷热反应的灵敏度，老年人不太可能通过寒战为身体产生热量或者通过出汗消除身体的热度。其结果是，老化的机体不大能有效调节身体的温度。对老年人来说，房间的温度要高3～5℃才会觉得舒服。

老年人不能恰当地调节机体的温度可能会造成的问题不容小觑。比如低烧，由过长时间暴露在寒冷环境下造成的体温过低，最终有可能导致脑卒中、脑损伤以及死亡。再比如高热，由过长时间暴露在过热环境下造成的体温过高，可以导致中暑，如果不加处置就会有致命后果。所以，天气的冷热变化对老年人来说特别危险，他们会比年轻人早早就感受到温度的大幅起落。当老年人在夏季不使用扇子或空调，或在冬季把温度自动调节器的温度一直设置在低度位置上以节省能源时，他们就让自己身处险境。这些与衰老的皮肤系统联系在一起的正常的变化可能带来一个比任何生来就有的病理问题还要严重的问题，即老年人的自尊和自我概念问题。个人对自我的感受可能在很大程度上取决于身体外表。皮肤的这些变化一般是自己和他人最先注意到的变化。

尽管正常的与年纪有关的皮肤变化不被视为病态，但是2/3的年龄在70岁以上的人都有皮肤疾病，需要治疗，这表明皮肤在这些人的一生当中有过严酷的经历。终生饱受日晒与老年人伤口愈合能力的减弱，会让一些老年人更有可能患皮肤癌。因此，需要小心监察皮肤损伤、痣和色斑情况。尽管皮肤癌被及早发现时是可以医治的，但它仍然是最致命的一种癌症。远在人们还没有落下终生的皮肤损伤之前，就应当教给他们最佳的预防皮肤癌的方法。

头发变白是正常衰老过程中另一个常见的特点，尽管对一些人来说，还没进入老年就早早开始有白发。出现白发是因为头发的毛囊丧失了黑色素。这是一个渐变的过程，所以有些老年人头发完全变白，而另一些老年人一生当中都会保留数量不等的本色的头发。由于机体产生的雌性激素和睾酮减少，再加上头皮再生头发替代脱发的能力降低，从40多岁开始，人的头发就会变得稀疏。男性可能会部分秃顶，这一现象更多是受遗传因素的影响，而不是受衰老的影响。尽管头上的毛发减少，但是长在身体其他部位的毛发有可能增加。鼻孔、耳朵里和眉毛上会长出较多的毛发，表明荷尔蒙的缺失以不同的方式影响到了部分躯体。随着身体衰老，毛发会变得稀疏，手指甲、脚趾甲会变厚、变干，这可能会带来卫生方面的问题。

二、神经系统

与正常衰老相伴的神经系统的变化会影响到人体所有的其他生理系统。神经系统由机体的脑和支持性的神经网络构成。尽管到75岁的时候，由于液状物的流失，脑的重量减轻了10%，但是这一变化本身不会导致脑功能的丧失。人脑有非同寻常的弥补生理结构变化的能力，会重新设置传输线路让脑的不同部位发挥功能，特别是主管智力和认知功能的部分。器质性病变或受伤对人脑造成的实际损伤程度并不总是能够预测出究竟哪些脑功能受到了影响。

伴随衰老而来的最值得关注的变化是神经递质效率的下降。神经递质是在脑内传输信号并把信号从脑部传输到身体的相应部位的化学物质。突触这一神经细胞间电脉冲过的点，随着机体的衰老，在传导脉冲时的速度会变慢。

神经系统要花更长的时间才能把信息发送到脑部，处理信息并给予回复。这便是老年人对特定的刺激反应较慢的原因。例如，如果一个老年人碰了烫的东西，可能要花更长的时间才能把手挪开，这是因为处理脑部得到的信息变的较慢。比如在开车的时候，老年人可能要花更长的时间才能对急驰而来的车作出反应，或者是反应过来需要急刹车。老年人的认知功能可能完好无损，但是需要长一点时间去搜寻和加工知识。神经系统效能的降低也是出现低烧和高热问题的原因。

睡眠模式的改变被认为是正常衰老过程中发生的神经变化的一部分。老年人的有效睡眠减少，反而意味着有助于恢复身心健康和体力；深度睡眠的减少使老年人会在睡醒后感到没休息好。这是由于脑波的活动有所改变，以及昼夜节律这一正常的睡眠清醒模式有所改变。年轻人一般一天睡 7～8 个小时，其余的 16～17 个小时都是清醒的。老年人可能只需要睡 6 个小时，但是白天会不时地打盹儿，这种昼夜节律模式更像婴儿而不像成人。这就是为什么老年人常常会早早上床睡觉，在半夜却完全清醒。当老年人用白天小睡来缓解疲倦感或采用辅助措施延长晚上睡眠的时间时，问题可能会更加复杂。较晚上床睡觉可能会有助于老年人稳定自己的昼夜节律，还原较好的睡眠质量。

在谈论神经系统疾病的时候，有两种睡眠问题值得一提。一种是睡眠性呼吸暂停，即在睡眠过程中呼吸停止 10～15 秒，这会造成心脏供血不足。时间长了，会导致或加剧心脏病。处理这一情况常常是升高老年人的床头，或者使用塑料的呼吸带（专业运动员使用的类型）开启鼻腔导气管。另一种是夜间肌阵挛，它是一种神经系统疾病，特点是在睡眠过程中腿部会不由自主地抽搐。尽管这不是什么严重的问题，但是常常会搅扰睡眠。

脑卒中和帕金森综合征是老年人中比例偏高的另外两种疾病。脑卒中是因脑血栓或脑出血损伤了血管而导致的脑供血不足。85% 的脑血管疾病出现在 65 岁以上的老年人中。有些脑卒中是致命的，而有些脑卒中会使老年人身体、认知或沟通方面的能力严重降低。大多数脑卒中在发作前都曾有过一系列短暂缺血性发作，它们实际上是小卒中。在小卒中发作的时候，个体会经历短时间的失语、半边身体虚弱、视觉改变或丧失记忆的情况。这种损伤持续的时间很短，个体一般马上就会恢复丧失的功能。然而，小卒中是即将出现的脑卒中的预警信号。小卒中可以治疗，因而可以避免脑卒中及其毁灭性损伤。帕金森综合征是第二严重的神经系统疾病，在老年人中比在年轻人中更为常见。帕金森综合征是一种运动障碍，特点是手指、脚、嘴唇和头震颤，同时面部和躯干肌肉进行性僵硬。患有这种疾病的老年人由于控制肢体的能力削弱，可能吞咽东西有困难或者行走的时候会脚拖着地。如果能及早检查出来，这个疾病的治疗效果还是不错的。

三、心血管系统

心血管系统（心和血管）会随着身体的衰老而降低效能。增多的脂肪和胶原蛋白会积聚在心肌上，减少心脏的输出。心脏瓣膜会变得比较僵硬，使心脏在工作的时候更加吃力。血流量的限制造成了老年人在从事体力活动的时候更容易疲劳，或者肌肉力量减小。在老年人最需要更有效的血液循环的时候，身体却不大能供给。

老年人所有的主要血管都有一定程度的动脉粥样硬化，这是一生中脂肪堆积的结果。这些堆积的脂肪使心脏越发难以把血液有效地供给到身体的各个部位和有效利用氧气。这些堆积的脂肪降低大动脉的弹性，而它要将血液供往胃、肝脏和脑等大型器官。随着供血的减少，这些器官的功效会减低。心血管系统受运动的影响比人体的任何其他系统都大。对一生都从事体育运动的老年人来说，心脏的效能会像年轻人一样。尽管遗传和生活方式因素会极大地影响患心脏病的可能性，但锻炼也是同等重要的心脏衰老程度的决定要素。

两种主要的心血管疾病使心脏病成为老年人的第一杀手。第一种是冠状动脉疾病，会发展成动脉硬化，即动脉变硬或动脉粥样硬化。冠心病会限制心脏的供血量，导致心肌损伤，即众所周知的心肌梗死或心脏病发作。同年轻人相比，老年人的心脏病发作时弥散症状更多，他们会较多抱怨一般性的不舒服和疲倦症状，而不是胸部剧痛。当心脏不能把足够的血液输送到身体各处的时候，就会发生充血性心力衰竭。老年人可能会抱怨长期感到疲倦、虚弱或是水肿，即关节积液。水肿带来的不适常常使老年人变得极少活动，进一步加速了血液循环，让老年人容易患其他疾病，如肺炎。

第二个严重的心血管疾病是高血压，它并不只限于老年人。非洲裔美国老年人患高血压的人数是欧洲裔美国老年人的两倍。尽管用简单的血压检测方法就能很容易地诊断出高血压，但是高血压没有任何症状，常常被称为"沉默的杀手"。高血压会损伤动脉，让人们容易生出血栓，是常见的导致脑卒中的原因。如果在高血压对动脉系统造成广泛的损伤前就能确诊并持续服药，就会收到较好的疗效。

四、肌肉骨骼系统

随着年龄的增长，人们会因脊椎骨的压缩而变矮。尽管男女都会变矮，但是妇女的身高可能会矮三英寸（相当于7.62厘米）之多，因为她们的骨骼会因绝经后失去雌性激素而发生变化。老年人的脊椎可能会变得更加弯曲，让人有一个错觉，他们长年没精打采。由于肌肉细胞萎缩，丧失无脂肌肉以及肌肉组织中的弹性纤维，年老以后一般肌肉会损失力量和耐力。尽管如此，研究显示，当老年人经常锻炼这些肌肉时，肌肉的力量会有适度的增加，这说明不加运用可能会加速肌肉力量的退化。

脊椎的弯曲加上肌肉力量的丧失会造成老年人保持平衡越来越难。他们主导自己身体的能力会降低，越来越难以通过肌肉的精细变化在站立时保持身体重心。老年人如果觉得脚下不太稳，就可能更加缓慢地移动身体以控制自身的平衡。因此，有些老年人全面减少身体活动，结果加速了肌肉力量和协调能力的退化。

牙齿和支撑牙齿的下颌结构也被视为肌肉骨骼系统的一部分，它们可能会随着人变老而退化。那些在一生中没有对牙齿采取预防性护理措施的老年人，或者没有饮用氟化水的老年人，一般更容易在晚年掉牙或没到晚年就掉牙。65岁以上的人掉牙最常见的原因是有牙周病，即稳固牙齿的牙龈和下颌骨结构受到感染。这些感染一般是由牙斑引起的，可以通过定期刷牙和清洁牙齿去除。一旦老年人失去了天生的牙齿，戴上假牙，下颌的结构可能会发生改变。假牙可能不合适，嘴可能会"瘪"。当假牙特别不合适的时候，老年人会不愿意戴，这又加快了嘴"瘪"的速度。由此带来的循环会使咀嚼食物非常困难，甚至痛苦。

最为人所熟悉的伴随衰老而来的肌肉骨骼方面的疾病是关节炎。很少有人过了75岁还没有骨关节炎，至少会有些许的病症。这种情况是由软骨的退化以及关节表面出现骨刺造成的。因为终生都在使用关节或者关节曾经受过伤，所以软骨的退化是自然而然的。运动员由于过度磨损关节，经常会不到老年就有关节炎。尽管对老年人来说，活动手和膝盖可能会疼痛，但是定期活动发炎的关节可以改善不良状况。有一种更为严重的关节炎是风湿性关节炎，它不是老年期独有的疾病，而是影响到所有年龄人的自身免疫性疾病。

妇女面临的年老带来的肌肉骨骼系统方面的最有破坏作用的问题是骨质疏松症，即骨密度变低、退化。绝经以后的骨质疏松症会对妇女有影响，它是由停经后身体缺乏雌性激素造成的。

男女都会有老年性骨质疏松症，它是由与高龄联系在一起的骨密度总体上的减小造成的。当骨质变薄、变脆时，就更容易出现髋骨和手腕骨折的状况。尽管人们常常认为老年人是由于跌倒才出现了髋骨骨折的状况，但是更新的研究表明，髋骨自己也会发生骨折而造成跌倒。有些妇女有了驼背状况，脊椎上隆起了一个包，即常说的"寡妇型驼背"。还有些人的脊柱会变形，出现所谓的脊柱侧凸状况。这些状况可能会带来痛苦，严重限制了人的活动。一旦老年人出现了这样的状况，现代医药几乎不可能逆转。然而，如果绝经后的妇女能补充钙质并定期做运动，会有助于减少骨质流失状况的发生，这说明做运动是最好的防范措施。

五、胃肠道系统

人体的胃肠道系统包括食管、胃、肝脏和大小肠。有些人在刚刚步入中年的时候就体会到了消化系统老化的症状；有些老年人除了因味觉和嗅觉逐渐丧失而感到胃口不如以前外，没觉得有什么变化，消化系统并没有实际的改变。掉牙或者下颌在形状和力量方面的骨骼变化会造成咀嚼困难，这是漫长的消化过程的第一步。食物咀嚼得不好，就会让整个消化系统在处理时更加困难。随着机体的老化，食管这一从嘴连接到胃部的消化管道可能变窄或者弹性变差。其结果是食物可能要花更多的时间才能进到胃里。老年人在只吃了一点东西后就感觉"饱了"，是常见的现象。胃分泌出的消化液减少，致使老年人可能会有慢性胃炎，即萎缩性胃炎。它的早期症状可能是间或感到胃灼热，严重的情况下会发展成胃溃疡。身体在衰老过程中总水分的丧失使大小肠的重量减轻，这可能是老年人经常便秘的一个因素。

对胃口不好或者有消化问题的老年人来说，体重严重下降可能成为一个问题。老年人如果在消化和排泄过程中感到不舒服，就不太愿意进食。不良的生活习惯和遗传特质都是造成老年人胃癌和结肠癌发病率较高的因素。胃癌和结肠癌在早期都难以诊断，甚至直到发病的晚期症状也不明显。

六、呼吸系统

呼吸系统衰老的进程实际上是一生当中生活方式和环境因素共同作用的结果。事实上，难以区分出哪些呼吸系统的改变是由污染物和毒素造成的，哪些是由正常的衰老过程造成的。总的来说，随着年龄的增长，肺部的肌肉失去了弹性和力量。力量上的缺失损害了老年人深呼吸、咳嗽和清除肺部黏液与分泌物的能力。纤毛这一肺部中像毛发一样的结构物的减少，使肺部在获取氧气的时候效能降低。随着年龄的变化，肺部功能性的储备能力降低，导致呼吸较年轻时慢得多、浅得多。呼吸效能的降低可能导致身体其他部位氧气的摄入量不足。

尽管这些变化相当大，但是如果没有其他肺部疾病，老年人在休息的时候仍然能正常呼吸。只是老年人在活动的时候，身体需要较多的氧气，这些变化才最明显。如果老年人在活动的时候有机会休息，或者在做身体运动的时候放慢节奏，老年人的呼吸系统可能就不会出现明显的功能失调状况。

然而，长期氧气摄入不足会伤害血液循环系统的功能，给心脏带来损害。不能适时地咳嗽以排除肺部的异物，会导致老年人患肺气肿、慢性支气管炎或肺炎的可能性更大。肺炎是排在第五位的老年人死亡的原因。老年人患的许多肺部疾病是由吸烟或环境污染造成的。

七、泌尿系统

对一些老年人来说，泌尿系统的变化是最复杂的。泌尿系统包括肾脏、输尿管和膀胱。

肾脏在身体里有两大功能：一是肾脏从血液中过滤水和废弃物，并通过小便排出废物；二是肾脏发挥着至关重要的作用，让过滤过的血液在回归体内循环前恢复离子和矿物质的平衡。

随着机体的老化，肾脏发挥这两大功能的能力会减少50%多。某些药物（包括抗生素）之所以对老年人的身体系统有更强的作用，是由于较少的药物可以通过肾脏自然地过滤。肾脏可能会丧失吸收葡萄糖的功能，因而导致老年人更有可能出现严重的脱水状况。

由肾脏到达膀胱的输尿管和膀胱都有可能丧失肌肉紧张性，有可能导致膀胱不能完全排空。当膀胱中的尿液排不干净时，老年人就更容易出现尿路感染。由于膀胱的储存能力降低，老年人可能需要更频繁地排尿。这种情况最有可能出现在夜间，并可能会扰乱睡眠。尽管排尿频繁，但老年人还可能会因神经系统效能的降低而较迟感觉到需要排尿。

小便失禁可能就是膀胱存储能力降低和对排尿的迫切性感觉迟钝的结果。妇女当中这一问题更为普遍，因为女性在生过孩子之后，骨盆底部的肌肉会变得松弛。

对男人来说，尿道问题可能会因前列腺方面的问题而加剧。前列腺是一种类似油炸圈饼形状的腺体，它环绕着尿道，产生精子里面的大部分液体。前列腺肥大可能会造成在开始和终止排尿时出现问题，膀胱不能完全排空或者尿急尿频。前列腺肥大不一定是疾病，除非尿道系统积存尿液造成感染，或者前列腺出现癌变状况。高龄以及有家族病史会增加患前列腺癌的风险。

老年人如果担心自己离家后找不到如厕的地方，就可能减少液体的摄入量，以减少上厕所的情况。然而，这样做并不是一个好的解决方法，因为老年人会因此有脱水的危险，会频繁出现膀胱感染的状况。

八、内分泌与生殖系统

人体的功能与荷尔蒙系统息息相关。荷尔蒙是由内分泌系统产生出来的，它调节生殖、生长发育、能量生产和机体总体的体内平衡。这一部分将讨论衰老过程中出现的两种主要的荷尔蒙方面的变化，分别是由胰腺调节的胰岛素水平的改变和男女雄性激素及睾酮水平的降低。

胰岛素是胰腺产生的物质，用来调节血液中的葡萄糖水平。葡萄糖是食品中含有的一种糖，它的新陈代谢会产生能量。对一些老年人来说，胰腺生产胰岛素的效能降低，葡萄糖没有被代谢掉，结果血糖的水平就会升高。当机体的胰岛素水平逐渐不足时，成年期发病的糖尿病可能会进一步发展。老年人可能不会出现通常的糖尿病症状，如身体疲倦、食欲增加、虚弱、病后痊愈慢和尿频等。老年人的糖尿病甚至有可能觉察不到，直到看其他病的时候做血液检查才被发现。糖尿病不加治疗的话会造成频繁感染、肾衰竭以及对心脏和血管的损伤。在美国，上年纪的非洲裔妇女特别容易患糖尿病，究其原因似乎部分归结于遗传倾向和其他一些因素的共同作用，这些因素包括饮食不当、运动量少以及其他与年纪有关的疾病发病率较高。

绝经以后，妇女的内分泌系统普遍会发生改变。绝经是月经周期的终止，对大多数妇女来说绝经发生在近 50 岁和 50 多岁的时候。卵巢不再发挥功能，它也减少了雌性激素和黄体酮的生产。雌性激素的保护作用有助于说明直到 50 多岁女性患心脏病的风险都比男性低，而在此之后发病率的平稳状况才被打破的原因。

男性在衰老过程中出现的正常的生殖方面的变化比妇女要缓慢。绝经对妇女来说是看得见的导致生育能力丧失的事件之一，而男性可能会一直有生育能力直到进入老年期。男性的睾酮水平可能会有某种程度的降低，这会降低性欲，但这并不是普遍现象。

九、感觉系统

在 70 岁的时候，人的所有感觉系统都会有某些改变。大多数老年人的视觉、听觉、味觉和嗅觉都有些丧失，不如以前敏锐，触觉的感觉阈限增高。在没有疾病的情况下，这些变化也会逐渐产生，大多数老年人都学会了如何弥补这些感觉系统的丧失。

1. 触觉

由于神经传输效率的降低，大多数老年人的痛觉阈限升高。年轻时能感觉得到的疼痛现在感觉不到。一些严重疾病导致的疼痛，如心脏病发作时的疼痛，对他们来说可能是缓慢的、模糊不清的不适感，而不是像年轻人那样有剧烈的挤压性疼痛。老年人不太会抱怨由烧伤、烫伤或皮肤擦伤引起的疼痛。这对老年人来说是更为严重的问题，因为会延误治疗的时间。感觉阈限的丧失也使老年人似乎越来越笨拙，可能不能精确感知如何抓紧物品。由于神经系统要花较长的时间才能把信息传给肌肉，让其共同工作以保持身体的平衡，所以老年人要获得平衡感可能更为困难。

2. 视觉

视觉的变化在 30 ～ 40 岁的时候就已经开始了。人们开始有老花眼，对于近处的东西，眼球的晶状体不能调节焦距，因而明视距离的近点被拉得更远。电话簿、报纸和其他字体印刷得小的材料，对老年人来说越来越难以近距离阅读。这些视觉上的变化是由眼睛形状的变化造成的。人在年老以后，眼睛的晶状体变得不那么有弹性。当由远眺变为近看，需要快速变化的时候不大能调节过来。眼睛的瞳孔也变小，更为固定，对光线不大能作出反应。其结果是，老年人要真正看清东西需要更多的光线，因为瞳孔不能自动放大以使更多的光线进来。同样地，瞳孔也不能自动缩小以限制光线进入眼睛里。所以，老年人在遇到强烈而炫目的光线时会有较多的问题。闪闪发亮的表面——尤其是地板——对老年人来说特别危险，他们会因炫目的反光而看不见任何事物。老年人即使还有中央视觉，也可能会逐渐丧失周边视觉。对一些老年驾驶员来说，对强光的反应和周边视觉的减退可能会造成非常严重的问题。

眼睛的晶状体变黄，减弱了老年人的色觉。尽管到了老年，眼睛仍然能够敏锐分辨红色、黄色、橙色，但是蓝色、紫罗兰色和绿色成了老年人最难以区分的颜色。颜色区别能力的减弱造成深度知觉丧失，给老年驾驶员带来了额外的风险。

尽管这些视觉上的变化可能给老年人带来不便，让他们恼火，但是这些都被视为正常衰老带来的视觉变化。而有一层薄膜覆盖到眼睛的晶体上的白内障，不是眼睛正常变化的一部分。白内障发展以后，常常需要移除，代之以在晶体上植入可以摘除的或者永久性的隐形镜片，以恢复清楚的视力。白内障的出现与缺乏抗氧化剂有非常紧密的联系，如缺乏维生素 A，C，E。高脂肪、多碳水化合物的饮食中常常缺乏这些元素。有一个更为严重的常常会导致失明的眼睛问题是青光眼，即眼睛里的液体过多或不足，导致眼压不正常。如果不加以治疗，就会造成管状视野。青光眼是导致失明的主要原因。验光师和眼科医生通过简单的检查很容易就能查出青光眼。采用医疗手段能有效治疗这一眼疾。第三种眼睛疾病似乎在老年人中比在年轻人中出现得更为频繁，它就是黄斑变性，即一种渐进性的中央视觉丧失。患有这种眼睛疾病的老年人保留了一些周边视觉，但是丧失了直视前方的能力。

3. 听觉

尽管正常的听力变化是随着身体衰老而来的，但是对一些人来说，早在年老之前听力可能就已经有了损伤。暴露在喧闹的工作环境中，如建筑工地、工厂以及钻井台，都可能造成人在 20 多岁就过早丧失听力。另一个与年龄无关的导致听力下降的主要原因是参加音乐会或者用个人的立体声设备听嘈杂的音乐。若是偶尔暴露在有害的声音环境中，耳朵可以修复受损的神经；但是持续暴露在这样的环境中，会造成身体修复不了的听力丧失。随着各种音响设备的不断涌现，毫无疑问，将来有明显的听力丧失问题的老年人的数量会有所增加。

听力逐渐丧失以及不能区分不同的音频便是众所周知的老年性耳聋。造成这一问题的原因是，内耳中传导声音的骨头发生了与年龄有关的变化，以及颅神经细胞丧失。听力丧失并不单是人是否听得见一定音量的问题，而是人能否分辨不同声音的问题。人在分辨不出特定的人声的音频的情况下，谈话时可能就听起来模模糊糊或者杂乱无章。听力丧失的人从背景噪声中过滤声音的能力就会降低。加大音量可能使问题更为严重，因为音量可能并不是症结所在，分辨不同的声音以了解其中的意义才是问题的关键。此外，有些听力丧失是由耳道积聚了耵聍造成的。

4. 味觉和嗅觉

之所以把这两种感觉放在了一起，是因为它们之间有非常紧密的联系。

尽管不论年龄多大，人的机体都会程式化地丧失一些味蕾。但即便是非常老的人，其味蕾也会再生。然而，尽管味蕾会更替，但老年人还是常常说味觉阈限有所降低。老年人更偏爱口味重的食物，这样才能尝出滋味，或者他们会觉得糖多或盐重的食物有吸引力。然而，丧失嗅觉可能实际上才是老年人失去味觉的罪魁祸首。

随着年龄的增长，尽管嗅觉感受器还会更替，但是在数量上有所减少，更替跟不上损伤。老年人闻不到食物的味道，从而减少了味觉上的感受力，因而减少了进食的乐趣。不能通过味觉或嗅觉享用食物，常常造成老年人严重失去胃口。当老年人闻不出天然气、烟火或变质的饭菜的气味时，嗅觉不灵就会带来危险。

在变老的过程中，每个人的生理系统都会有某些改变，这些变化不应该等同于疾病或伤残。有些变化是慢慢发生的，个人几乎注意不到，如味觉成嗅觉的变化。而另外一些变化，如心肺效能的降低，则会给老年人的日常功能带来重大挑战。

第五节 老年期心理方面的变化

前文讲述了老化过程中生理方面的变化，它们是身体正在老化的最直观的迹象。这些生理上的变化能造成多大程度的功能上的损伤，取决于遗传基因、致病机会和选择什么样的生活方式。本节内容将探求伴随生理上的变化，老年人心理和社会生活方面发生的改变，即决定人们所思所行的认知功能、智力能力和社会行为在变老过程中都有哪些调整。

心理和社会生活方面的调整不像生理上的改变一样，遵循一个相对而言可以预测的路径，它们的调整形态令人难以置信地纷繁复杂，每个老年人都有所不同。一些老年人从未出现过让人注意得到的记忆丧失或完成复杂任务的能力降低，甚至到了 90 多岁或者年龄更长也是如此。他们能够保持积极的、充满活力的、与家人和朋友有紧密联系的生活。而其他一些老年人早在 60 岁的时候就开始有严重的记忆丧失或者退出社会交往等待死亡的问题。就像生理上的变化一样，个人体会到的伴随老化过程的心理和社会生活方面的改变，在本质上大多取决于老年人在年老过程中如何选用自己心理和社会生活方面的资源。

尽管伴随年老而来的生理上的变化常常最容易被察觉到（有时也最麻烦），但是老年人最害怕的常常是认知和情感功能方面的变化。出现了健忘的第一个迹象，中老年人可能就会问，自己的大脑是否不清楚了，或者这是否是患阿尔茨海默病的首个征兆。家人担心上了年纪的亲属是否有能力按照复杂的配药方案服药。新近丧偶的寡妇可能想知道是否有一天自己能摆脱丈夫去世后患的抑郁症，还是余生都要忍受这一疾病的折磨。

认知方面的变化是指老年人在智力、记忆力、学习能力和创造性思维方面发生的变化。随着年龄的增长，知识和经验逐渐积累，人们是否实际上变得更聪明了？老年人出现记忆问题，忘记午饭吃了什么却详细记得儿时发生的事情，这种情况是否不可避免？老年人能学习新技能吗？这些是复杂的问题，涉及极其复杂的认知功能，对此的解答既是肯定的也是否定的。虽然对于老化过程中认知变化的研究已经进行了多年，但是得出的结果常常互相冲突，确定不了在这一过程中究竟发生了什么。下面将探讨有关这些认知过程的心理学研究的总趋势。

一、智力

（一）概念

智力是个人收集信息，对其加工处理，生成新的想法，并在日常生活中把信息用于新的和熟悉的情境中的能力。人主要有两个方面的智力：晶态智力、液态智力。

智力的发展轨迹是随着年龄的增长而变化的，积累的知识和经验不断增加，人们知道的便更多。设计花园、阅读、烹饪和维修都是生活中的例子，需要一生积累的经验知识。从积累信息的角度来看，到老年期，智力的确还会有所增加，或者至少保持不变。心理学家称这种类型的智力为"晶态智力"。个人积累知识的成效极大地受制于通过教育和人生阅历接触到的信息的数量，并且在一定程度上受到遗传基因的影响。就知识积累而言，老年人的确变得更精明了。他们的确比自己年轻的时候懂的东西多。着重测量积累知识的智力测验测的就是晶态智力。

然而，决定一个人如何靠一份固定收入生活，或者在一生驾车后却要学会乘坐公共交通工具，以及伴随生活改变而来的挑战，如退休和丧偶，需要的是一套不同的智力技能。

保有新信息，把它与已经积累的知识结合在一起，用于解决问题的能力是"液态智力"。对于测量问题解决能力或一系列任务完成能力的智力测验，老年人的表现不是那么好。不过，没有清楚的证据表明是单一的年龄因素造成了他们在这类智力测验上表现差。大多数智力测验都是有时间限制的，而老年人由于神经传输介质的退化，反应时间较慢。如果这类测验去掉时间限制，年轻的测验对象和年老的测验对象之间只有可以忽略不计的微小差别。

（二）影响老年人智力的因素

老年时期的智力会受到多种多样因素的影响，只有少数因素与老化过程没有一点关系。基因或许是所有因素中最重要的决定性因素。智力较高的人在晚年也很可能继续保持这一状态。较高的教育水平和挑战性的工作，会让人在变老的时候有较强的智力。总之，先天的能力以及毕生的智力训练能够在很大程度上预测时间对智力的影响。

与智力有关的主要心理能力是口语理解能力、空间关系把握能力、推理能力，以及对单词、数字基本上流利的表达能力。这些能力对所有年龄的人都是最重要的。这些领域的能力直到40岁还会有所改善。如果没有疾病，主要的心理能力会保持稳定，直到快70岁的时候才会有缓慢的、在一些情况下几乎察觉不到的下降。人到80岁的时候，这种下降更容易被察觉到。

年龄带来的变化，如身体健康、感觉敏锐度和营养方面的变化，以及患抑郁症，也与智力功能下降有关。由血液循环问题导致的心血管疾病，会让老年人在从事复杂的解决问题的活动时有察觉得到的变化。随着身体的衰老，神经系统从脑部传输信息的效能打了折扣，血液循环在脑部整体的健康运转中发挥了作用。视听器官的感觉输入是信息处理的一个重要组成部分。当老年人的这些功能受到损伤时，认知功能也会减损。老年人可能看起来没跟上谈话的内容或者做的事情，这是因为他们未能捕捉到重要的环境刺激信息。特别难办的是，老年人可能不知道自己错过了这些信息，固执地否认自己有问题。

1. 营养

营养不良会造成智力功能下降。食管和胃的生理变化会导致老年人比年轻人更快地感觉到"饱了"，这会造成热量摄取不足或者缺乏维生素。没有足够的营养，大脑就不会有效运转。除了营养不良，老年人更容易出现脱水的现象。这是由于口渴的感觉减少，或者有意想限制摄入的液体总量以避免频繁上厕所排尿。当老年人要对付身体或情绪上的不适时，可以用来完成认知任务的精神能量就少了。问题并非都源于老年人的智力功能下降了，而是他们可以投入复杂的认知功能中的心理能量减少了。

2. 环境

有关老年人智力功能的一个最重要的发现是老年人所处的运用认知技能的环境的重要性。在实验室环境中接受智力测验表现不好的老年人，在较为熟悉的环境中（如自己家中）容易表现得更好一些。最根本的是，老年人迎接每天生活中的挑战、解决问题的能力对于了解其认知功能无比重要。研究指出，当老年人解决与日常生活有直接关系的问题时，会娴熟地召集起认知方面的资源。同样的研究还发现，保持个人的独立是老年人最强的动机，这让他们能找到创造性的方法去解决问题。如果保持独立取决于能否按复杂的处方服药，老年人可能会采取措施，用纸条详细写下每天什么时候服什么药。他们会在厨房贴纸条，提示自己确定关了煤气或者锁了门。这类行为对于做过老年人工作的人来说并不陌生，它是老年人为弥补自己认知功能丧失而做出的努力。熟悉环境的重要性也能解释为什么老年人会在陌生的环境中很快丧失认知功能。

二、人格

人格是个体先天拥有和后天学习所得的行为、情绪和认知功能的混合体，它决定了个体如何与环境互动。从出生的那一刻开始，个体便开始显现出独特的人格。一些人生来脾气随和、活泼乐观、令人愉快，而另一些人脾气暴躁、情感不外露、不怎么合群。尽管人们不能选择自己的人格，但是能控制自己的行为。从某种意义上说，人格既是结构也是过程。说它是结构，是因为个人的人格在一生当中是相对稳定的。说它是过程，是因为它总是随着环境的改变而有所变化。在儿童期、青春期和青年期，人格相对来说是可塑的，它在成熟的过程中与环境持续地相互作用。在成人期，成熟的人格变得比较稳定，不太容易改变。

（一）心理社会任务

埃里克森认为，伴随个体在环境中的成长，人格在一生当中会做调整以回应一系列的心理社会任务。从孩子面临的第一个挑战，即建立对周围人的信任或不信任中，埃里克森看到了遗传的人格特质与所处环境的相互作用。如果人们要成功地度过每个人生阶段，就必须解决与这一人生阶段有关的心理社会危机。他假设，如果早期阶段的人生危机没有得到解决，就会在后面的人生阶段出现心理社会功能方面的问题。例如，如果人在婴儿阶段没有学会信任他人，那么就难以在后面的人生阶段与另一个人建立亲密关系。埃里克森学说的最后一个人生阶段是老年期，它要解决的问题是自我完整与自我绝望。在这一阶段，个人必须学会接受生活中所发生的一切，并得出对自己生命意义的理解。有时这一过程包括处理未了的事宜，挽回尚能改变的东西，如与人重修旧好。而有时则意味着让无可挽回的东西随风而去。在任何一种情况下，个人如果无法对自己的生命感到安心，就不可避免会感到绝望，产生一种无法抵挡的生命无意义感。

（二）应对压力

人格之所以是老年人心理方面的一个重要元素，主要是因为它影响人们如何应对压力。处境中有压力并不是只有老年人才会遇到，但是年老可能会带来一些人生最难应对的压力，如承受身体疾病、丧失生活伴侣、收入来源有限带来的经济上的紧张感以及独立生活受到威胁、恐惧死亡等。尽管这些大问题给老年人造成了非常大的压力，但是一生中积累的知识和经验能切实帮助他们处理大的压力事件。

阿诺德·拉扎勒斯和科恩发现，老年人应对压力的好坏取决于四个因素。第一，对某种情形的"认知评价"，即老年人是否觉得某个情形有压力。对一些老年人来说，早上的报纸送晚了就会让他们一整天不痛快；而另一些老年人只有遇到危及生命的事件时才会比较焦虑。一些老年人非常善于"不为鸡毛蒜皮的事伤脑筋"，而另一些老年人专为不起眼的事担心。第二，主观上乐于接受还是不乐于接受压力事件。一位老年人可能会对要做膝部置换手术持欢迎的态度，认为这会终止长期的膝部疼痛。他会接受让人不舒服的康复过程，把它视为最终带来积极结果的必由之路。而另一位老年人可能看不到痛苦的康复阶段之后关节更舒服的好处，感到非常难以应对这件事。人格给了人们看待类似事件的不同视角，所以人们会有不同的反应。第三，是否能获得支持系统。这会影响老年人对压力调整适应的情况。老年人若有伴侣或广泛的家人和朋友的支持，处理压力会显得更好一些。这是因为他们不会觉得自己是在单独面对问题，调动其他人给予情感上的支持似乎减轻了压力。第四，主观感觉对压力能掌控多少。

鲁思和科尔曼发现，老年人要面对更多的与每天的生存联系在一起的压力。维持一个家、应付身体疾病对自己的限制、单独吃饭，这些都是有可能造成持续性压力事件的例子。它们即使不比重大的人生转变更难应付，在难度上也与之不相上下。老年人如何应对压力，受其自身人格的影响。鲁思和科尔曼发现了两种不同的老年人应对日常压力事件的形态。一种是他们描述的"有计划的、积极的"应对方式，即老年人积极投入制订处理压力事件的计划中。这是些偏向内控的老年人，他们感觉对自己的环境仍有控制的余地。例如，一位不喜欢独自吃饭的寡妇，可能会定期邀请朋友来家里吃饭，或者尽力到老年人公寓的食堂吃饭，以此来对抗独自吃饭带来的压力。另一种是对压力事件采取"逃避或缩微化"的应对方式，他们干脆不理会或否认压力事件的影响。这些人更有可能是外控的人，把自己生活中发生的大部分事归因于由身外之物所控制。这种类型的老年人可能对独自吃饭这一情况听之任之，或者打开电视替代有人陪伴。从本质上说，他们对情况放任自流，不认为自己可以充当行动者作出一些改变。

三、记忆力

在没有疾病的情况下，人脑的记忆能力是无限的，这一能力不会受到与年龄有关的记忆力变化的影响。但人的记忆东西的过程会随着机体的老化而有所改变。记忆有三个元素。第一个元素是感官记忆，它是人通过感觉系统注意和获得的记忆。有一首人们喜爱的歌提到新鲜烤面包的味道和美丽的日落景象，说的就是感官记忆的例子。人们并没有刻意要记住这些事情，但是就记住了，这是由于这些意象给感官记忆留下了印象。感官记忆是处理信息的第一步，涉及通过五种感官渠道中的任何一个接收信息。词汇和映像是先通过视觉看到的；声音是听到的并与视觉映像联系在一起；而新鲜面包的味道会激发没有视觉映像或声音的记忆。五个感觉系统中的最后一个是触觉，它能帮助老年人注意东西的质感或温度。感官记忆本身不会受到与年龄有关变化的影响，尽管识别视觉映像的能力可能会因年龄带来的对感官的损伤而受到不利影响。老年人识别不出是什么歌曲，是由于他们听不清楚；没有辨别出新鲜面包的味道，是因为他们闻不到。嗅觉对记忆来说是非常强有力的刺激物，本书稍后在如何运用缅怀往事疗法开展老年人工作的内容中加以讨论。通过感觉系统从环境中捕捉信息是把信息交托给记忆的先决条件。

记忆的第二个元素称为初级记忆或所谓的暂存记忆。初级记忆要求个人把一段记忆"编码"，然后加以储存。比如，学生接触到的大部分信息开始都是初级记忆。为了以后能得到这些信息，他们必须意识到这些信息，愿意去回想，并把它们和类似的信息储存到一起。这一过程并不完全是有意识的。记取信息的刺激越大，为记住信息而有意付出的努力越多，信息就越有可能变成记忆的第三个要素次级记忆。次级记忆是被储存起来的积累的信息，在人们回想的时候才被检索出来。如果信息得到强化，就会变成人的部分长期记忆。

对许多老年人来说，问题不在于记东西的能力随着年老有损伤，而是处理形成记忆信息的能力有了改变。知觉速度下降，让人在相同时间内难以像自己年轻时那样处理信息。比如，当一位医生飞快地过目几个处方时，老年患者可能难以处理看到和听到的线索，并与特定的服药指示对应起来。比如，一天两次、只在吃饭时服用的是蓝药片还是白药片？对许多老年人来说，短时间内被给予太多信息，他们会处理不过来，不能先生成暂存记忆再变为次级记忆。这种信息超负荷会导致老年人记不住事情。这不是由于记忆力下降，而是由于把信息处理加工形成记忆有难度。

记取信息的动机在老年人记东西的过程中发挥着重要作用。为什么老年人会忘记中午吃了什么却记得家里 50 年前度假时数不清的细节？午饭吃的东西在感官记忆里只能保留有限的时间。除非记住它有什么重要意义，否则很可能记不住（甚至年轻人也是如此）。然而，记得和家人度假十分重要。这些记忆在一生当中可能会常常被唤起并回味，会增强有关的记忆。当记忆得到强烈的情感强化时，就会深深地植入次级记忆。感官记忆加上很强烈的情感记忆组合到一起，就会使这类记忆更加重要而更容易记住。有些老年人显得健忘，这是因为在某种程度上，他们觉得这件事情不重要，不值得被记住。

对老年人来说，辨识物体和姓名比严格回想事实性材料要容易。给人们有关环境方面的提示线索有助于记住事情，如提供钟表或日历会有助于记忆。当要回想不常用的信息时，老年人可能要比年轻人花更长的时间从次级记忆中找到相关信息。并不是他们想不起来，而是花的时间要长些。大多数人在还没老的时候就出现过"舌尖现象"，它便是记忆检索过程效率降低的结果。

四、学习能力

成人学东西的方式与孩子不同。小孩子像海绵吸水一样几乎不费什么力气便吸收了知识，他们学东西不是一定为了什么。成人却不同，当要学习的资讯或技能与自己的生活有非常具体的关联时，他们才会学得更好。他们学东西的动机是经世致用，即满足具体的需要，而不是练习往脑袋里装东西。成年人在有机会演练新行为或复习新资讯的时候，学习效率也更高。适时强化是成年人学习至关重要的一部分。与个人的生活有关和演练新行为的机会，这两个因素是影响老年人学习能力的重要因素。这就难怪在进行学习能力试验时，让老年人记住一长串单词或数字时，他们表现得比较差。老年人是显得比较挑剔的学习者，需要了解知识的用途。比如，一个新近丧偶的老妇人，若周围没有其他人可以代劳，可能要自己学习家庭理财。尽管她可能并不乐于学习如何支付月结单或平衡收支，但她需要学会这些东西，就会有非常强的动机。个人动机是老年人是否能够学东西的很强的预测因素。

记忆力是影响老年人学习能力的另一个重要因素。如果新资讯不能通过感官接收装置加工处理变为暂存记忆，再储存为次级记忆，就不能学到东西。如果老年人难以听清指令或看见视觉材料，学习新资讯就比较难。老年人学习的速度也比年轻人慢。信息呈现太快太多，老年人的大脑会处理不过来，也就不能形成次级记忆。

麦克阿瑟的研究表明，大部分人所惧怕的老了以后功能上可能有的丧失都是可以预防的。尽管老年人在变老的过程中的确会在短期记忆方面有一些改变，但是老年的时候出现严重的记忆丧失并不常见或者并非在所难免。对已经丧失一些记忆功能的老年人来说，锻炼大脑，专心而努力地训练记忆力，能使记忆功能大体上恢复。

该研究中的老年人都在重新训练强健的认知能力和智力，他们作出了积极的努力。他们做填字游戏，玩其他单词游戏，阅读报纸，或者通过其他方式让大脑接受挑战。锻炼大脑类似于锻炼身体，用则进，不用则废。麦克阿瑟研究还发现，重要的是要用多种多样的方式锻炼大脑，包括从事需要回想过去积累的东西的活动，它能激发大脑的艺术性和创造性能力，使之充满活力；或者从事吸收新知识的活动，这些活动会刺激脑的不同部位。

对自己处理生活中的一切能力持积极态度的老年人，较少表现出认知和智力功能的下降。对自己的生活有掌控感并有能力选择自己生活的那些老年人，其大脑功能更好。现在还不清楚到底是良好的大脑功能带来了个人的自信，还是自信带来了良好的大脑功能，但是两者看来联系紧密。重要的是，老年人即使面临年老带来的生理上的变化，或者其他自身社会生活系统方面的变化，也还是能把自己看成命运的主人。

五、老年人的性心理状况

老年人性生活的水平随着人口出生高峰期的一代人步入老年期可能会有所增加。性生活与生殖活动的联系不再那么紧密，而是更多地与自我表达和身体乐趣强有力地联系在一起。人口出生高峰期老年人数量的直线上升，以及男女预期寿命的延长，都意味着对身心健康服务提供者来说，老年人的性生活会成为一个更加明显的问题。

老年人性生活的类型和频率取决于身心两方面的因素。有两个身体方面的问题会特别影响到老年人的性能力或对性生活的兴趣。对老年男性来说，勃起功能障碍或者说不能勃起或保持不了勃起状态可能会让性交令人沮丧、尴尬或者就身体而言没有可能性交。

与性方面不活跃相关的性交中的身体不适常常被称为鳏夫或寡妇综合征，因为这种情况常常发生在老年人在相当长的一段时间里一直没有一个固定的性伴侣。

即便老年人仍然有兴趣表达自己的性意愿，身体或精神健康状态不佳常常也会导致老年人的性生活减少。心血管疾病和骨骼方面的问题，如严重的关节炎、关节置换或者骨质疏松症，可能会妨碍老年人进行性生活时的身体安全或舒适度。用于治疗常见的慢性疾病的药物的副作用也可能会严重损害老年人的性功能或性反应。

即使是许多老年人仍然渴望继续性生活或有性生活，可能也得不到能接受的性伴侣。由于老年男女在比例上的不平衡，男性可能会有多个选择性伴侣的机会，女性挑选性伴侣的机会则非常少。男性老年人更有可能再婚，女性老年人则更可能寡居，从而影响了通过持续、亲密的关系进行性表达的机会。

对居住在支持性住所或老年护理机构的老年人来说，缺乏隐私可能是一个障碍。这类居住场所常由于配偶所需的照顾不同而不会主动把他们安排在同一个房间。住所中可能没有给夫妇或未婚伴侣提供配偶探访的私密空间。缺乏隐私的原因可能是该住所已经拥挤不堪、空间有限，也可能是员工有意不提供地方，因为老年人的儿女有这样的希望。

可能影响老年人性生活水平的最显著的因素是态度，包括老年人自己的态度、成年孩子的态度、身心健康护理人员的态度。第一类老年人对保持活跃的性生活有强烈的兴趣，认为自己有健康的性欲，对继续经常性、满意的性交没有明显的障碍。这些老年人不会引起身心健康专业人员的关注，除非成年子女或精神健康人员认为老年人的性兴趣异常。第二类老年人仍然对性活动感兴趣，但是遇到了勃起功能障碍或性交疼痛问题。对这类老年人，如果他们感兴趣，需要让他们知道并能得到相关药物或进行荷尔蒙治疗，让他们在一个尊重自决权和尊严的氛围里恢复正常的性功能。黄昏恋常被看成"可爱的老人浪漫"而不是成熟成人对亲密关系作出的个人决定。还有第三类，即老年人可能就是对性活动不再感兴趣，原因可能是前面讨论过的，或者只是不再认为对自己来说这是一个重要问题。不加评判地尊重老年人的这一决定是伦理上坚实可靠的专业处置方法。只有当老年人表示对自己目前的状况不满意的情况下，才应该考虑增强对老年人性表现或性欲的干预措施。

不管性方面是否活跃，老年人仍需要亲密关系一种至少与一个人的强烈的情感上的联结。这可能会通过与配偶或伴侣的关系来获得，也可能不会。有些伴侣仍待在一起是出于习惯和熟悉，而不是深爱对方、彼此托付。获取所需亲密关系的途径可能不是伴侣，而是深深的友谊或与家人的联系。还有些伴侣彼此在感情上相依为命，常常一个人去世后，另一个人也会在几天或几个月内去世。在许多方面，他们的情感生活已经交融在一起，最终只有伴侣才能够满足对亲密关系的需要。

在老年妇女中常见的情况是通过女性朋友来满足对亲密关系的需要，她们发展出了相互依赖的关系以应对丧偶和身边缺少家人的情况，这种形态代表了妇女一贯看待自己的身份和满足心理及社会生活方面的需求的方式。关系理论提出，女性从一出生就是在与父母、兄弟姐妹、朋友和伴侣的关系中成长的，而男性更可能建立起强烈的独立感和个性，这要求他们与促成女性成长的同样的关系有某种程度的分离。这一理论的确说明年长的妇女相对于男性来说在整个生命周期中可能更容易建立和保持亲密的友谊，并转向这类关系来满足对亲密关系的需要。

莱克里兹和诺布洛克发现，许多老年人将爱和亲密关系界定得较为宽泛，而不只是与他人有深挚、有意义的关系。面对丧偶和痛苦，老年人会把希望寄托在成年子女和正在长大成人的孙辈身上，以此来表达自己的爱并拥有亲密关系。他们把带给自己深深满足感的毕生的工作和娱乐活动、与朋友和家人的纽带，以及强烈的社会政治信念当作生活幸福感和充实感的源泉。

另外，要给住在支持性住所和老年护理机构中的老年人提供过性生活的机会，对身心健康服务人员来说是一个特殊的挑战。老年人可能仍表示对性生活有兴趣，但其适宜的程度会有所不同，甚至进入晚期阶段的痴呆症老年人和患退行性疾病的老年人也是如此。对养老机构老年人性生活的许多质疑都涉及老年人是否有能力在知情的情况下对自己的性生活作决定。尽管在这些住所中确保老年人的身体安全和不受嘲笑，以及身体羸弱的老年人不被人利用至关重要，但是员工和家人要敏锐察觉和体恤老年人在性方面的兴趣。性兴趣表达出的是需要爱和亲密关系。养老院应对员工加以培训，让他们对这方面的知识有更好的了解。必要时，老年人的照顾方案中应该有性生活史和这方面的评估资料。老年人应该有大量机会与他人开展尽可能多的社交活动，以满足他们对社会互动和刺激的需要。当与另一个成人有性关系不现实或不可能时，卡莫建议家人和朋友通过亲吻和拥抱给老年人更多的身体上的关爱，满足老年人对情感的需要。然而，在某些情况下，公开的性表达在这些机构里不合适。如果老年人有一定程度的痴呆，那么有效的方法可能是在口头上或在身体上引导老年人转移自己的行为指向，或者把老年人与其所冒犯的人隔离开，直到能停止这类行为。所有这些建议都是要保持老年人的尊严，并保护其他羸弱的老年人。

第二章　老年社会工作的背景

第一节　老年社会工作的场所

老年社会工作的场所范围广泛、形形色色。在这些场所中，社会工作者常常扮演独特的角色，他们主要关注老年人心理和社会生活方面的健康。老年护理机构和医院常被视为老年社会工作最常见的场所，但实际上只有极少数的老年人住在老年护理机构，更多的从业人员在社区开展工作。老年照顾管理机构、社会服务机构、居家护理机构、老年公寓、成人日间护理机构和支持性住所才是绝大多数老年社会工作者随展身手的地方。

一、老年照顾管理机构

21世纪，越来越多的家庭要忙于应付全职工作、琐碎的家务，并且在地域上远离年长的家庭成员。传统上照顾年长的父母和公婆的成年女儿更有可能离家工作，使她们不大可能给这些老年亲属提供直接照顾，或者找到支持性的服务来满足家中老年人的特殊需要。同样地，儿子成年后远隔数千里，可能在刚开始为年长的父母寻找合适的照顾管理机构时就已经晕头转向。鉴于这一现象日益增长，老年照顾管理问题凸显出来，它是老年社会工作中最新也是增长最快的专业服务机制。

大多数充当老年照顾管理员的是社会工作者、护士或者其他受过专门培训的人员或健康护理人员，他们可能会以独立的专业人员的身份开展工作，也可能会与一个健康护理或社会服务机构联手开展工作。老年照顾管理员向家庭成员或其他照顾对象提供服务，帮助计划、落实和协调给老年人的多种服务。这些人员具有专业知识，能评估老年人的生理需要、心理需要和社会需要，并在社区里找到合适的服务来满足这些需要。

老年照顾管理员整体上的责任是：确定对老年人来说最适宜的居住安排，认定让老年人安享晚年所需要的支持性服务。它可能简单到给一位轻微脑卒中后的老年人安排健康监测服务，也可能复杂到把老年人另外安置到支持性住所或老年护理机构生活。老年照顾管理员提供的服务包括评估和筛查、安排和监察居家帮助，向老年人及其家人提供支持性辅导、危机干预，甚至在家人对上年纪的父母的需要上有相反的意见时提供家庭调解以解决冲突。他们也可能会充当老年人家人的联系人，向家人通报老年人的情况，或者在老年人的身体健康、心理健康、经济或社会生活方面有变化时警示家人。老年照顾管理员的工作目的不是要替代家人，而是向远方的家人提供老年人服务和服务协调方面的专业知识与技巧，因为这些家人没这方面的储备或者没法提供给老年人。老年照顾管理员也充当"第三方专家"，常常是在情绪化、变动不定的情形下帮助家人做出稳妥的决定。无论是多个成年子女对帮助年长父母有不同看法，还是独生子女对要承担的照顾责任感到力所难及，老年照顾管理员都能帮助梳理家人在年长的亲属面临危机时常会出现的内疚、害怕和愤怒交织在一起的感受。

老年照顾管理的费用有可能非常多，根据服务的类型、复杂程度、所在的位置、老年照顾管理员的资历而定。

尽管老年照顾管理员认定的支持性服务的费用常常都包括在公共和私人保险承担的家庭健康护理服务的范围内，但一般情况下，这些费用都没有包含在医疗保健、医疗补助或传统的私人健康保险中。

二、社会服务机构

社会工作在社会服务机构中的角色与其主管机构的功能紧密联结在一起。在大型社区里，社会服务机构提供范围广泛的专为老年人设立的辅导、权益代言、个案管理和庇护服务。这些服务可能由当地的老年人工作委员会、地区老龄机构或社会服务部门主办。

在一些小型社区或者农村，老年人服务可能由也为其他人群服务的机构提供，机构中会有一位社会工作者在开展老年人工作方面有特别专长。

最早与社会服务机构中的社会工作者接触的人常常是某位关心家人的家庭成员，他不太清楚该怎样着手为家人申请服务。社会工作者除了要实施评估，确定什么服务可能会对老年人有帮助外，还可以扮演一个重要角色，即充当照顾服务管理者的角色，提议从各类机构中申请哪些服务，并协调各项服务。在有些个案中，孱弱老年人的家人成了工作对象。尽管家人可以给老年人提供照顾服务，但是他们可能会感到照顾责任压力很大，因而参加支持性小组或教育性小组，获得缓解服务能让他们受益。对许多老年人及其家人来说，年老所带来的挑战使他们开始与社会服务系统初次接触。由于这一接触常常出现在有突如其来的危机的情况下，老年人及其家人可能需要得到宽慰和支持以及实实在在的信息以稳定混乱的局面。

三、居家护理机构

比如流动护士协会之类的居家护理机构的员工队伍中常常有老年社会工作者，他们是老年服务团队的组成部分。尽管居家护理的主要关注点是提供与健康有关的服务，如量血压、外科手术后换药或监控患糖尿病老年人的血糖水平，但是社会工作者仍然可以扮演重要的角色，处理老年人在心理和社会需求方面的问题。患有脑卒中的老年人可能需要提供药物治疗和血压监测，但是还可能需要人帮忙料理家务、做饭或协助出行。社会工作者可以安排这些支持性服务，协调整个护理方案。因长期有健康问题而困在家中的老年人常常会与社会严重隔离，为他们安排定期的老年人电话问询服务或志愿者做友好拜访工作，或许能让他们从中受益。从事居家护理服务的老年社会工作者常常会提供支持性的或心理治疗性的辅导服务，或者为老年人安排社区中另一个机构的服务。

社会工作者扮演的另一个重要角色是帮助老年人做好接受家庭护理的经济安排。社会工作者要为老年人奔走呼吁，让他们能得到按照私人保险、医疗补助计划或者医疗援助计划应当得到的护理。解决这些问题可能要打大量的电话，要多次与人打交道，这对一个生病的老年人来说是难以亲力亲为的。当老年人按现有的保险规定申请所需的服务不够资格时，就常常需要工作者能有别的创意。帮助老年人获得额外的经济资源，包括和老年人的家人一起想办法或者找出老年人能负担得起的费用较低的社区服务。如果老年人的病情加重，社会工作者可能要和老年人一起确定护理安排方面的事宜，以便让他们得到更多的支持，如安排生活协助服务或老年人日间护理服务。社会工作者拥有的社区服务和经济援助方案方面的知识对家庭护理有极大价值。

四、老年公寓

建在社区中的特殊的老年人独立居住设施，如中低收入者的住宅区常常会聘用社会工作者提供多种多样的服务。老年公寓的社会工作者常常会开办一些老年人服务项目，如帮助老年人赴约或者落实去购物中心的交通工具，安排参加游戏、听音乐会之类的社交活动的机会，推广就地活动。这类活动可能有理财工作坊、瑜伽或太极班，或者共同兴趣小组，如读书俱乐部、老年学习班、创造性写作小组。社会工作者可能会充当联络人，在适当的时候联系老年人的家人，或者代表老年人向医生或其他健康护理人员争取权益。

老年公寓的社会工作者常常是第一个注意到某个老年人自理能力开始下降的人，其通常表现为老年人料理不好家务，越来越与世隔离，或者伤残情况加重。在大多数老年公寓中建立起来的群体氛围方便了社会工作者熟悉居住在里面的老年人，老年人可能更愿意向熟悉的人寻求帮助。

五、成人日间护理机构和支持性住所

介于独立居住和专业老年人护理场所之间的是成人日间护理机构。成人日间护理能为一天当中某些时段需要固定护理的孱弱老年人制订个人化的医疗和社会服务方案。使用这一服务的老年人与家人或其他照顾人生活在一起，甚至可能实现生活半自理，不过在身体、认知、情绪或社会交往上有缺陷。这些老年人不需要全天护理，甚至不需要全天有人照看，但是在一些日常活动上确实需要有人协助。这种类型的护理也让照顾人从中受益，他们可以得到宝贵的缓解性护理服务。成年子女如果能够在白天工作的时候或者偶尔想喘息一下的时候获得替代性护理服务，可能就会更愿意和老年人生活在一起。

大多数成人日间护理机构只接收能积极参与制订自身服务方案并同意把自己安置到这里的老年人。这种类型的护理关注点是，让老年人最大限度地在自身照顾事宜上有自我选择和自控感。有少数机构也接收患痴呆症的老年人，包括阿尔茨海默病患者。这些老年人可能做不到完全参与相关决定。

社会工作者会同老年人一起做大量的安置前的准备工作并落实服务计划。他们会同老年人一起探讨自己的需要和兴趣，并从成人日间护理机构提供的多种多样的康复性和娱乐性服务中挑选自己想要的服务。一位老年人可能由于脑卒中或心脏病发作需要物理治疗或职业治疗，以弥补丧失的功能。其他一些老年人可能需要人监督服药。社会工作者在成人日间护理机构做的是事务性工作，负责协调满足孱弱的老年人一天所有的身体上的需要。在这一场所，社会工作者可能会充当老年护理管理员。

身为成人日间护理机构的社会工作者，开展小组工作是一个十分重要的职责。在大多数机构中，老年人会隶属于一个特定的小组。这个小组定期见面，谈论成员遇到的问题。话题可能涉及与家人和照顾人之间的问题、对朋友和小组成员的关心，或者围绕较为固定的、事先拟定好的主题进行。这一小组会成为成人日间护理机构老年人的一个关注点。如果他们一直与社会隔离，那么这便为他们提供了保持或更新社交技巧的机会。小组在让机构的新成员感到受欢迎并了解机构的运作方式上有建设性作用。

除了开办治疗性小组和举办多种多样的社交与娱乐性活动外，社会工作者还会单独约见每个老年人，做辅导、开展维权倡导活动或者解决问题。在一个群体活动占主导的机构中，这种个别关心对于维护老年人的尊严、帮助工作者监察老年人的身心健康状况发挥着重要的作用。有些时候，老年人可能不太愿意让小组成员知道自己内心深处的个人问题，同社会工作者的私下讨论能让他们受益良多。

老年人不参加小组活动或者不见社会工作者的时候，常常会加入范围广泛、多种多样的符合自己特定兴趣的活动小组中。日间护理机构中的这类小组有健身小组、音乐小组、教育小组、时事小组、艺术和手工小组、创造性写作小组等。

老年人在社区中可以得到的一个最新添加的服务是入住支持性住所。支持性居住是一种住宿性质的、长远的居住安排，它的用意是在提供支持性居家服务的同时，最大限度地提升孱弱的老年人独立生活的能力。支持性居住模式适宜于介于住在老年公寓中生活完全可以自理的老年人与住在老年护理机构中接受加护的老年人之间的那部分人。一些支持性住所是一个大型的综合性设施的组成部分，这个设施是所谓的"一条龙"照顾设施。老年人在生活仍然能够完全自理的时候，可以购买或者租住其中的一套公寓；健康状况下降的时候，需要加大支持力度，搬到同一设施中半自理的居住单元，最终可能会入住毗连的加护设施中。

值得注意的是，老年人在支持性住所中可以得到的支持自己独立生活的服务质量和数量有很大的差别。有些设施称作"提供饮食和社交活动的不动产商品"更为准确，另一些设施则是综合性的健康护理机构，提供范围广泛的物理环境、健康和社交生活方面的支持。它们的确给老年人提供了健康、高品质的服务。尽管如照顾协调员或服务协调员之类的职位要用到社会工作专业的技巧，但是支持性居住行业并没有要求也没有规定要聘用专业社会工作者。

在高品质的支持性住所中，工作的落脚点是让每个入住的老年人尽可能多地保留生活自主能力。住在个人公寓中的老年人有自己的厨房和浴室，而公寓是整个综合性设施的一部分。住这些公寓每月的开销包括租金、设备使用费、饮食计划费和家务料理费。其他服务，如洗衣、私人照顾或出行等按个人的需要提供，它们也是整个护理计划的组成部分。

支持性住所入住费用昂贵，目前只针对有中高收入的老年人，但相对于住养老院来说是个有巨大前景的养老选择。

支持性住所致力于创造一个治疗性的环境，即支持性居住的目的是帮助老年人通过多种多样的、最大限度行使选择权和自控权的活动，保持和改善身心功能状况。社会工作者会为即将入住的老年人做接收评估，全面查看其医疗方面、功能发挥方面、心理方面的长处和不足。这些评估在识别老年人可能需要的补充服务中发挥着重要作用。

家庭和入住的老年人可能都需要资讯和支持以便成功入住支持性住所。对老年人来说，下决心离开自己的家，即使搬进有个人隐私的公寓，也是一种带有创伤的经历，可能需要专业人员支持以从悲伤和抑郁中走出来。支持性住所可以提供各种各样的具有挑战性的社会和娱乐性活动，帮助老年人把入住的地方当成自己的新家。在这类设施中，社会工作者的另一个重要角色是帮助居民在私人独处和参与社会活动之间找到恰当的平衡。社会工作者常常是多学科团队的一分子，这个团队的成员还有护士和职业治疗师、物理治疗师和娱乐治疗师。

支持性住所明显的劣势是费用较高，让许多低收入老年人不可能选择。目前，大多数支持性住所都是私人付费，不能享受医疗补助和老年医疗保健津贴。社会工作专业面临的一个持续的挑战，是找到方法向低收入老年人提供高质量、多元的服务选择，以阻止老年人服务体系的二元化发展。

六、医院

1/3 的住院患者年龄在 65 岁以上，这部分人在 12 个月内还会有一半人重新住院。至少有80%的老年人遭受至少一种慢性病的折磨,还会常常遇到经济、法律、情绪、家庭或伦理方面的问题。慢性健康问题的复杂性使老年人医务社会工作成为康复工作的重要组成部分。医务社会工作者提供范围广泛的多种服务，有危机干预、患者权益倡导、患者教育、家庭联络工作、照顾管理、出院规划等。

住院对任何年龄的人来说都是一个危机事件，但对老年人来说一定会恐惧，因为住院是通向老年护理机构的必经之路。老年人可能会对即将做手术感到焦虑，或者对听到的医学术语迷惑不解，可能担心自己回家后的康复过程会出现问题。家人可能担心老年人得到的护理太少，或者被诱导违背自己的意愿使用维持生命设备。总之，对老年人及其家人来说，医院有可能是一个非常混乱的环境。在医院里做危机辅导，可以帮助老年人及其家人重新稳定情绪，开始了解病况，将要做的事分出轻重缓急，并制订出短期的行动计划。社会工作者开展工作的重点是帮助住院老年人解决心理方面、社会方面的需求，而医务人员关注解决他们身体健康方面的问题。

老年人医务社会工作的另一个适当角色是患者权益代言者。老年人可能对医院中的气氛心怀恐惧、感到混乱，需要有人帮忙传递自己的需求，或者代表他们维护权益。社会工作者可以跟其他护理人员沟通协商，设法在服务对象的要求和卫生保健制度许可之间找到最佳的结合点。部分患者维权工作是对患者开展教育，同老年人及其家人一起更好地了解当前的疾病情况及其疗程。患者教育工作的目的是为老年人赋权。老年人对自己的病情知道和理解得越多，他们的掌控感就越强。当老年人感到自身也是治疗工作的一部分时，他们就更可能积极参与到自己的治疗中。

另外，社会工作者还可以充当住院老年人与家人间联络的桥梁。老年人的家人需要了解老年人究竟得了什么病，预计病后会怎么样，住院后该做些什么打算。对许多家庭来说，同医务社会工作者接触是他们生平第一次与社会服务系统打交道。在此之前，他们一直靠自己尽力照顾老年人，并不知道可以得到很多种社区服务。制订出院计划是医务社会工作者的另一项重要工作，做这一工作需要建立并协调老年人出院后的支持性服务。流动送餐、处理日常杂事、料理家务等项服务能在提供宝贵支持的同时非常有效地帮助老年人维持独立生活。由老年护理机构照顾转向居家照顾的趋势增加了老年社会工作的分量。当老年人患了退行性疾病，老年人本人及其家人可能会遇到经济方面的问题和情绪上的困扰，或许需要帮助。所有这些工作综合在一起，医务社会工作者可能要发挥照顾管理人的作用，制订有各类医务人员参与其中的老年人的整体照顾方案。

社会工作者在协助老年人及其家人作出生命尽头的艰难决定中也扮演着重要的角色。他们协助老年人决定在什么情况下接受使用维持生命的机器，决定心脏病发作后是否想实施心肺复苏术，或者在他们自己已经没有行为能力的时候谁来代为确定医护措施。在所有工作中，方便老年人及其家人就这些问题进行讨论可能是最艰巨的任务。没人愿意作生命尽头医护方面的艰难决定，但是一些人不得不作这样的决定。

七、老年护理机构

老年人最恐惧的一件事就是在老年护理机构结束生命。这一恐惧能说明为什么老年人会不遗余力地维持自理能力。老年护理机构被老年人视为"送去等死"，被家人遗弃和置之脑后的地方。对某些老年人来说，这一恐惧可能不无道理，老年护理机构的确在护理羸弱的老年人的系列服务中扮演着重要角色。当老年人不能独立生活，需要按部就班的护理时，老年护理机构可能是唯一恰当的服务场所。

随着老年人的不断增加，人们预计老年护理机构的数量也会相应地增加。然而，十几年内，老年护理机构的数量减少了，但床位数量增加了。这意味着当今的老年护理机构比以前的老年护理机构可能在规模上有所增大，并且只在数量更少的地方可以入住老年护理机构。整体上，老年护理机构数量的减少反映出老年人在健康护理方面可以做的选择有所改善。老年人现在可以选择借助花费不那么高的家庭医护服务，更长时间留在自己家中。

老年护理机构的社会工作者的主要职责是向老年人及其家人提供支持性和教育性服务。社会工作者早在老年人入住老年护理机构之前就已经着手做老年人及其家人的工作，为他们安排入住前的参观访问，做初步的评估，确定一旦入住最适合老年人需求的服务有哪些。有些老年人可能只在很专业的护理场所中住几个月，如在患急性病的时候或术后恢复期，所以，社会工作者的工作也可能包括制订出院计划。

一旦安置了老年人入住老年护理机构，社会工作者就要帮助老年人调整自己以适应老年护理机构作息制度比较固定的生活。老年人入住老年护理机构常常遇到在自己家中生活了多年，现在却要跟他人同住一个房间的情况，要调整自己适应缺乏隐私的状况。应付集体生活是要调适的主要问题。社会工作者可以帮助老年人适应，参加老年护理机构内的各项活动。这些活动包括宠物治疗、音乐课或锻炼课，具体视老年人的健康状况而定。新入住老年护理机构的老年人常常都会有深深的抑郁感，他们会为失去自立性和思念家人、朋友而感到悲伤。社会工作者可以扮演工具性角色，帮助老年人改善身体健康以及精神健康状态。

老年护理机构中的社会工作者还扮演着一个重要角色，就是做入住老年人的家人及其朋友的工作。将家人安置到老年护理机构常常会让家庭成员感到内疚和焦虑。尽管在此之前采取过不是这么突变的措施而没有奏效，但他们还是有可能觉得自己在遗弃老年人。让老年人的家人及其朋友与入住老年人保持联系，找资源解决老年人入住老年护理机构带来的经济方面的开销，消除伴随老年人入住而产生的不愉快的感受，这些是在老年护理机构工作的社会工作者通常的职责。

第二节　老年人小组工作

一、运用小组方法开展老年人工作

从专业发展之初，社会工作在解决所有年龄群的人所面临的社会与情绪问题的挑战时就已经开始运用小组的方式开展工作。老年人小组工作方面的知识和技巧是老年社会工作者需要掌握的重要的实务方法之一。本部分内容会讨论运用小组方法来满足老年人心理社会需要的优势，并会重点说明在这一人群中运用小组工作方法的独特之处。我们会先查看一下小组的筹划和开办过程，然后再看看目前各种各样的老年人小组是如何运作的。在本部分内容的结尾部分我们讨论了带领小组的人在遇到跟自己文化不同的小组时要特别考虑些什么，以及开办小组的社会工作者可能会遇到的伦理冲突问题。

二、小组工作方法的优势

做老年人小组工作与进行一对一的工作有非常大的不同。小组工作既会运用社会工作者的治疗技巧，也会发挥小组的动力作用。这种小组动力是在三个人或更多的人圈绕着一个共同的目标或目的互动的时候产生的心理社会力量。尽管小组组长在促进成员互动和为小组活动设定框架上发挥着重要的作用，但是让小组工作方法起到治疗作用的是小组中形成的集体性质的"我们"感。小组成员在小组内建立起关系网，学习把彼此作为支持来源和反馈来源。在小组中形成的团结精神能让成员衍生出归属感和目的感，甚至能发生奇迹，它是一对一地开展老年人工作所无法成就的。这种目的感和社会联结感对有些老年人会特别有用。这些老年人可能与社会隔离，需要重新学习社交技巧，以建立和保持与他人的联系。小组动力能将老年人置于一个互动性的环境中，鼓励老年人与小组中的伙伴融合，甚至是让那些最不情愿参加的老年人融入小组中。

（一）效率高

同一对一的工作方法相比，小组工作方法能让更多的老年人有机会得到支持性服务和治疗性服务。在老年护理机构、老年人活动中心、老年公寓和成人日间护理机构中，可能只有一两位社会工作者，却要满足几百位老年人的需要，所以想出能同时满足数量较多的老年人需要的干预策略就显得极其重要。不用一对一的工作方式，而是用小组工作的方式做缅怀往事治疗，就能让6个或8个老年人得到同一项服务。同样地，用小组的方式开展绘画或陶艺活动，能使不止一位老年人从中获益，得到治疗。

扩展治疗时关注的对象，把更多的老年人纳入其中，这可能是面临"资源挑战"的身心健康护理机构能够给某些老年人提供服务的唯一途径。

（二）效果明显

以老年人为对象的小组工作不仅能有效地向老年人提供服务，而且能有效地满足他们的心理社会需求。尽管在社会工作和护理领域有成百上千的以老年人为对象运用小组工作方法的先例，但是有一点值得注意，那就是很少有人运用严谨的研究方法来证明小组方法的成效。在显示这一干预方法"成效"的证据中，在没有对照组的情况下论证心理健康和社会功能有所改善的研究和经验丰富的小组工作者的实务总结占了大多数。尽管目前还不能证明在用于老年人时小组工作方法比个人干预更有成效，但是有相当多的研究支持小组治疗要比不采取治疗措施好。

（三）社会化显著

社会隔离会造成老年人有更深程度的抑郁，甚至出现酗酒或出现药物依赖的情况，乃至自杀率升高。为老年人开办小组可以直接解决他们社会关系缩减、社交机会减少的问题，为他们创造一个小的社会系统，缓解因隔离带来的痛苦，并帮助老年人拓展重建小组之外的社会网络所需的社交技巧。老年人可以在具有安全感的小组环境中学习和演练新的行为举止。

有严重健康问题的老年人或者为生活中的失去而深感悲伤的老年人可能会完全陷入自我的世界中。他们可能会过度关注自己的问题以致看不到与别人一起解决个人问题的价值，除了自己的病痛，他们也不会再去想其他事情。置身小组中，老年人可能会重新与其他人建立联系，即便自己的身体日渐衰弱或者在社会生活方面丧失了某些东西，也能有机会获得人生乐趣。

（四）互动性好

参加小组活动会获得许多社会互动方面的好处，其中之一是托斯兰所说的"交换验证与肯定"。小组活动能让老年人感到可以将自己在人生这一时刻的体会和经历的事情与他人交流。一个近期丧偶的老年人难以想象别人跟自己的痛苦有什么关系，能提出什么有意义的建议，告诉自己如何去应对悲伤。但是小组活动能向老年人传达这样的信息：在经历了创伤性事件后，悲伤、愤怒或害怕都是正常的。知道其他老年人也正在调整自己，找到缓解强烈孤独感的方法，对这位丧偶老年人来说便是希望和安慰。

加入小组可能会让老年人有机会跟他人谈谈自己的阅历和见解，这对独居老年人或住在院舍中的老年人来说是难得的机会。老年人可以跟他人谈论自己在某个特定领域的专长，如在园艺、音乐、体育方面的知识，或者分享自己关于小组成员提到的其他领域的知识。托斯兰指出，这对老年人来说是一个重要的方法，可以让老年人把关注点放到自己过去和现在拥有的能力而不是伤残上。重新肯定毕生的能力有助于老年人在人生的这一时刻重新获得掌握新角色、参加新活动的信心。

（五）灵活性与多样性

小组工作的两大优势是灵活性和多样性。几乎在任何老年人工作场所都可以组织和开展小组活动。除了有个空间能让组员聚会，不受外界打扰之外，小组工作不需要大量的器具或特别的安排。在老年护理机构、老年人公寓和成人日间护理机构里都有适合小组聚会的足够的公共空间。此外，还有各式各样的小组适合有不同兴趣和能力的老年人。例如，缅怀往事小组适合有中度认知损伤的老年人，也适合认知功能良好的老年人。社交和娱乐性小组做的活动可以是简单地听听音乐，也可以是有较高要求的对歌曲和政治问题的讨论。小组的重点事项可以是基本的日常活动，如学习使用轮椅来活动；也可以是更复杂的活动。小组工作的基本原理可以灵活运用到各种各样的场所中。

三、老年人小组工作的独特之处

尽管运用小组方法开展老年人工作有其优势，但是在这一人群中运用小组方法时仍有一些独特之处值得提醒。社会工作者有关衰老过程的一般性知识越丰富，对老年人独特的心理社会特点知道得越多，就越容易做必要的调整，使开办的老年人小组获得成功。

老年人与健康的儿童、青少年或年轻成人不同，前者有各种身体上的不便和知觉方面的限制，因此在开办小组的时候就要有相应的调整。比如，老年人可能坐着轮椅或者使用步行器、拐杖，所以小组聚会的场所要有足够的空间，这样他们就能活动自如。患关节炎或骨质疏松症之类的慢性疾病的老年人不能坐得太久，否则就会很不舒服。此外，老年人活动的地方要能方便如厕。如果小组成员有一定程度的认知混乱，那么就要备有休息的地方，供那些漫无目的走来走去的老年人或者由头脑混乱引起高度焦虑的老年人使用。

老年人视力和听力方面的损伤要求小组组长能调整阅读材料或者加大口语沟通的力度，以便让这样的老年人可以积极投入小组活动中。

（一）小组组长的角色

传统的小组工作方法认为，小组组长在小组刚开始活动的时候要扮演积极的角色，但是随着小组活动的推进，他要渐渐地退出，让组员自己来把握小组活动的方向。尽管组长会有条不紊地减少指导性工作，但在老年人小组中，组长可能自始至终都要扮演一个比较积极的角色。出于一些原因，目前的老年人群体可能要比年轻人群体被动一些。认知有问题的老年人或者受抑郁症折磨的老年人可能需要小组组长给予更多的鼓励去参与组员之间的交流，而不是仅与组长交流。老年人可能出于对社会工作者的遵从而参加小组活动，他们把社会工作者视为专家和领导，但是不太愿意与小组中的其他成员交往。在组长没有或婉转或直截了当地让成员关注彼此间的交流而不是小组组长之前，老年人会充当礼貌的参加者，而不是积极的参与者。

小组组长可能还要投入额外的时间与小组成员建立个人关系，这要比一般的小组工作投入得多一些。老年人可能需要工作者"献殷勤"才能参加最初的小组聚会和以后的小组活动。对多年来一直独来独往、有些害怕在小组里当众讲话的老年人来说，参加小组活动可能令他们感觉不适应或者陌生。

（二）小组的节奏

小组的动力和互动情况取决于小组活动的目的与成员的身心健康状况。

成员在小组中的表现比较被动、头脑中全是个人问题、对在小组中讨论事情感觉有些不自在，都可能使老年人小组工作的节奏要比年轻人的小组工作慢许多。没有太多经验的工作者在小组活动进展非常缓慢的时候可能很快会变得气馁，不知道在实现小组目标上是否能有所作为。所以，小组组长能看到成员点滴的进步是十分重要的。例如，一个原本游离的成员开始对小组关注起来，或者小组成员有了哪怕非常简短的互动，这都表明小组在发挥作用。就像开展其他领域的老年社会工作一样，重大改变总是有可能的，只是同年轻人相比可能需要花更长的时间。

四、不适宜运用小组工作方法的情形

（一）老年人身体条件不允许

如果老年人身体太孱弱，由于出行不便不能来小组活动的地方，或者对小组中运用的语言不能熟练把握，可能就不适宜参加小组活动。如果不能配备适宜的助听器，那么可能就不能招收有严重听力丧失问题的老年人加入小组。从理论上说，通过增加音量来让老年人融入小组的谈话可能行不通。这些实际困难可能会让一些老年人不适宜参加小组活动。

（二）老年人有搅扰行为

尽管小组工作干预可以用于所有老年人，不管其认知水平和身体健康状况如何，但是在有些情况下不推荐对老年人运用小组工作方法。患阿尔茨海默病晚期或者有其他器质性疾病的老年人，因为头脑极为混乱或者不能专注地与人交流，参加小组活动的效果都不好。小组组长可能无法掌控这些老年人在小组中的行为举止；或者如果老年人离开小组游荡到其他地方时，无法保证老年人的安全。如果老年人有严重的抑郁症，极其退缩；或者正处于精神疾病发作期，思维或行动活跃，也不适宜加入有其他老年人的小组，他们的行为举止可能会让其他人受干扰或感到害怕。

（三）老年人的人格类型不适合

筹划开办老年人小组的社会工作者面临的挑战之一是挑选小组成员。护士和其他员工可能会推荐或坚持让某个特别难照顾的老年人参加小组活动，希望他借此可以改变问题行为。尽管这样的老年人可能最需要跟他人有社会交往，但是对于小组的人员构成，社会工作者才应该有决定权。有严重行为问题的老年人或者有疑病症倾向的老年人会破坏整个小组活动的进程。还有些老年人只是由于个性使然，不能或没兴趣同其他人打交道。有些老年人满脑子都是自己的问题，不大可能参与小组活动，哪怕是在小组里倾听其他成员的发言也不情愿。对这些人格类型的老年人来说，个人干预可能更适合一些。

（四）处于紧急危机状况中的老年人

如果老年人正处于紧急的危机状况中，如被诊断出有致命的疾病或者刚刚失去了挚爱的人；或者经历了创伤性事件，如遭遇了意外事故。在这些情况下，社会工作者不适宜采取小组工作方法。处于紧急危机状况中的老年人在情绪上常常太脆弱，加入小组也只是做做样子，不会有什么实际的意义。老年人需要等创伤性事件带来的情绪上的混乱状况平复以后，才能超越眼前的痛苦，在小组中处理这些事件所带来的问题。对这些老年人来说，即时的个人干预收效良好，而参加小组活动可以稍后考虑。

五、小组工作中的文化问题

小组组长在对老年人运用小组干预方法前，树立坚实的文化意识显得至关重要。小组组长必须敏锐观察文化差异对小组功能发挥的动态影响。

（一）树立文化敏感性

树立文化意识不仅仅是学习文化的事情。它还包括社会工作者一方愿意去探索本人对自己所属群体的态度，以及过去与不同文化背景的人打交道的体会。

可以让老年人参加一些不留情面、坦诚的探索活动，了解自身的文化背景如何微妙地影响了自己对不同文化的感受。树立文化敏感性并不是要变成"色盲"，而是能真切意识到在老年人看待自己的与众不同之处时，其所属群体发挥的重要作用。

社会工作者如果没接触过跟自己不同的群体，那么就需要亲自接触其他文化，而不是只在书本上了解它们与自己文化的不同之处。去探访专门面向特定群体的老年人活动中心或老年人公寓、同其他做这些群体工作的社会工作者交谈、拜访社区的领导人等，都是促进树立文化意识的重要活动。参加不同节日能让社会工作者接触特定群体的多样文化，熟悉他们文化中的饮食、音乐和艺术。如果小组组长在开办有多种文化背景的老年人小组前没有时间或机会建立哪怕是中等程度的文化意识，那么小组本身也能够成为学习不同文化的好机会。老年人常常对谈论自己的文化信仰和价值观很热心。这也是一种很好的可以提高老年人能力的方式，还能吸引他们着手解决让他们加入小组的特定问题。小组组长表现出对老年人文化中的事情感兴趣，就能让老年人处在专家的位置上，让他感到骄傲和有成就感。

（二）文化多样性与小组动力

多个群体的成员组合在一起形成的心理结构会对小组动力产生深刻影响。如果成员觉得彼此相去甚远，那么可能就难以找到小组有凝聚力的感觉。比如，有的老年人可能对另一位老年人描述的与照顾自己的女儿发生的冲突感到恐惧。在大众文化中，并不鼓励家庭内却起冲突，保持家庭的和睦更为重要。一位比较穷的老年人毕生都在为让一大家人过上差不多的生活而拼搏，可能就对一个比较富裕的丧偶妇女抱怨现在付不起请保姆的钱没什么同情心。因文化差异而导致的敌意会阻碍小组完全发挥作用。老年人的态度是由一生的经历累积起来的，尽管他们可能不愿意承认自己有偏见，但是会因此而对小组活动的进程有微妙的影响。不可姑息小组成员带有歧视和偏见的言论，小组组长在这方面起着重要作用，要引导小组成员用宽容的态度对待他所不了解的文化。目前的这一代老年人很多都只是从媒体上了解了一些其他群体的文化，除此之外并没有怎么接触过其他文化。他们带有偏见的态度可能更多地应归结于无知，而不是真的对某一个群体有负面的感受。

尽管小组成员的多样性可能使小组出现一些问题，但也可以成为小组的重要财富。探索不同文化的老年人如何用各种各样的独特的调适方法来解决问题，可以让成员接触到新观念、新想法。

六、小组工作的阶段

（一）确立关系阶段

小组刚开始的时候是由个人组合而成的，这些人把各种各样的期望和关心的问题带入小组中。在确立关系前，小组成员还没有把自己当成群体的一员，而当成观望者。我来这里做什么？这些人是谁？他们能为我做什么？小组活动都有什么？要达到什么目的？这些是新小组成员常会问的一些问题。对小组组长来说，小组工作过程中最重要的一个环节就是，要向老年人说明参加小组活动要比不参加有更大的益处。成员需要知道成立小组的目的和活动内容，明白参加小组可能会有的好处。给老年人开办小组，工作者要非常清楚小组的目的和计划开展的活动，这一点是十分重要的。

一旦小组成员确认参加小组有好处或在潜意识里这样认为，开始把自己看成特定小组的成员，他们就跟小组建立了关系。此时，小组组长可以帮助成员整理出自己对小组的期望和关心的事情，制定小组中口头交流的规则，明确对小组中事情保密的重要性。

（二）中间阶段或工作阶段

小组的实际运作内容取决于小组的目的，但是真正启动小组工作要到小组成员全身心投入小组，跟小组建立关系。在中间阶段，小组应建立起自己的规范。比如，在小组聚会的时候成员一般怎样就座，什么样的口头交流语言可以被小组接受，等等。随着成员相互建立了关系，小组成员与组长的互动减少，成员与成员之间的互动增多。这一阶段的特点是，成员的凝聚力增加，对小组的忠诚感也不断增强。

在刚开始进入中间阶段的时候，小组常常会经历第一次冲突，因为成员会玩弄手法去争夺小组内的权力或地位。如果小组要推动其治疗的性质继续向前，那么冲突对小组来说是有意义的，不应该刻意避免。然而，老年人可能不习惯在同龄人面前表达负面的感受，特别是当着很多陌生人的面，他们避免冲突只是为了保持小组里彼此不伤和气。

如果老年人参加小组活动期望的是获得乐趣，那么他们会不惜任何代价来避免冲突。小组组长或许会发现，即便小组中已经起了冲突，老年人也非常不愿意公开冲突。冲突可能会以比较微妙的方式表现出来，比如私底下与工作者说，打断彼此的话，甚至是退出小组的活动。小组组长要尽可能鼓励成员公开处理冲突，但也要尊重老年人保留意见的决定。如果冲突使小组止步不前，组长要鼓励成员宽容，并找寻方法解决小组内的意见分歧和缓解紧张气氛。

在这一阶段，组长的角色是鼓励小组的所有成员参与互动，把似乎游离在小组边缘的成员拉入小组中，减少成员排斥他人、唱独角戏的行为。组长要鼓励老年人相互交流，而不是只跟组长交流，因为这有助于促进成员之间的互动。小组组长扮演的一个重要角色就是澄清成员之间沟通的内容，特别是为那些知觉或认知有问题的老年人传情达意。

（三）结束阶段

当小组实现了其目标或者完成了拟定的活动，通常就会终止活动。有时间限定的小组在筹划的时候就已经设定好开展多少节活动。而没有时间限定的小组可以持续几个月甚至几年，成员可能完全变成了新人，甚至小组组长也换了人。这类小组可能永远不会终结。

在结束阶段，小组组长有一些具体事项要完成。他要定期提醒组员小组结束的日子，让他们对小组的终结有所准备。通常小组会在最后一次聚会的时候策划一些特别活动，创造一种节日的氛围以缓解结束小组活动带来的不好感觉。小组成员要有机会处理自己对结束小组活动的感受，因为有些老年人在人生的这一时刻已经经历了太多的失去，小组的终结可能会引发他们强烈的情绪反应。小组组长还有责任帮助成员总结参加小组活动给个人和社会生活带来的改变，并向成员介绍如何把在小组中学习到的社交技巧运用到小组之外与人交往中。尽管对任何小组来说个人获得乐趣都是值得一提的成就，但是帮助成员掌握技能改善小组之外的生活才是小组的终极目标。

七、老年人小组工作中的伦理问题

小组工作者面临的最大挑战之一就是如何动员老年人参加小组活动。最需要参加小组活动接受社会化的老年人可能是最不情愿加入小组的人。抗拒加入小组可能是老年人保存自身精力的方法，他们可能觉得疾病或情绪上的困扰使精力已经严重衰竭。还有些老年人不加入小组就是为了避免跟他人发生冲突，在院舍服务机构中尤其如此。住在支持性住所、老年人公寓或老年护理机构的老年人被迫要跟他人生活相处，要遵循在自己家中生活不必遵循的一些规则。或许更容易些的做法是跟自己不喜欢的人或不愿交往的人脱离关系。在老年人机构中开展工作，小组工作者要提醒自己，即使小组已经结束，老年人也要继续与他人交往。在小组中引发的冲突可能会被带到小组以外的活动中。

也有些老年人压根不想参加小组活动，他们可能不喜欢按部就班地跟陌生人或自己熟悉的人交往。他们不喜欢围坐一圈，谈论彼此的感受或遇到的困难。他们对回顾自己的人生、回忆以往的事情或学习新技能没什么兴趣。他们也不在意结交新朋友或者解决早年未解决的冲突。尽管认识到这一点会让老年社会工作者很有挫败感，但是老年人有权力这样做。小组是为了满足其成员的需要，而不是为了推进热心的社会工作者的专业性活动计划。尊重老年人的尊严，意味着要尊重他们拒绝治疗的权力。对社会工作者来说，不顾家人或其他员工的意愿，强迫老年人参加小组活动，特别是在机构中这样做，无疑是对专业伦理的践踏。

（一）平衡对小组和个人所负的责任

当老年人在小组中的表现极大地干扰了小组的进程时，小组组长可能要在两种不能兼顾的责任中作出选择，是对整个小组负责还是对身为当事人的个别老年人负责。每个小组都会处于这样的两难境地，某个需要帮助的成员对小组其他成员提出非常多的要求。一个试图吸引小组组长注意力的老年人或者一个对他人有言语或人身攻击的老年人会让小组活动演变成大灾难。尽管让这样的老年人离开小组似乎就是一个简单的决定，但是常常正是这类小组成员最终最能从小组中获益。老年人有出格的行为可能是在潜意识里试图让他人拒绝自己，印证个人所害怕的自己不受人喜爱这一想法。如果小组拒绝这位老年人，那么他最害怕的东西就会得到印证。如果小组接纳这位老年人，但清楚说明不能容忍特定的行为，那么他可能就能明白并改变特定的行为，组员对待他的态度就会改变。小组组长有责任确定允许干扰小组的成员留在小组中可能会带来的损失或益处。

（二）尊重保密权

小组工作的一个主要原则是"在小组中说的事情留在小组中"。以前从未参加过小组活动的老年人会接触到许多新奇的其他人的私人经历，对他们来说要抵制住诱惑，不跟他人讲小组中发生的事情是一个挑战。所以，小组自始至终都必须强调保密的重要性，要在对小组造成损害前就对破坏保密原则的人提出质疑。

对于一些说法，如"到了这一天，我会吃下所有的安眠药，永远睡下去""我儿子太让我生气，哪天我要把他除了"不可以掉以轻心。社会工作者要信守保密原则，但是也要履行保护当事人及其周围的人福祉的义务，这些人可能会因当事人的行动而有危险。这会让社会工作者陷入痛苦的伦理困境中，一方面，社会工作者不想被小组成员看成"打小报告的人"；另一方面，社会工作者清楚根据专业职责自己有义务告知其他成员有近在咫尺的危险。

（三）干预小组动力

小组工作背后的一个假设是，一旦小组形成了凝聚力，它就会在小组动力的魔力下有了自己的生命。在理想的情况下，成员会在彼此身上发现力量并得到支持，承担起指引小组方向的责任。在小组组长的引导下，成员成为彼此的支持性治疗媒介。抵触小组的成员发出了声音，傲慢专横的老年人奇迹般地耐心等候轮到自己的时候再有所表示，每个人都为成员之间建立起来的"我们"感而感到喜悦。然而，在现实生活中，小组动力并不总是对每个人都有自我肯定价值。起破坏作用的"小帮派"可能会在小组中萌生出来，诋毁小组组长。特别脆弱的老年人可能会成为支配性较强的小组成员的"替罪羊"。不那么敏感的成员可能会深深伤害他人或摒弃他人的感受。小组组长可能会深信小组应当用民主的方式来运作，由成员来决定有关小组进程和程序的绝大部分事情，但是，为了保护某个成员，偶尔可能也需要牺牲小组运作的独立性。若小组变得有破坏性会让老年人的情绪变得极其焦灼不安，小组成员会变成"心理上行刑的暴徒"。小组组长可能需要出面解决小组内的冲突，或者在破坏性行为进一步发展的情况下解散小组。小组没有权力为了存在下去而无视对成员的责任。

第三节　生理上的变化对开展老年社会工作的意义

对与年老有关的生理上的变化做这样全面的浏览，是想帮助大家了解伴随年老而来的正常的生理变化有哪些，并识别可能不是正常变化、或许需要治疗的情况。然而，生理学方面的基本知识并不可以替代医生的医学检查和诊断，社会工作者绝不应该假定自己可以充当医学专家的角色。老年人的健康应该由合格的医务人员小心监控。还应当弄清的一点是，许多与老年联系在一起的变化都受到遗传特质和不断累积的环境中压力因素的影响，如日晒、吸烟和饮食等生活方式的选择，以及是否能得到预防性的卫生保健服务。尽管如此，老年人衰退的生理功能以及增加了的患慢性病的可能性对老年社会工作来说都有重要的寓意。

一、身体健康是老年人社会交往的晴雨表

对受生理限制和慢性疾病折磨的老年人来说，每况愈下的健康状况成了生活安排所围绕的核心。身体感觉如何是他们是否愿意出门、参加社会活动和与他人交往的晴雨表。一些老年人可能会觉得身体成了囚禁他们的监狱。不管他们多想更活跃一些，是身体的健康状态而不是个人的动机决定了可以做些什么。这一点在社会工作实务中的评估和干预阶段很重要。工作者很难去准确评估一个身体感觉不好的老年人，所以建议对这样的老年人推迟评估，直到老年人能够比较积极地参与到评估过程中。甚至在完成了评估的状况下，如果考虑到老年人的健康状况，可能也会难以具体落实任何干预行动，老年人可能会逃避参加将来的活动。尽管愿意参加，他们可能会觉得说"好，到那天我看自己感觉怎样再说吧"更为实际一些。这不应理解为抵触，而应理解为非常实际的处理身体虚弱带来的不确定性的方法。

有太多的老年人简单地认为对于疼痛没有什么解决办法，认为疼痛是年老带来的。他们可能会用默默忍受来对待这一问题。年老的过程不应该是疼痛的同义词。老年社会工作的一个重要前提是，老年人有权力在可能的情况下，获得最大限度的身体和情绪上的舒适、安泰。至关重要的一点是，社会工作者应该鼓励老年人在感到疼痛的时候去看医生，并能在与医生打交道的时候坦然面对。在为老年人赋权中社会工作者扮演着重要角色，他们更能帮助医生和其他卫生保健服务人员回应老年人的需求。

二、私人问题公开化

同社会工作者讨论身体健康问题可能会让老年人特别不自在。关于一个私人问题，如膀胱和肠功能，对持非常内敛态度的老年妇女来说，同一个相对而言陌生的人谈论这些话题，可能会拙于言辞、手足无措。对老年人来说终其一生都是私人问题的事，当社会工作者介入时，就有可能成为公开的事。尽管切实了解老年人的健康问题对于制订干预方案非常重要，但是谨慎对待讨论这种很深入的私人问题是有必要的。

三、环境调试的必要性

有了伴随年老发生的身体变化的坚实的知识基础，社会工作者就能帮助机构和家庭策划关于环境方面的调整，让老年人能适应这些变化。扶手能帮助身体不稳的老年人上下楼梯或者穿越走廊、门厅。使用明快的颜色区分不同的台阶和用不晃眼的材料铺装地面，能帮助视力受到损伤的老年人避免摔跤。较大的印刷标志和按颜色编号的门能帮助老年人在不熟悉的环境里重新掌握方位。在老年人活动中心和老年护理机构避免使用背景音乐，能帮助老年人集中精力关注谈话内容，而无须过滤掉分散自己注意力的声音。预见到有感觉和身体不便问题的老年人所需的各种环境方面的调整，有助于避免意外事故，并且让老年人无论是在自己家中还是在公共设施及场所中，都感到更自信。

第四节　心理上的变化对开展老年社会工作的意义

有关年老过程中心理与社会生活方面的变化的研究成果非常鼓舞人心，它们识别出了老年人和助人专业的人可以做些事情让人生的这一时段成为老年人积极的、有所收获的时期。变老并不一定意味着丧失记忆力、认知能力或智力功能，也不意味着老年人必须与周围的世界脱节。这些发现给老年社会工作实务提供了一些重要的启示，也对助人方法提供了重要启示，让助人专业人员可以创造机会帮助老年人最大限度地发挥心理和社会生活方面的功能。

一、尊重老年人的选择

老年人若不断给大脑一些挑战并保持心智方面的好奇心，便更可能把认知能力保留得长久些。给不同收入水平的老年人提供成人教育计划，让他们有机会参加社会文化活动，学习掌握新技能。社会工作者的一项重要任务是，确定老年人不会出于某些原因而在学习机会上受到限制，如经济拮据、物理障碍（缺少交通工具或设施不便利等），或者不知道此类活动的信息等。老年人知道现有的教育方案或学习机会吗？他们有途径得到这些资源吗？这些机会令一位老年人感兴趣吗？如果所有这些问题的答案都是肯定的，那么社会工作者可以做些什么把老年人与这些服务衔接起来呢？在许多场所，特别是在老年护理机构、成人日间护理机构或老年人公寓中，从事老年人工作的人遇到的一个最有挫折感的事是制订了教育方案却发现老年人没兴趣参加。老年人总是抱怨无事可做，但是他们很少参加机构里现有的活动。如果去除了参与障碍并提供了持续不断的支持，老年人还是不愿参加活动，那么可能就需要尊重老年人的这一决定。即使社会工作者能肯定这是老年人需要的东西，本专业对当事人自决权的承诺也要求工作者尊重老年人的选择。

二、放慢沟通节奏

在没患病的情况下，老年人若能有较多的时间就可以完成复杂的任务或者记住重要的信息。社会工作者在工作负荷非常大，又有管理型照顾设定的时间限制的情况下，容易匆匆做出评估，或者在需要延长时间解释服药说明和复杂的约见时间表的时候感到沮丧。社会工作者要给老年人时间让他们去处理正在讲的东西，如果有必要的话，用多种方法解释同一个信息以强化这一信息。成人在能看到信息与自己生活的关联时学习效果最好，并会积极投入学习过程中，所以匆匆打发老年人会让他们非常抵触。

三、注重老年人健康照顾

老年人的心理与社会功能如何在很大程度上取决于他们的身体健康状况。如果老年人正遭受身体不适的折磨，总的来说感觉不好，社会工作者将工作的重心放在增强他们的社会接触或刺激他们的智力上，就可能会徒劳无功。然而，社会工作者认识到老年人常会把情绪问题躯体化，显得很重要，要辨别出什么是真正的有情绪上的问题，什么是的确在诉说身体不适并不容易。所以，社会工作者要认识到本专业秉持的是生理和心理社会取向，在处理心理与社会问题时，重要的是让老年人能接受健康照顾，并得到医生的小心监护。年老过程中生理方面的变化是把双刃剑，一方面，它强化了老年人在心理社会方面调整适应这一阶段的意识；另一方面，减损了老年人调适的能力。

四、防止老年人社会隔离

社会隔离给老年人带来的危险以及它对抑郁症、痴呆症、药物滥用和虐待老年人起到的推波助澜作用是本节的一个统领性主题。老年人要想拥有良好的心态和社会适应能力就需要保持与他人或事物的联系。对一些老年人来说，这种联系是指维系与家人和朋友的关系。老年人需要某些形式的社会交往以保持智力功能和社会功能。感觉与他人保持交往对老年人来说很重要，此外，不管老年人怎样看待做贡献和有用，感觉自己仍能做贡献、自己还有用也同样重要。对一些老年人来说，贡献是显而易见的，就是在社区或学校提供志愿服务。而对另一些老年人来说，对贡献的界定更微妙些，采用的形式是种花养草、打牌、照顾孙子女、保持家中整洁。最重要的是，老年人自己认为活动是有贡献的，而不是别人的评判。

五、给予老年人尝试新活动的鼓励

尽管活动理论提出，老年人对于老年的调适常常会延续其一生的行为形态，但是老年人总有可能改变自己的活动形态。

早年从未有机会参加某些活动并不能充分说明老年人现在对这些事不会感兴趣。同样地，一位从未离开过自己所在的小镇的老汉可能会成为热衷大巴旅游或者其他旅游的人。老年期作为生命历程的一个阶段，给老年人提供了无尽的改变机会，使他们可以去尝试新的东西。尽管延续理论可能在预测任何给定的个人会如何调整适应自己的老年期方面有重要的洞察力，但是它不是终生判决。老年人愿意尝试的新活动的范围或许就取决于社会工作者的创意和鼓励。

第五节　老年社会工作的伦理困境及对策

一、老年社会工作现状

老年社会工作是围绕着服务老年人这个目的为中心的。近些年来，不同的研究者从各个角度去研究，却始终没能为老年社会工作做一个明确定义。从宏观方面来看，老年社会工作就是结合社会现有的政策，在医疗、物质、精神等各方面对老年人进行照顾，尤其是对那些身体残疾甚至有缺陷的老年人给予更多的关照，使他们能够快乐地、满足地生活。

（一）社会工作人员的现状

1. 工作人员少且专业水平低

在政策的支持和大势所趋的形式下，有不少人加入了老年社会工作这一行业，但是在工作中，人员数量紧缺，且专业技术和能力都不够硬，这些工作人员大部分学历都是初中及以下水平，并且接受培训的时间也不长，有的甚至培训一周就上岗了，其工作效果可想而知。另外，工作量繁重，薪资待遇不高，也是许多人不想做这种工作的原因。一般规模的老年人服务机构有 10 名左右工作人员，但是需要服务的老年人有许多，一名工作人员要同时照顾许多老年人，关心不到位的情况时有发生。此外，有的老年社会工作者根本就不了解老年社会工作是做什么的，接受过培训也不够系统，工作中各方面的素养都不达标。在人力资源配置方面，老年社会工作的管理者大部分都不是本专业的，所以对这种工作了解较少，很容易出现瞎指挥的现象，这也影响了老年社会工作的开展。

2. 社会认可度比较低

在日常生活中，我们发现社区负责人、老年人服务机构负责人、需要接受服务的老年人、老年人的家属等对老年社会工作都抱有较低的认同度，就拿老年社会工作者曾经与某养老机构的管理人员的谈话来看，他根本不明白老年社会工作应如何做，有哪些原则在工作中是必须坚持的，甚至都不是很明白老年社会工作是做什么的，工作的目的是什么，又如何管理好机构的这项工作？机构中的工作做不好，也就直接导致了老年人及其家属对这项工作的不认可，影响这个行业的发展。

（二）伦理困境

伦理抉择的难题，从社会工作产生之日起就有。老年社会工作者在服务老年人的实务过程中，几个道德规范之间具有明显的冲突，无论选择其中哪一个，另一个也将违反，即当我们为解决伦理难题而陷入两难的情景中时，我们将这种现象称为老年社会工作的伦理困境。

1. 多重角色

"信守机构政策"是社会工作专业守则中的重要一条，是否信守机构政策以及维护机构利益都是检验社会工作者对机构忠诚的一个表现，对组织机构的"忠诚"是每个社会工作者不可缺失的品质。在老年社会工作实务中，社会工作者经常面对多种利益主体，如老年人及其家人、工作机构、同事和社会等。老年社会工作者在实务中，他的首要的职责就是维护老年人的利益；作为社会工作机构中的一员时，他的首要职责是维护社会工作机构的利益。当这些利益主体之间相互发生冲突时，老年社会工作者应当如何妥善处理是一个不可逃避的问题。

2. 自主决断与家属决断之间的困境

受到尊重是每一个人都拥有的权力。老年社会工作者在对待老年人时，更应该对他们保持尊重。这个原则更直观地反映在社会工作者让老年案例主人公进行自主选择和决定的权力上。

老年人虽然拥有自主决断的权力，但是随着年龄的增长，老年人的心理机能、生理机能都有所下降，自主决断的能力或多或少都会有所弱化，不恰当甚至错误的决定都有可能出现。面对这种状况，社会工作者为维护老年人的权益而采取违背老年人意愿的行为，我们一般将这种现象叫作家长主义。老年社会工作者如何用合理方案解决问题，这同样是我们必须面对的一个伦理困境。

3. 隐私权与知情权之间的困境

保护老年人的隐私权要求社会工作者不得向第三者透露老年人的隐私。但在实际工作中，社会工作者难免会遇到一些特殊情况。比如，老年人可能是乙肝阳性携带者，如果老年人不想被其他人知道，老年社会工作者是否有权利通知其配偶保障其知情权？在这种情况下，老年社会工作者会被要求透露老年人的隐私，这个时候社会工作者就无法有效保护老年人的隐私。在维护老年人隐私权和关系人知情权之间，老年社会工作者又该如何处理？

二、伦理困境的形成原因

（一）服务群体的特殊性

一般来说，在整体社会环境中地位处于相对劣势的群体是社会工作专业主要的服务对象。在特殊性群体中具有代表性的有两类：第一类是由先天的生理问题引发的社会问题从而处于不利社会地位的人群。他们通常存在先天的生理障碍，体弱多病，年龄过小或者过老，由此连带出现经济问题；第二类是处在主流文化主题之外的人群。

老年人的问题有更多的可能是占有以上分析的两种情况，体现着老年人这一服务对象的极特殊性。而其中有些老年人的价值判断与行为标准都或多或少地与正常标准有所偏差，偏差的存在便是矛盾问题产生的根源。由此看来，老年社会工作者在展开工作的过程中更难去维护这类受助对象的利益。

（二）价值观的矛盾

老年社会工作的开展需要以价值观为基础，社会工作中的价值观是多方面共同促成的价值判断理念，不仅包括个人、社会还加入了专业价值判断标准。

社会不断发展、文化日新月异，社会工作者的价值观念受到外界的不断冲击，社会工作者在进行判断时往往也会陷入矛盾之中。矛盾的观念判断不能与老年社会工作完美契合，导致价值观的作用结果具有不确定性，也致使出现了伦理价值观方面判断标准的困境。

三、解决老年社会工作伦理困境的原则

（一）生命优先原则

"生命优先原则"是社会工作者必须坚持的价值判断原则。社会工作者在面对老年人时，要认识到生命的价值是平等的，不存在生命上的偏差。生命权是具有优先性的。"生命优先原则"不仅是针对老年社会工作，更是覆盖社会工作实践的全部。

（二）差别平等原则

老年人在我们社会中是较为弱势的一个群体，再细致地分析，老年人这个弱势群体中也划分了相对性的强和弱。比如，拥有子女较多的老年人与拥有子女较少的老年人相比较，城镇与乡村等这些现实存在的客观条件都对老年人这个弱势群体进行了"再划分"。

（三）最小伤害原则

在面对老年社会工作中的实际问题时，理想的方案结果是不让事件中的任意一方利益受损。但是更多的实际情况说明，有时我们不得不让一方甚至多方做出相应的牺牲来换取适合的结果。在这种情况下，老年社会工作者应当权衡选择伤害最小且最容易弥补的解决方案。

（四）健全社会工作管理原则

一方面，不断对老年社会工作者进行专业伦理价值的创新培训，改善社会工作者的服务伦理行为；另一方面，注重老年社会工作者之间的交流，分享工作经

验，从而减少伦理困境所带来的损害。服务和交流的过程，也可以是规范的总结制定的过程。规范的形成不仅仅可以提高老年社会工作的服务质量和效率，而且使得整个服务过程有准则和依据，无论是对自身约束来说还是对监督投诉来说，都会起到积极的作用。

（五）提高社会工作者的专业素养和道德水平原则

伦理价值的学习是一个持久且需要不断前进的过程，它从始至终都贯穿在日常工作当中，社会工作者需要不断地进行总结与反思。社会工作者在秉承正确客观判断标准的同时，要时刻对自己的工作行为进行总结与自我批评，不断匡正自己的服务行为和态度，对待专业实践和特殊伦理问题要敢于质疑，用敢于否定的态度促成社会工作专业价值体系的完善。

第三章 老年人的社会交往及社会工作干预情况

本章主要讲述老年人社会交往及社会工作干预情况，分别介绍了社会交往的相关理论、老年人社会交往特征、老年人社会交往的意义和心理效应、影响老年人社会交往的不健康心理、老年人社会交往能力问题的社会干预情况五个方面的内容。

第一节 社会交往的相关理论

一、社会交往的概念起源

人们在生产、生活等社会活动中产生的彼此之间相互沟通交流、联系的过程就是社会交往。真正而完整的社会联系总合就是人的本职，而不是个体所拥有的抽象物质。社会交往可以划分为三种形态，即通过人的作用自然地建立的关系，基于物质基础的与人创建的关系以及由物质和人的全面发展形成财富而形成的人的自由行为。不管是上述的哪种形态，社会交往都扮演着颇为重要的角色，它是个体认识彼此的先决条件，是反映个体发展情况的镜子。个体的成长和发展离不开社会交往，尤其是那些直接或间接与之发生社会接触的个体的成长。

在 20 世纪末期，尤尔根·哈贝马斯开始研究社会交往行为。在他看来，任何交往行动都是基于信任和理解而产生的导向行为，其出发点和最终的目的也都是理解。因此，社会交往的主体在交往的过程中会表现出对双方的信任和理解，以此为出发点来促成后续的社会交往行为的发生，最终实现心理契合的状态。这种基于信任的交往模式不仅可以促进个体不断成熟和发展，更有助于社会的发展和文明的进步。

美国佐治亚大学某位教授说，互联网可以为人类带来更多的便利，如通过网络，你可以认识和你并不熟识的陌生人，并与之建立良好的社会关系。在这一过程中，你的社交圈子开始扩大，社交频率变得密集。因此，互联网的便捷性使得各国学者将视角逐步聚焦到社会交往的层面。甚至有一部分研究者指出，在当下的互联网背景下，人与人之间是不可能建立出真实有效的人际关系的。斯托尔认为，网络的虚拟化特点，就限制了人与人之间的社会关系，并没有显示出牢固的状态，反而浅薄容易破灭。交往的效果会因虚幻的双方关系而被削弱，甚至破灭。在学者克劳特看来，更多的人在互联网上演变出来的社会关系都是相对脆弱的、不牢固的。

学者华莱士、帕里斯等主张，网络交往是一种双方基于共同的兴趣爱好而建立起来的人际关系。这在一定程度上积极影响着社会交往的范围。在他们看来，虚拟的朋友和现实的朋友在本质上都是一样的，都是个体社会交往的对象，都是亲密、真实、牢固的友谊。

研究指出，网络交往是具有治愈功能的，可以减轻个体的孤单落寞、压抑困顿的不良情绪，获得更多的支持，从而使个体的自尊意识明显得到提升。借助比较研究方法，南希表明，以互联网为媒介而创立的社会交往的质量并不高，没有传统的媒介好。为了深入探索年轻人与新媒体的高契合度问题，艾莉森实证研究发现，个体因兴趣的关系而使用脸谱网（Facebook）这种即时通信的网络媒体。它可以帮助个体及时更新和维护人际关系，开拓社会交往的圈子。甚至有学者指出，即时通信的社会交往模式可以应用到不同的背景环境中。例如，在教学方面，适时恰当地利用即时通信可以有效改善传统的沟通方式，打开师生关系的新大门。

二、社会交往的相关研究

鉴于其增益效应，社会交往开始受到国内外学术界的普遍关注，尤其是在心理学、哲学、社会学等领域，然而就社会交往主题的实证研究稍显匮乏。社会交往对个体的影响分为两个层面：第一，社会交往可以直接有效地改善个体的生活现状；第二，社会交往可以间接地影响个体，促使其以更为多元化的视角来解读生活中的各类事件，在一定程度上削弱消极事件的负面影响，增强积极事件所带来的正能量，从而引导个体对生活质量做出积极向上的评价。据调查，对城市居民来说，同事和朋友是较为重要的精神支持伙伴；而在农村，街坊对农村居民的财务和精神两个层面具有重要的支持作用。还有学者研究表明，性别、年龄、学历等人口统计学变量将直接关系到居民社会交往的参与度，经济环境对社会交往也会有一定的影响。有研究指出，休闲体育不仅可以帮助我们放松身心，锻炼身体，还有助于个体构建和谐的人际关系，建立良好的社交圈子，甚至可以推动社会的发展和进步。

（一）社会交往的含义

社交交往是一个相互交流的过程。人们在相互沟通的过程中感到满意。它首先是一个心理过程，是个体之间相互吸引的过程。人是社会中的动物，我们生活在群体中没有人能够离开人类群体并独自生活。社会分工和相互合作可以使我们生活在今天这个高科技的时代。当然也有离开人群在原始丛林里与动物生活或者独自生存的，但历史结果告诉我们他们不算是完整的人类，其语言沟通和智力水平都远远不足儿童的水平，而且寿命也相对较短。

（二）社会交往的方式

社会交往是人类社会发展的必然要求，包括物质交往和精神交往以及直接交往和间接交往。交往这一词汇的含义十分广泛，包含个人、社会团体、阶级甚至国家之间的交往。在某种层面来讲，它甚至是社会关系的概念。

1. 物质交往和精神交往

按照马克思主义的观点，人们的物质交往首先是一切交往的基础，它主要包含生产性和经济性两种特性，是人们在实践过程中的产物，物质交往是基于现实社会中人们真实的需求，它促进了人类社会的进步，只有满足了物质层面的需求，才会有精神层面的发展。而精神交往，包含思想、观念、意识，精神交往是人们在物质交往的基础上而产生的直接产物。它包含思想交往和心理交往，人们在满足了物质交往的基础上，想要更高层次的精神满足，就会寻求思想和心理的获得感，精神交往是人们社会需求的体现。据此，我们可以对社会交往做一个简单地定义：所谓社会交往，是指个人与个人、个人与团体或团体与团体的交互作用，交互影响的方式和过程。

2. 直接交往和间接交往

人类的交往从直接交往开始，它更加直观，面对面的交往能给人们带来即视感，能使人们清楚地表达自己的想法与情感，配合各种语言、表情、动作，能让双方真切地感觉到彼此，更有利于人们的情感沟通，在接触互动的过程中能体会到对方所要倾诉的感情，是喜悦还是悲愤等，同时也会利用更多的表达技巧，手势、眼神、仪态都是在全力表达出内心的想法。而间接交往则更腼腆一些，它虽然没有直接交往那么直观、生动，但在含蓄的背后是婉约的表达。值得一提的是，手机微信就是借助手机这一载体进行的间接交往，人们可以在其中尽情地表达自己的想法，心情好了就发个笑脸，心情不好就发个愤怒的表情，避免了直接交往的羞涩感，给那些害羞、内向的人们提供了更广阔的交流空间，这也是为什么21世纪这么流行"宅男宅女"这一人群，他们习惯于用微信这一间接的社会交往方式来表达自己的想法，反而直接见面的交往让他们感觉到不适应。间接交往给人们留下了无限的遐想空间，能够更全面冷静地思考人生，倾诉自己的内心。这一表达方式越来越受现代人的追捧。

（三）社会交往的作用

在人类社会中，每个人都不能独立存在于社会中。相反，他们可以通过相互作用获得物质和精神上的满足。同时，社交也有重要的作用。它可以促进人类社会的进步，密切联系人们的生产活动，使整个世界成为一个整体，而不是成为整个世界的一部分。社会交往能满足个人的生活情感需求，促进人的社会化，使人们更好地融入这个社会中。

社会交往使人的生产活动延伸下去，促进社会的发展。没有交流的世界是暗淡无光的，如果我们不能把五千年的文化传承下来，那中国就只是一个野蛮的部落，没有核心的价值观，也没有悠久的历史。但这些不单单靠文字的记载而流传下来，更多的是一种世代的传承。人们有了语言，可以更加便捷地表达自己内心的诉求，语言的出现也是为社会交往做出充足的准备，人们能够分工协作也能加强相互之间的沟通。

社会交往促进人的全面发展。人与人之间沟通的桥梁与纽带就是社会交往，男人与女人的社会交往产生了爱情的因素，繁衍下一代，使社会可以延续下去，如果没有这种交往可能人口早已进入负增长或者灭绝的状态。不过人的发展不单单像动物一样为了繁衍下一代，更多的是物质层面的交换和精神层面的交往。

第二节　老年人社会交往特征

一、老年人的社会交往心理需求

其实，老年人对社会交往有着强烈的心理需求。由于许多老年人的活动范围越来越小，对家庭内部沟通的要求也越来越突出。夫妻之间的爱是永恒的，体现了老年人夫妻关系的和谐；对于孩子，老年人希望他们经常回家，不是为家庭贡献物质，而是与孩子交流；对于邻里关系，老年人觉得远亲不如近邻，更关注社区里的人；对于以前的单位来说，他们渴望组织更多的活动，举办更多的会议，对单位的忠诚度和归属感可能是这一代老年人的终身情结。社会交往良好的老年人身心健康状况良好，积极参与歌唱、秧歌、集会、保卫、管理社区等活动。这样，既能满足他们社会交往和归属感的需要，又能为社会服务。然而，社会交往能力较差的老年人总是忧心忡忡、抱怨、自恋或呻吟，这对他们的健康不利。

老年人应重视社会交往，即重归社会。但要注意以下几点。

①老年人应改掉爱面子或自卑的心理，无论过去身居要职还是位小职低，退休后放下架子，大家都是好朋友，在一起亲密交流，其乐融融。

②主动走出家门，寻找原单位以外的新朋友，也不忘老朋友，每年至少与10或20位朋友交往。

③与朋友开展活动，一起或练书法、或唱歌、或运动，也可参加老年大学，既重新找回人生价值，也锻炼了身体。

④在社会交往中，继续保持谦逊忍让的态度也很重要。

二、老年人社会交往的转变

人际关系和家庭氛围是影响老年人心理健康的重要因素，拥有一个良好的人际关系和感情融洽的家庭环境有利于老年人的心理健康。当老年人离岗赋闲后，随着社会角色的变化、生理心理的变化，其人际关系也会发生变化，而且具有了一些新的特征，主要有以下两个方面的转变。

（一）以工作单位为中心向以家庭为中心转变

在退休以前，由于工作的需要以及工作的关系，人们绝大部分的交往对象都是以工作单位为中心形成的，如上下级关系、同事关系、与本单位业务有关的朋友关系等。这些交往占去了社会交往的绝大部分时间，至于与家庭、邻居以及同学、同乡等的交往，则在整个交往活动中占据次要位置。在离退休以后，这种人际关系发生了重大变化，由以工作单位为中心向以家庭为中心转变，这使人际关系的侧重点发生了变化。

这种变化是由人们社会角色的变化引起的。在退休以前，人们生活的"舞台"主要是工作单位，所"扮演"的角色是领导、职员、专家、学者、干部、工人等。

在退休以后，人们生活的"舞台"主要是家庭，所"扮演"的角色则是丈夫、妻子、父母（公婆）、祖父母（外公婆）等。社会角色的变化决定着围绕这一角色的人际关系的变化。家庭人际关系在退休前是次要的人际关系，因为人们将大部分时间和精力都放在工作上。退休以后，由于人们大部分时间是在家庭中度过的，所以家庭人际关系就成为人们人际关系的中心，而邻里关系也逐渐显示出重要的地位。当然这并不是说退休前的一切人际关系都不存在了，只是说其地位和重要性发生了变化。

（二）由对象的多变性向对象的稳定性转变

在退休之前，人们交往的对象是多变的，因为人们的工作是不固定的；特别是在当代社会中，随着工作单位的变化，人们交往的对象会发生整体性的变化；随着工作性质的变化，人们的交往对象会发生部分变化；随着业务范围扩大，人们交往对象的范围也会相应扩大；等等。由于退休前的人际关系是以工作单位为中心的，是工作驱动型的，那么它的对象就只能是多变的、不固定的。退休以后的人际关系转向以家庭为中心，而家庭是相对稳定的，那么由此决定的人际关系也是相对固定的、稳定的。此外，退休以后人际关系范围的缩小，也使得老年人在选择交往对象时比以前更为慎重。因为老年人经历丰富，又有社会交往的经验和教训，所以他们在选择交往对象时，更注重质量，更要求彼此相容，有共同的志趣、爱好，这样他们的交往对象稳定性就很强。

三、老年人社会交往的分类

广交新朋友，不忘老朋友。平时不忘老朋友，也要广交新朋友，交中青年朋友，与儿孙交朋友；与老伴不仅仅是夫妻，更要努力成为知心朋友。善于聊天、谈心，与人交谈既能缓解压抑心情、减少孤独、开阔视野，也是维护心理健康的有效方法。老年人社会交往具体可以归为以下四类。

（一）业缘关系

人们由职业或行业的活动需要而结成的人际关系，如行业内部的领导与被领导关系、上下级关系和同事、同级关系；行业外部的彼此合作关系、伙伴关系、竞争关系、制约关系等。与血缘关系和地缘关系不同的是，业缘关系不是人类社会与生俱来的，而是在血缘和地缘关系的基础之上由人们广泛的社会分工形成的复杂的社会关系。

（二）地缘关系

人们由出生或居住在同一地域而形成的人际关系，如同乡关系、邻里关系。故土观念、乡亲观念就是这种关系的反映。

（三）趣缘关系

趣缘关系是因人们的兴趣、志趣相同而结成的一种人际关系。这是为了满足人们的精神需要而结成的社会关系，是社会发展的产物。随着社会生产力的发展和社会物质财富的增多，人们在基本满足物质生活需求的基础上产生了越来越多的精神需求，为此，人们结成了各种各样的人际关系。

（四）血缘关系

血缘关系是由婚姻或生育而产生的人际关系，如父母与子女的关系、兄弟姐妹关系以及由此而派生的其他亲属关系。血缘关系是人先天的与生俱来的关系，在人类社会产生之初就已存在，是最早形成的一种社会关系。在人类历史上，比较重要的血缘关系有家庭关系、家族关系、宗族关系、氏族关系、种族关系。在不同的历史时代和不同的社会制度下，血缘关系的亲密程度和作用是不相同的。在原始社会中，血缘关系是社会的基本关系，是社会组织的基础，对社会生产及人们的生活起着决定性作用。

第三节　老年人社会交往的意义和心理效应

一、老年人社会交往的意义

（一）社会交往的意义

1.满足老年人的心理需求

由于社会活动减少了，老年人不再像以前那样肩负社会责任，承担着繁重的工作压力，不用接受外来控制按时工作或劳作。人生职业使命的完成使得老年人不再像以前那样为生计而到处奔波，社会和家庭对他们不再有以前那样的贡献期待。由于社会和家庭负担的减轻，老年人有如释重负的感觉，逐渐产生了颐养天年、享受天伦之乐的心态，年轻时的拼搏和闯天下的奋斗精神没有了，活动量和社会活动的范围都会显著减少，客观上造成老年人社会接触面相比退休前大大缩小。同时，老年人日渐衰弱的体质也迫使他们在社会活动的强度和活动量上有所顾忌。

2. 消除老年人退休后的孤独感

由于空闲时间变多，刚离开工作岗位的老年人突然没有约会，不知道怎么打发时间。因为新生活的平衡还没有确立，他们整天都很困惑。在这样的情况下，他们可能总是抱着不安的心态，不能以愉快的心情进行广泛的社会活动和人际交往。人如果长期悠闲自在无聊，就很容易引起身心疾病。

3. 保障老年人的身心健康

在当下中国的养老体系中，儿女所给予的帮助和扶持已经无法满足农村老年人对养老的需求，也就是说，农村养老需求的满足不止家庭代际支持，还需要其他的途径来补充。社会交往的增益效应主要体现在两个层面：第一，直接的方式影响和改善老年人的现有生活状况，即与他人的社会交往可以帮助弱势的老年群体从自身以外的渠道收获更多物质、经济以及人力方面的直接有效的帮助以及获取医疗保健等方面的信息资源；第二，间接的途径提升生活满意度。具体而言，社会交往活动可以促使老年人跳出既定的思维模式，以更为广阔的视角来解读生活事件，削弱消极事件带来的负面影响，增强积极事件的正能量，从而减缓心理压力，维持稳定健康的心理状态。总之，社会交往可以有效改善个体对生活的主观评价。

个体并不是单独存在于社会中的，他们会根据自己的价值观念、信仰等对所接触的群体进行划分。对于拥有相同的价值观念、信仰、行为驱动力的群体，他们会产生较强的社会认同感，偏向于在该类群体内部进行沟通交流；反之，则会选择逃避外界交流。根据社会交换理论可知，社会交往的过程就是一个双方互相交换的过程。我们常常会将自己的一种社会关系与另外一种社会关系对比，从而决定接下来的行动方向。对社会交往程度较低的老年人而言，他们与外部社会的联系相对较少，只能选择家庭成员来进行沟通交流。家庭代际间的互动成为其社会交往的主要内容，因此，核心家庭成员的代际支持将直接影响其对生活质量的主观评价。当儿女在经济、日常照顾、情感三个层面提供较好的扶持时，老年人就会从物质和精神两个角度感受到家庭所带来的温暖和爱，对现有生活状态的评价也将是较为积极和向上的。反之，当老年人在家庭内部和外部均不能感受到关心和帮助时，他们就会对所处的生活圈子报以失望的态度，陷入一种悲伤和孤寂的氛围中，甚至钻牛角尖，走上轻生的道路。这样一来，其生活的主观评价将是较为负面和悲观的，满意度较低。

就社会交往程度较高的老年人个体来说，他们更多地愿意将生活中的喜怒哀乐与邻居、朋友等分享，借助家庭以外的力量来排忧解难。也正是在这个过程中，这种相互依赖的良性互动将老年人的生活圈子从家庭内部扩展到社区，将其视角从家庭琐事转移到外部环境，促使其生活更加充实。因此，老年人个体将更多的时间和精力倾注在外部交往中，其心态也将是较为平稳和健康的。

（二）老年人应重视社会交往

为了适应社会，追赶时代潮流，人需要终身不断地学习。因此，社会化存在于人的一生中，老年人同样不能例外。老年人应当通过人际沟通，参与社会活动，深入社会生活，从而掌握新的知识和信息，与时俱进地与其他各个年龄层次的人形成共同的社会态度，真正地成为社会的一分子。

当然，通过报刊、电视等媒体，老年人也可以了解社会，学习新东西。但由于缺乏互动机制，没有情感上的交流，在深度和效果上均不如人际间面对面的直接沟通和交流。在连续不断地进行人际沟通过程中，老年人将自己身上蕴藏的宝贵社会经验和优良的品德传输给年轻人，影响着年轻人，为社会发挥着余热，促进了人类文明的传承。这一状况有利于建立起老年人与社会的良性互动，使老年人老有所为、老有所乐。

离退休后最影响老年人身心健康的恐怕就是与世隔绝，把自己封闭起来，这样会加快人的老化过程。特别是失去了与家庭社会的联系，老年人情绪压抑、苦闷、悲观，把自己关起来不出门，久而久之便失去了生活的勇气。老年人只有走出家门，加强社会交往，才能找到生活的意义和生活的乐趣。

二、老年人社会交往的心理效应

在我们生活的空间中，每天都需要与人进行交流，在与人交流的同时也形成着这样或那样的印象。我们形成的印象往往与真实情况有所差别。是什么原因呢？其实是一些效应在作怪。积极地了解一些交往心理学知识，了解印象形成的一些效应，我们可以学会怎样留给他人一个好印象，同时可以帮助老年人克服这些效应的消极影响。

（一）首因效应

首因效应一般指人们初次交往接触时各自对交往对象的直觉观察和归因判断，在这种交往情景下，对他人所形成的印象就称为第一印象或最初印象。第一印象一旦形成，要改变它就不那么容易，即使后来的印象与最初的印象有差距，

73

很多时候会自然地服从于最初的印象。在现实生活中，首因效应所形成的第一印象常常影响着对他人以后的评价和看法。有时，人们会听见朋友抱怨："坏就坏在没有给他留下好的第一印象，印象已无法改变。"由于第一印象在社会交往中具有重要作用，所以应该重视与人交往时留给他人的第一印象。

为了塑造良好的第一印象，老年人应该注意仪表，衣服要整洁，服饰搭配要和谐得体；应注意自己的言谈举止，锻炼和提高自己的交谈技巧，掌握适当的社交礼仪。

初次印象是长期交往的基础，是取信于人的出发点。老年人不仅要学会一些技巧，同时要知道，与人交往是一件地久天长的事情，无论什么人都有可能成为好朋友。为了保持长久的友谊，应有一颗真诚的心。

（二）近因效应

第一印象产生的"首因效应"一般在交往初期，即双方还彼此生疏的阶段特别重要；而在交往后期，也是双方已经彼此十分熟悉的情况下，近因效应就发挥了很大的作用。

所谓近因效应，是指在多种刺激依次出现的时候，印象的形成主要取决于后来出现的刺激。即在交往过程中，人们对他人最近的、最新的认识占了主体地位，掩盖了以往形成的对他人的评价，所以也称为"新颖效应"。多年不见的朋友，在自己的脑海中的印象最深的其实就是临别时的情景。一个朋友总是让人生气，可是谈起生气的原因，大概只能说上两三条，这也是一种近因效应的表现。

老年人在交往过程中，常常用近因效应整饰自身的形象。例如，双方感情不和，一旦要分手的时候，主动向对方表示好感甚至歉意，会出乎意料地博得对方的好感，甚至将以往的恩怨化解。

（三）晕轮效应

美国心理学家戴恩·伯恩斯坦曾经做过一项实验：给参加实验的人一些人物相片，这些相片被分为有魅力、无魅力和有一般魅力三种，让实验者评定几项与外表无关的特征，如婚姻、职业状况、社会和职业上的幸福等。结果，几乎在所有特征上，有魅力的人都得到最高的评价，仅仅因为长得漂亮，就被认为具有所有积极肯定的品质，这就是晕轮效应。

所谓晕轮效应，是指人们在对别人做评价的时候，常喜欢从或好或坏的局部印象出发，扩散出全部好或全部坏的整体印象。这就像月晕（或光环）一样，从一个中心点逐渐向外扩散成为一个越来越大的圆圈，所以有时也称为月晕效应或光环效应。

多数情况下，晕轮效应常使人出现"以偏概全""爱屋及乌"的错误，产生"一个人一好百好的感觉"。

"旁观者清，当局者迷"，老年人要善于倾听和接受他人的意见，防备晕轮效应的负面作用，同时可以利用晕轮效应的影响增加自身的吸引力。与人交往时，可以采用先入为主的策略，让对方了解自己的优势，以获得以肯定积极为主的评价。

晕轮是美丽的，让老年人在其美丽的光环下，冷静、客观地透视人生，把握交往。

（四）刻板效应

商人常被认为奸诈的坏人，有"无奸不商"之说；教授常常被认为是白发苍苍、文质彬彬的老年人；江南一带的人往往被认为是聪明伶俐、随机应变的；北方人则被认为是性情豪爽、胆大正直……人们在认识和判断他人时，并不是把个体作为孤立的对象来认识，而总是把他看成某一类人中的一员，使得他既有个性又有共性，很容易认为他具有某一类人所有的品质。因此，当我们把人笼统地划为固定、概括的类型来加以认识时，刻板印象就形成了。

刻板印象的积极作用在于它在一定程度上简化了人们的认识过程。但刻板效应更多地带来的是负面效应，如性别偏见等。这样常使人以点代面，凝固地看人，容易产生判断上的偏差和认识上的错觉。

（五）定式效应

有一个农夫丢失了一把斧头，怀疑是邻居的儿子偷盗。于是，观察他走路的样子、脸上的表情，感到言行举止没有一点不像偷斧头的贼。后来，农夫在深山里找到了丢失的斧头，他再看邻居的儿子，竟觉得言行举止中没有一点偷斧头的模样了。这则故事描述了农夫在心理定式作用下的心理活动过程。所谓心理定式，指人们在认知活动中用"老眼光"——已有的知识经验来看待当前的问题的一种心理反应倾向，也叫思维定式。

在社会交往中，定式效应表现为人们用一种固定化了的人物形象去认知他人。心理定式效应常常会导致偏见和成见，阻碍我们正确地认知他人。

（六）投射效应

古代有一位喜欢吃芹菜的人，总以为别人也像他一样喜欢吃芹菜。于是，他一到公众场合就向别人热情地推荐芹菜，成为一个众所周知的笑话。但是生活中每个人都免不了犯类似这样的错误。"以己度人"在心理学上称为投射效应。即在人际认知过程中，人们常常假设他人与自己具有相同的属性、爱好或倾向等，常常认为别人理所当然地知道自己心中的想法。

心理学家罗斯做过这样的实验来研究投射效应：在80名参加实验的大学生中征求意见，问他们是否愿意背着一块大牌子在校园里走动。结果，48名大学生同意背牌子在校园内走动，并且认为其他大部分学生都会乐意背；拒绝背牌的学生则普遍认为，只有少数学生愿意背。可见，这些学生将自己的态度投射到其他学生身上。

"以小人之心度君子之腹"就是一种典型的投射效应。当别人的行为与自己不同时，很多人习惯用自己的标准去衡量别人的行为，认为别人的行为违反常规。喜欢嫉妒的人常常将别人行为的动机归纳为嫉妒，如果别人对他稍不恭敬，他便觉得别人在嫉妒他。

为了克服投射效应的消极作用，老年人应该正确地认识自己和他人，做到严于律己、客观待人，尽量避免以自己的标准去判断他人。对方并非如你所想象的一样，只有尝试了才会知道。

第四节　影响老年人社会交往的不健康心理

一、不健康心理的种类

（一）老年人的自私心理

老年人的自私本质上不同于一个人心灵的自私，而是一种老年精神病。老年人的自私可以表现为，有些人一开始很大方，但老了就变得很吝啬。他们把一切都分为"我的"和"你的"，甚至会以这种心态对待自己的家人。有些老年人总是以自我为中心，关心自己；有些老年人过于关注自己的感受和情绪变化，却不关心和理解其他家庭成员。这种自私与老年人社会交往范围的缩小、对错判断能力的弱化有关；或者与老年人生活中缺乏他人的关怀，经济上依赖他人生存有关；或与社会地位、家庭状况的变化有关；或与老年人性格的改变有关。但总而言之，这些变化往往是因他们为了适应变化了的环境而自私。

此外，还有少数老年人表现出一种情感上的自私。比如，当孩子即将结婚离家时，他们总是对与子女在一起的时光感到不安和怀念，对未来的女婿和儿媳也很警惕，担心女婿的到来会影响女儿对自己的感情。个别年迈的父母甚至把子女当作自己的私有财产，如果别人不付出满足自己的代价就很难谈婚姻，这种自私势必导致儿子和儿媳之间的矛盾与隔阂。当年轻人明白老年人表现出自私的一些原因时，最好宽容一些，对自己的物质和情感自私让步。只要通情达理的年轻一代能记住，父母为子女的成长而不遗余力、辛勤劳动、无私奉献，那么，想在老了以后多照顾自己的人就没有什么可指责的了。总之，我们应该以同情和体贴的态度对待老年人，在条件允许的情况下尽量满足他们的一些正常要求，从而提高他们的安全感，帮助他们克服老年时的自私心理。

（二）老年人的自我封闭心理

1. 自我隔离增加了老年人的心理负担

一些长期工作的老年人突然辞职，会感到失落，找不到他们的位置。想告诉别人，但没有人能体会他们的感觉，只好压抑住心情。随着时间的推移，老年人郁闷的心情无法释怀，一些老年人逐渐形成易怒、找借口、孤独、怀疑等不良人格特质，从而增加心理失衡的偏差，长期下去会影响老年人的身心健康。

2. 自我封闭会加速老年人身体的死亡

由于新陈代谢的作用，老年人的骨头随着年龄的增长而变得松脆，人体器官也会老化。如果老年人减少必要的体力活动，自我封闭，老年性关节炎、头痛、胸闷等症状就会泛滥，加速人体细胞的死亡，严重限制老年人的寿命。

3. 自我封闭不利于老年人发挥余热

老年人是社会的活财富，他们经历了无数的人生波动，经历无数风雨并在生活中积累了大量的经验和知识。换句话说，每个老年人都是活的教科书。一些老年人即使不再做之前从事的工作，但他们的知识仍然可以为人类社会做出许多经济、文化和艺术方面的贡献。老年人封闭自己，与外界接触的机会会越来越少，慢慢地对与自己无关的人和事都漠不关心，疏远的态度让别人无法靠近他们。俗话说得好："笑一笑，十年少。"老年人要不断调整自己的生活态度，致力于健康生活，做一些力所能及的事情，继续实现生命的价值，才能获得真正的快乐。

（三）老年人的嫉妒心理

因为老年人在社会中处于弱势地位，一些老年人容易产生嫉妒心理。但是每个人的克制和表达的程度是不同的。比如，有的老年人因为身体和心理年龄都比较老，就觉得自己不能再和中青年人相比了，可能嫉妒中青年人的年龄和青春的"智慧"和"力量"。有嫉妒心理的长者往往不愿意接受表现比自己好的老年人，不愿意交朋友，从而影响老年人的社会交往，并且不利于老年人的身心健康。老年人应该从积极的角度认识生命、疾病和衰老的自然规律，以科学的态度善待他人，善待自己。

二、影响老年人心理健康的因素

（一）心理因素

根据社会心理学、医学心理学、生理心理学、心理卫生学等研究，影响老年人心理健康的心理因素是多方面的，归纳起来主要有六个方面。

1. 严重丧失信心

老年人如果失去了生活乐趣，就没有勇气面对未来的生活，有了度日如年的感觉，很可能会导致极度苦恼、懊悔，最终可能会因此出现严重的心理问题。

2. 长期的孤独

老年人的郁闷情绪得不到排解与宣泄，等于隐形的"癌症"，容易使人发生代谢紊乱，诱发各种疾病，如糖尿病、高血压、消化系统疾病、皮肤病、心血管疾病、免疫系统疾病等，甚至可能诱发精神疾病。

3. 疑神疑鬼

老年人无端怀疑人与事，整日处于应激状态，无端猜想，事事算计，处处提防，心神不安，大脑神经消耗能量大，精神疲劳衰退，导致心理疾病的发生。

4. 极度恐惧

老年人害怕患病、死亡、被遗忘、被冷落等，严重的恐惧，可以影响老年人正常的基础代谢，打乱人的心跳与呼吸规律，出现思维紊乱，甚至诱发大小便失禁，也可能出现幻觉。

5. 乱发火、乱骂人

老年人因为一点小事，或没有任何事情的前提下，情绪失控，歇斯底里，容易诱发各种疾病，甚至出现极端的异常行为。

6. 内心失衡

一般情况下，随着年龄的增长，老年人的身体健康也是一天不如一天，一旦遇到不顺心的事，各种不健康的心理就会伴随着出现，如嫉妒、敌视、怨恨、冷漠、抑郁等，常常处于内心不安的状态，无形中给内心罩上了一层厚厚的阴霾。

（二）客观因素

根据国外一家知名的老年人健康研究机构的研究资料证实，客观因素对老年人的心理健康影响很大，具体地说有以下六个方面。

1. 居住因素

一个干净、卫生、幽静、舒适、空间适中的屋子能使老年人心旷神怡，安逸悠闲，延年益寿。如果屋子脏乱差、异味难闻，会使老年人心烦意乱，产生厌烦心理，导致郁郁寡欢，整日闷闷不乐。

2. 周边环境因素

周边环境的好坏对老年人的心理健康有直接的影响，这是客观事实。老年人生活在优美、良好、和谐、安静的环境中，就会心情舒畅、内心安逸。假如周边环境恶劣，老年人就会烦躁不安，甚至诱发严重的心理异常。

3. 身体因素

老年人身体健康出现了问题，如果被各种急慢性病缠身，心情就会压抑，如果不会自我排解与疏导，有可能出现心理问题。还有一些老年人的生理功能下降，导致夫妻性生活出现了严重障碍，会出现自卑、无用的心理，甚至会引发严重的后果。

4. 业余生活因素

老年人要有良好的、积极的、健康的业余生活，这一点极其重要。如果生活有规律，起居有常，娱乐有节制，有益于人的心理健康；若老年人起居无常，甚至超负荷、熬夜进行娱乐活动，严重危害老年人的心理健康，甚者导致异常问题的出现。

5. 交往因素

老年人如果能够主动地、经常性地与人交往，聊聊天，说说奇闻趣事，就会保持快乐的心情，延年益寿。老年人如果自我封闭，不能正确处理人与人之间的关系，朋友就会越来越少，越来越孤独，越来越郁闷，最终可能会导致心理异常。

6.意外因素

"天有不测风云，人有旦夕祸福。"本来平静的生活，每天安安逸逸的，老年人突然遇到特殊的事件，心理上可能会遭到重大打击，甚至诱发极端后果。

三、不健康心理对老年人社会交往的影响

不健康心理对老年人社会交往的影响主要表现为老年人的消极交往。消极交往的内涵是广泛的。有研究者认为，消极交往是指不愉快的社会接触，其特点是批评、拒绝、竞争、侵犯隐私和缺乏互惠，无效的帮助也包含其中。纽瑟姆等则将消极交往划分为四类：冷漠和麻木不仁的行为、无用的建议或打扰、没能及时提供所需帮助、被他人拒绝或忽视。之后，有学者又给出了与消极交往相关的生活情景，如社会网络关系的丧失或中断、参与集体活动受挫及健康状况下降等，这进一步促进了对消极交往概念的理解。鉴于前人对消极交往的界定不一致，在本节中，我们主要从消极交往的类型、来源、强度、机制来分析其对心理健康的影响。

（一）类型

消极交往可以划分为许多不同的类型，对老年人来说，常见的几种消极交往包括社会隔离、丧亲或丧偶、离婚等。这些消极交往都会严重损害老年人的心理健康，提高其患焦虑症和抑郁症的概率，并正向预测老年人的死亡率。菲利普斯等对50岁以上中老年人的婚姻状况进行了调查，并分析其与心理困扰之间的关联。结果发现，对女性而言，失去配偶的痛苦感甚至是有配偶女性的两倍。

但是，上述研究结论并不总是成立的，还可能受到其他混淆变量的影响。有学者研究发现，无子女会降低老年人的生活满意度。然而，在控制了与家庭成员的交流后，无子女作为生活满意度的预测因子变得不再显著。家庭内部高质量的交流是否可以缓解无子女带来的消极影响？这值得研究者进一步的探索。

以往的研究虽然各自从不同的类型出发，考察了消极交往与心理健康之间的关系，如丧偶、家庭暴力、社会排斥等。但是，很少有研究系统地对不同类型的消极交往进行区分，并分析其带来的心理健康后果之间的差异。理论上来说，不同类型的消极交往带来的负面影响是有区别的。进一步细化消极交往的类型，探索特定消极交往是否会损害个体的特定功能，这对有针对性地保护老年人的心理健康有重大意义。

（二）来源

基于目前的研究文献，老年人经历的消极交往主要来源于以下几个方面：配

偶、子女、朋友及其他直系亲属。不同来源的消极交往对老年人心理健康的影响有差异。研究表明，与配偶的消极交往会最大限度地增加老年人的抑郁症状、降低生活满意度，其次是子女、其他直系亲属，朋友排在最后。一般认为，配偶和子女作为相对稳定的核心网络成员，与个体的关系往往更加密切，而其他直系亲属在血缘关系上相对较远，朋友的流动性较大，两者在个体的社会网络中更可能处于外围网络，产生的影响也相对较弱。

然而，近几年的相关研究揭示了与朋友交往的重要性。相比其他直系亲属，与朋友的消极交往对老年人心理健康的损害更大，而与配偶和子女的交往仍然处于首要和次要位置。对此，可能的解释是，朋友关系比亲戚关系更容易被选择。当个体认为一段友谊是消极的，可以选择及时终止这段关系，从而更好地保留积极的朋友关系；而亲戚关系通常是与生俱来或相对稳定的，终止一段亲戚关系不仅取决于个人，还可能涉及整个家庭甚至家族，这使得终止一段亲戚关系变得困难。

上述研究结果启示我们，对老年人而言，家庭成员是最重要的，与家庭成员的交往对老年人往往有着最强的影响。因此，来自家庭成员的支持与关怀是维持老年人心理健康的重要手段。而朋友和其他直系亲属在不同研究中呈现出的重要性差异，可能会受到老年人所处文化环境、经济地位、受教育程度等一系列变量的影响。

（三）强度

老年人在社会生活中可能会遇到不同强度的消极交往。比如，朋友之间偶然的拌嘴可能属于低强度的消极交往，亲密伴侣间的持续冷暴力则属于高强度的消极交往。来自横断研究的证据显示，高强度的消极交往会对心理健康产生不利影响，导致老年人的生活满意度下降。纵向研究也得到了相对一致的结果，即长期高水平的消极交往对抑郁症有显著的正向预测作用，在基线时间点报告较多消极交往的老年人，随访期抑郁症状增加的可能性更大。高强度的消极交往对心理健康的影响在以往研究中呈现出一致性。

然而，由于消极交往涉及的事件或类别相对较多，难以对特定消极交往事件的强度进行准确的评级。以往，研究者在对其进行测量时，通常采用相对宽泛的提问方式，而不是针对特定的消极交往事件进行提问，这就使测量结果更加关注消极交往的频率，对于强度的测量则被弱化了。另外，很多研究将强度作为连续变量测量时，能够很好地发现其对心理健康变量的预测作用，但容易忽视对高低强度之间差异的探讨。依据优劣势整合理论的观点，不同于高强度的消极交往的是，在消极交往强度较低时，老年人的心理健康受到的影响几乎可以忽略。因此，在之后的研究中，有必要专门对比不同强度的消极交往带来的影响。

从以上论述中可以发现，不管消极交往的类型、来源、强度如何变化，大多数时候，消极交往总是给老年人的心理健康带来负面影响，即消极交往负向预测心理健康。然而，这不代表消极交往只能与消极后果相关联，在某些情况下，消极交往也能带来积极结果。例如，研究显示，对慢性病患者而言，来自网络成员的批评和命令与其更低的死亡率相关联，即相比那些较少受到批评和命令的个体，受到更多批评和命令的个体反而活得更久。后续研究进一步发现，个体与子女和朋友之间的关系越消极，死亡率越低。因此，尽管本节聚焦于探讨消极交往带来的负面影响，也不能否定特定情况下消极交往积极的一面，另外，对消极交往的探索并不局限于以上三个维度。有研究发现，从亲密度的视角对消极交往进行区分，也能得到有意义的结果。未来研究应该从多个不同的维度对消极交往进行全面探索，从而得到更加有效的结论。

（四）机制

消极交往为什么通常带来消极后果，研究者对这种现象具体如何解释？在不同的边界条件下，消极交往带来的影响是否存在差异，即具备某些条件是否能够缓解消极交往的负面效应？以下分别从中介机制和调节机制两个方面展开论述，分析消极交往和心理健康关系中感知评估与自尊的中介作用，以及性别、婚姻状况和受教育水平的调节作用。

1. 中介机制

消极交往不仅能对心理健康产生直接的影响，还可能通过其他因素对心理健康产生间接影响，如个体对社会交往的感知、自尊等。纽瑟姆等人的研究发现，消极交往能够通过两条中介路径对心理健康产生影响，即增强个体对社会交往的消极感知或减少个体对社会交往的积极感知。另外，有研究发现了自尊在社会交往和心理健康关系中的中介作用，良好的社会关系质量能够提高老年人的自尊水平，进而增强其幸福感。

这些研究结果为消极交往的负面效应提供了解释，也为进一步探索中介机制提供了思路：个体层面的某些感知因素可能是介于消极交往和心理健康之间关系的重要变量。也就是说，在消极交往发生后，消极的气氛可能首先引起个体感知或情感上的变化，进而对其心理健康产生影响，这在之后的相关研究中应该引起重视。

此外，有人针对绝经后妇女的研究表明，某些健康行为变量在社会支持和患糖尿病风险的关系中起到中介作用，也就是说，社会关系变量能够通过改变健康行为变量对身体健康产生影响。那么，这种机制对心理健康是否适用？对身体健康的影响又是否会进一步牵涉心理健康？这有待研究者进一步的探索。

2. 调节机制

（1）性别

有研究表明，年长的女性比男性更有可能在亲属和非亲属之间的人际网络中建立桥梁，这种性别差异随着年龄的增长而增加，女性相比男性往往拥有更大的社会网络。同时，生理上的差异也决定了男性与女性在感知和表达情感上有不同的模式。因此，消极交往对心理健康的影响可能存在性别差异。

以往研究发现，当消极交往发生在家庭内部时，如与配偶或子女发生矛盾，或经历丧偶事件等，女性会比男性承受更多的痛苦；当消极交往发生在家庭关系之外时，如与朋友或邻居产生冲突，女性承受的心理压力则会低于男性。一方面，这可能是由于相比男性，老年女性的生活重心更多地放在家庭中，对朋友的重视程度相对较低，因此家庭内部的交往对女性的各种健康结果有更大的影响；另一方面，女性进行社交的能力更强，这使得她们能够在交朋友上更有选择性，抛弃总是带来麻烦的朋友，从而减少来自朋友网络的消极影响。

然而，有学者针对 674 名韩国老年人的研究得到了与上述观点不同的结果，他们发现，相比男性，女性与家庭外部成员的交往能够更加有效地抑制抑郁症状的发生，即女性似乎比男性更看重家庭外部的社会交往。这种结论的不一致可能是由文化差异导致的，在韩国，女性在晚年承担着非常高的照顾家庭的责任，她们很少有时间参与到家庭外部的活动中。因此，偶尔的放松对她们情绪的舒缓作用会更加突出，但不能就此断定女性比男性更看重家庭外部的交往。总之，研究结论的不一致表明，对消极交往的探索还有待在不同文化背景下展开，以便形成更具说服力的结论。

（2）婚姻状态

消极交往对心理健康影响力的强弱会受到婚姻状态的调节。研究发现，当面临情感上的挫折时（主要指家庭内部），有伴侣的老年人受到的心理创伤较大；而面临经济上的困难或遭遇社交排斥时，无伴侣的老年人的孤独感会显著增强。这似乎说明，有伴侣的老年人比无伴侣的老年人更加看重情感上的联系，他们对来自配偶的情感支持更加期待。耐兹勒克等人的研究支持了这一观点，他们发现，对于有伴侣的老年人而言，配偶占据其日常生活的43%；而对于无伴侣的老年人，没有哪种关系类型占有优势地位。这进一步验证了有伴侣的老年人对家庭关系中情感联系的高度重视。

以往的研究大多发现了有伴侣的老年人对情感联系的重视，而无伴侣老年人的相关结果相对较少，这是无伴侣的老年人不看重家庭内部的情感联系吗？斯托克斯和莫尔曼的研究发现，获得家庭支持能够减轻无伴侣老年人的抑郁症状，这种效应甚至强于有伴侣的老年人。对无伴侣的老年人而言，是真的不看重家庭内部的情感联系，还是因缺少家庭情感联系而降低了其重要性，这需要研究者进一步的探索。

另外，相比有伴侣的老年人，无伴侣的老年人似乎对朋友网络更加重视，这可能是一种补偿机制。老年人的支持需求是相对稳定的，且对来自家庭网络、朋友网络、亲戚网络等的支持都有一定比例的需求。当个体缺乏来自某种网络的支持时，他们会更加重视来自其他网络的支持，致力于通过网络之间相互弥补达到一种新的平衡状态。由于无伴侣的老年人缺乏来自配偶的陪伴和情感支持，为了维持基本的支持需求，他们往往需要更多地扩宽社会网络，寻求来自外部的友谊；如果失败，其获取社会资源的机会就会减少，老年人会有社交和情感上的挫败感。哈拉达等的研究结果在一定程度上为这种弥补机制提供了支持，他们考察了不同来源的社会支持在消极交往和心理困扰关系中的缓解作用。结果发现，其他亲人提供的支持能够缓解与家人的消极交往带来的心理困扰。也就是说，在某些情况下，因缺少家庭支持而引发的后果能够通过获取其他支持而弥补。因此，缺少配偶支持的无伴侣的老年人总是表现出对友谊的重视。

（3）受教育水平

受教育水平也是影响消极交往发挥作用的重要变量。一项针对泰国578名老年人的横断研究发现，经历更少的消极交往（具体表现为从家庭关系中获得更多的工具性支持）能够显著提高老年人的幸福感，且这种联系对受教育水平低的老年人更强。对此，可能有两种解释，受教育水平较高的个体对物质的态度更加淡薄，物质获取的多少并不是决定其幸福感的重要因素或者较低的受教育水平预示着更为糟糕的经济状况，从而使得工具性支持变得更为重要。

来自纵向研究的证据再次验证了上述观点，即受教育水平较低的个体在经历消极交往后通常会受到更大的影响。克劳斯长达7年的追踪研究发现，在基线时间点经历较多消极交往的老年人，之后患心脏病的风险会显著增加，且这种联系只对教育水平较低的老年人显著。上述研究结果一致地反映出这种观点，即受教育水平较低的老年人受到社会交往的影响更强，或者说对社会交往中出现的变动更为敏感。这可能是由于相比受教育水平低的老年人，受教育水平高的老年人积累了更多的知识，在遭遇突发的压力事件时，他们能够更好地利用这些知识化解危机，维持健康状态。

除了上述人口学变量外，科费尔等还发现了控制感的调节作用，在面临压力情境时，控制感较高的个体受到的消极影响更小，对那些长期暴露在压力情境下的老年人来说，这种效应更加明显，即提高控制感是帮助老年人摆脱消极情绪的有效方法。未来研究应该更多考虑个人情绪、人格、感知等心理因素的调节作用。

（五）消极交往损害心理健康的依据

1. 社会情感选择理论

社会情感选择理论强调：个体的社会目标会随着时间知觉的变化而转变。当时间被认为是无限时，知识获取目标会被优先考虑；相反，当时间被视为有限时，情感目标就占据了首要地位。保证社会目标的顺利进行对维持心理健康有重要意义。随着年龄的增长，人们感知到生命的短暂，个人目标会由知识获取目标转化为情感目标。也就是说，老年人有更强的意愿去维持良好的社会关系。当一段消极交往发生后，个体可能会经历关系破裂、支持减少、丧失亲友等负性事件，这会阻碍个体情感目标的顺利实现，并进而损伤其心理健康。以往研究也证明了情感目标对老年人的重要意义，相比经济和信息上的短缺，情感上的缺失会最大限度地损害老年人的心理健康，显著增加其心理困扰。

2. 优劣势整合理论

优劣势整合理论认为：相比年轻人，老年人的生理灵活性降低，反应更加迟钝。当遭遇持续的消极交往时，老年人将处于高度紧张的生理唤醒状态。这种生理上的脆弱使他们很难进行自我调节，从而延迟从事件中恢复，由此导致幸福感降低、心理健康受损。该理论强调了消极交往对生理状态的影响，以及生理状态衰退对心理健康的破坏作用，这在相关研究中都得到了证实。例如，消极交往会抑制老年人的即时回忆和延迟回忆功能，而脆弱的生理状态会提高抑郁症的患病率。总之，依据优劣势整合理论的观点，持续经历消极交往的老年人会首先感受到生理上的不适，在高度紧张的生理状态下，他们难以应对消极交往，从而导致心理上的损害。

3. 社会交换理论

社会交换理论认为：个体之间的相互作用可以描述为试图获得最大化回报和降低成本（包括物质成本和非物质成本）。如果两个或两个以上的社会行动者在这种相互作用中获益或收支平衡，那么他们之间的相互作用将会持续并得到积极评价。相应地，一段消极的相互作用通常基于社会交换中的不平衡，即一方没能对另一方的付出给予回报，这势必导致一段关系中地位或权力的失衡。依据多德的观点，在一段消极的相互作用中，弱势方可供交换的资源相对较少，更多地处于被动或依赖的地位。因此，当发生消极交往时，弱势方通常有更多束缚感和更低的自尊感，进而导致负面的心理健康结果。近年来的几项研究也验证了自尊感在社会交往和心理健康关系中的中介作用。但是，社会交换理论难以对强势方心理健康状况的恶化做出解释。

4. 镜中我理论

库勒在关于"镜中我理论"的讨论中提到：一个人的自我意识是由他人的评价和反馈形成的。人们的自我认知与他们认为自己被看待的方式基本一致。在经历消极交往后，对方给予的消极反馈会融入个体对自我的判断中，降低其自我价值感，导致糟糕的心理健康结果。大量关于社会排斥的研究验证了这一观点，即消极交往通过个体对自我的负面化认知，如自尊、自我价值感、自我认同感等，进一步导致其心理健康受损。另外，镜中我理论能为社会交往过程中强势方更糟糕的心理健康状况做出解释。尽管在消极交往中强势方拥有更多的资源和权力，但来自弱势方的负面评价会影响强势方的感受，导致其自我认知的负面化。

以上四个理论都能对消极交往带来的负面效应做出解释，但各有其不同解释机制及范围（表2-4-1）。社会情感选择理论主要强调维持情感目标的重要作用，认为良好的社会交往是维持情感目标的前提条件，但这种解释更适用于具有强烈情感动机的老年人，对致力于获取更多信息的年轻人并不适用；优劣势整合理论主要强调生理状态的重要作用，认为持续的消极交往会通过生理状态的衰退影响到心理健康，但这种解释成立的条件是，消极交往必须是高强度的或不可控的，这一理论无法对低强度的消极交往做出合理解释；社会交换理论主要强调"自尊感"或"公平感"的重要作用，它只能解释社会交往过程中弱势方糟糕的心理状况，无法解释强势方心理状态的变化；镜中我理论主要强调个体自我认知的重要作用，认为消极交往产生的消极氛围会被个体内化到对自我的认知中，从而导致心理健康的恶化。从上述分析中可以发现,四个不同的理论都在一定范围内解释了消极交往的负面效应,但是这四个理论对消极交往和心理健康的解释力还有待实证研究的系统检验。

表 2-4-1 四个理论的解释机制及范围

理论	主要观点	解释机制	解释范围或群体
社会情感选择理论	消极交往阻碍老年人情感目标的顺利实现,进而损害其心理健康	维持情感目标	老年人
优劣势整合理论	高强度的消极交往导致生理状态的持续紧张,降低幸福感	生理状态	高强度/持续的/不可控的消极交往
社会交换理论	消极交往中的弱势方相对被动,自尊感降低,心理健康状况较差	"自尊感"或"公平感"	社会交往中的弱势方
镜中我理论	消极交往过程中消极气氛内化为个体对自我的负面认知,导致心理健康的恶化	自我认知	所有群体

第五节 老年人社会交往问题的社会干预情况

习惯将年龄在 60 岁以上、长期一个人或与配偶生活、子女不在身边的老年人称为"空巢"老年人。"空巢"老年人分为三种情况:一是独自生活无儿无女无配偶的老年人;二是单独居住,有儿有女但子女不在身边的老年人;三是与配偶生活,子女没有陪伴的老年人。

社会交往能力是社会交往过程中需要掌握的一项能力,既包括人际的融合能力、处理问题的能力,以及沟通表达的能力,也指个体在交往过程中为了达到一定的目的而与他人或组织进行工作、生活、经验、情感、思想等交流的技巧和能力。提升社会交往能力,能够对社会交往效率起到积极作用,确保交往质量。本节所研究的社会交往能力包括社会交往能力,指沟通交流的能力;人际感受能力,指相互认知的能力和对待人际的观念看法、个人自我评估能力;人际控制能力,指人际情感和处理情绪控制的能力。这些能力调节着人际关系的亲密性、彼此间的稳定性,使人们在社会交往过程中能够相互感知、相互影响。

一、老年人社会交往能力问题

（一）社交倾向

主动社交和被动社交最终导致的社会交往程度完全不同，前者的朋友圈更广泛，后者则较小；从呈现出的交往心态来看，前者更积极，后者更消极。"空巢"老年人和非"空巢"老年人在主动社交和被动社交上存在明显差异。被动呈现出的是一种对社交的消极对待，自我封闭。相对于非"空巢"老年人，"空巢"老年人更容易出现这种状态，表明"空巢"老年人更需要关注心理健康，从而提升对社会交往的心态。

"空巢"老年人的社会交往能力现状也会受到个人性格、经济状况、个人认知等方面的影响。其中，经济状况是主要原因，在接触一些困难的"空巢"老年人过程中了解到，部分人除了买菜遛弯之外，没有社交活动。"空巢"老年人把自己锁在家中，生活极度困难，担心浪费电费甚至连电视也舍不得看，一个人在家里待着。长此以往，精神和身体状况日见下降，生活质量无法保证，也就没有办法去进行社会交往。

（二）生活满意度

无论是"空巢"老年人还是非"空巢"老年人，在对生活的满意程度上并不相同。调查显示，城市"空巢"老年人对生活的满意度总体要低于城市非"空巢"老年人。"空巢"老年人的心理更加容易产生消极状况，患抑郁症的状况要高于非"空巢"老年人。

二、老年人社会交往问题的成因

（一）个体信念偏差

"空巢"老年人所接受的教育程度以及每个人的人生经历都有所不同，导致个人在对待不同的事情时所产生的认知以及评价也不相同，这就产生了错误信念，经过入户与部分"空巢"老年人的深度聊天发现，个体产生的非理性信念会影响社会交往，具体表现在以个人的早期经历上。

个人的早期经历对自身的影响较为深远，不仅表现在人格的形成上，也表现在日后对待事情的认知和评价上。在围绕社会交往方面的访谈过程中发现，早年经历有可能影响一个人一生的社会交往状况。

（二）身体状况下降

很多"空巢"老年人在身体健康时都会去增加他们的社会活动。一旦生病，焦点会自然而然地转移到个人的身体状况上来，他们会待在家中休养生息。如果老年人患的是大病，将无暇顾及社交。面对出现的所有问题，老年人会在一番挣扎过后，平静地接受人老后身体上的变化，下意识地减少自己的活动，减少与他人的交往，转而关注内心的生命体验。

（三）家庭结构破裂

家庭结构与社会交往有着密切的联系。家庭结构的完善，对个人而言是幸福的依靠，使他们对生活更加自信，也是支持自身提升社会交往的心理保障。但家庭结构如果破裂，不仅会影响到个人的心理健康，也会直接影响到个人的社会交往观念，影响社会交往。

（四）经济能力支撑不足

经济能力制约社会交往。城市"空巢"老年人中，不善于交谈的老年人大部分存在经济能力状况较差的现象，其主要表现为生活质量较低，急需物质资源帮助。客观因素上没有经济能力支撑其过多的社会交往活动，主观因素上容易导致个体自卑以及无助，进而间接导致城市"空巢"老年人出现社会交往能力较弱的现象。

（五）交往技巧缺乏

交往技巧是提升社会交往能力中不可或缺的部分，缺乏必要的社会交往技巧，会导致个人对社会交往不满意。社会交往的技巧一般包括个人情绪管控、乐于助人、适当的赞美、充满正能量、学会倾听、建设个人形象。

三、老年社会工作干预

（一）政策性建议

建立交往平台，提供社区社会活动支持。在关注"空巢"老年人心理问题的同时，给予相应的社会活动支持也十分必要。良好的社会活动支持是个人交往能力提升的保障，城市"空巢"老年人一般固定生活的范围在社区。社区是政府实施社会管理的终端，社区提供的良好环境对老年人晚年生活也会产生积极的影响。协同社区建立交往平台提供社会支持，充分利用社区的资源，一方面可以帮助"空巢"老年人拓展社会交往场所，认识新的朋友，降低交往时间成本，提高晚年生活质量；另一方面可以创造良好的社区环境，强化社区互动关系，提高社区信任感，积极收集居民意见，满足多元化需求。同样，社区也应该鼓励"空巢"老年人参与社区活动，增加社会交往互动，社区可以协同非营利组织一起举办活动，挖掘社区志愿者，建立属于自己的社区社会组织，定期开展文化活动。

（二）专业实务建议

第一，加强老年社会工作者与老年人的联系，提供个案后续跟进服务。为了保证服务质量，在活动后提高社会支持的有效程度，以及监测社会交往自我能力效果，个案后续跟进十分有必要。例如在 W 社区，老年社会工作者开办的社会交往能力小组取得了一定的成效，但是参与小组的次数只有 7 次，且人员较少，对于后期能否带动社区内的其他老年人参与进来，有效帮助他们进行社会交往等还需要继续跟踪调查。同样，个案跟进的过程也是老年社会工作者和居民建立亲密关系的过程，增进彼此之间的好感，让更多人了解老年社会工作者，从而对后面的活动开展也会更有利。老年社会工作者受过专业的教育培训，在个案跟进的过程中，也能够及时对"空巢"老年人出现的身心问题及时发现并给予帮助，鼓励"空巢"老年人参与活动，寻找属于自己的晚年生活。

第二，协调亲密关系，加强"空巢"老年人情感支持。目前，在老年人的内在认知中，家庭是居核心地位的，其中，儿女占首要位置，最大的情感寄托在子女身上。父母年老的同时，子女又会成立新的小家庭，原有的家庭模式解体，子女与父母逐渐分离。正因为这种关系，儿女间的关心照顾则成为影响"空巢"老年人心理情感支持的一个根本因素，提升老年人心理情感支持，需要来自家庭、朋友的支持，支持的力度越大，老年人的心理状态则越好。如果因为各种原因不能与子女住在一起，接受现状的同时，儿女也应该委托亲戚或邻居对父母进行必要的照顾，关注其生活动态、日常生活以及关注财务状况，确保老年人能够在物质层面获得满足。当然也不能忽视精神需求，远在异地的儿女要隔三岔五地给父母打电话问候，关注日常的同时也要询问老年人身体，鼓励老年人建立良好的社交方式和习惯，结交新的朋友，定期回家看望老年人。另外，在老年人身体允许的情况下，可以鼓励老年人参加旅游团，或者节假日陪伴父母出游，以满足老年人的情感需求。

第四章　老年群体常见问题及社会工作干预情况

第一节　老年人酗酒与药物滥用问题及社会工作干预

一、老年人酗酒问题及治疗

考虑到老年人在人生这一阶段必须面对大量的生活挑战和改变，任何做老年社会工作的人都不难理解为什么抑郁和焦虑会成为这一群体的大问题。然而，对酗酒或滥用药物老年人的看法可能会与媒体展示的乞丐的形象——躺在街边、蓬头垢面、语无伦次——联系在一起。身心健康专业人员对典型的药物滥用者带有年龄歧视，实际上妨碍了他们识别可能的滥用者并提供相应治疗。很多时候老年人频繁大量饮酒的倾向被忽略，人们通常认为这是"她唯一的恶习"或者"能帮助他入睡"。老年人服用违禁药物的现象可能比较少见，自作主张服用安眠药和镇静剂等处方药而形成不良药物依赖的情况却常被忽视。专业人员和家人的漫不经心可能会让老年人形成并持续对药物的滥用。

本节阐述了老年人口的酗酒问题和药物滥用问题。我们会探查什么样的情况会造成饮酒问题和药物依赖，哪些人是高危人群，如何评估药物滥用问题以及老年人和家人可以采取什么样的干预措施。本部分内容结尾部分坦诚讨论了自杀问题，在老年人中这一问题大多是由酗酒和药物滥用造成的。

（一）老年人的饮酒与酗酒问题

尽管饮酒次数和饮酒量随着年龄的增长而有所减少，但是老年人饮酒与酗酒问题仍然是一个最不易察觉的问题。据估计，49.4% 的年龄在 65 岁以上的人至少不定期喝酒，而年龄为 18 ～ 29 岁的人这一情况的比例为 73.1%。近 10% 的老年人被界定为在饮酒方面存在问题。不过，这一数字引起了激烈的争论，其他人估计的这一比例低的为1%，高的超过了10%。

这些统计数字反映的只是当前年龄跨度在65～100岁的这一代老年人的情况。这一代老年人中的许多人都在与饮酒有关的社会习俗的环境中长大，这可能是偶尔饮酒的老年人的数量同年轻一代相比有巨大差异的原因。

界定是什么因素造成老年人饮酒出现问题或酗酒是在确定这一问题的流行程度时一个最有争议的地方。传统的酗酒标准有：一次性饮酒的酒精含量相当于1/5瓶的烈酒，酒后失忆，停止饮酒后有戒断症状，血液中的酒精含量高但没有显示出酒精中毒，即使面临严重的财政、法律或社会生活问题也继续饮酒，等等。尽管这些酗酒标准可能适合一些年轻人，但是对有饮酒问题的老年人来说，这一标准可能遗漏了较为微妙的指标。酗酒的老年人可能没有法律、社会生活、职业或财政方面的问题，而这些问题常常会让年轻酗酒者去接受治疗。大量饮酒的年轻人更容易因为酒后驾驶被逮捕或者要面临饮酒影响工作的问题，这两者最终都会迫使他们接受治疗。但老年人更可能是在家中饮酒，不大可能因为酒后驾驶被定罪，所以容易在退休后开始大量饮酒。这一人群非常容易保持私下饮酒的行为，不会有像其他年龄群体因饮酒而带来那样的社会性后果。

1. 与年龄有关的改变

酒精带来的损害还容易与伴随年老而来的身体变化相混淆。丧失记忆力、难以集中注意力、失眠、情绪不稳定、抑郁和摔跤（所有这些都是有饮酒问题的征兆）可能会被归纳为痴呆症开始发作或者是由身体健康状况下降带来的生理和心理方面的改变造成的后果。身心健康专业服务人员甚至不会去想这些症状可能是由饮酒造成的。他们更可能去治疗老年人饮酒带来的后果，而不去关注带来这一问题的不良饮酒行为。

2. 确定血液中的酒精浓度

估计血液中的酒精浓度也是一个不准确的评估老年人饮酒问题的指标。正常的与年龄有关的变化会影响老年人的身体对血液中的酒精吸收和反应的方式。由于身体中的水分含量下降和无脂肪的肌肉量减少，在摄入了同等数量的酒精后，老年人血液中的酒精浓度会高于年轻人。

3. 自述情况带来的问题

对饮酒和酗酒问题的估计是通过结合个人自述和医学记录分析出来的。相信个人对饮酒情况的自述可能会导致饮酒的实际状况被低估，特别是在喝得很多的情况下。当健康护理人员询问老年人的饮酒情况时，喝得很多的老年人可能会故意隐瞒自己喝了多少；或者老年人的记忆力不好，说不清楚自己实际喝了多少。医疗记录凭借的是医护人员收集和记录的老年人的饮酒行为，并假定这些人员已经问过老年人饮酒的情况。但除非老年人身体有了问题或者出了事情，必须询问这一问题，否则医护人员很少会调查这方面的情况。医生和护士可能会觉得问老年人此类问题不大好，或者错误地认为这不是个问题。

4. 运用更多测评方法

有研究者提出，在识别老年人是否有酒精依赖问题时，应该少用一些测量饮酒消费的定量方法，多使用一些质性标准，查看酒精给老年人的身心和社会生活带来的危害。这些标准包括由饮酒直接或间接导致的跌倒和其他事故的发生率，饮酒干扰健康饮食造成的营养不良，以及与饮酒有关的社会隔离、家庭问题和医疗问题。这些是我们讨论识别老年人酗酒问题时更常使用的标准。

（二）评估老年人酗酒涉及的问题

1. 早年型酗酒与晚年型酗酒问题

一生都有大量饮酒习惯的老年人与晚年才开始大量饮酒的老年人有很大区别。早年型酗酒指 40 岁之前就有酗酒问题，一般这类酗酒人群在遇到晚年的压力之前就一直有这种自毁行为。这类酗酒者更有可能是男性，他们占所有明显有酒精依赖问题老年人的 2/8。这些饮酒有问题的人更可能患有长期过量饮酒导致的与酒精摄入有关的严重疾病。在医学没有像现在这样进步前，早年型酗酒的人很少能活到老，但是现在由于营养上的改善、抗生素的使用和医疗水平的提高，许多人能活得长久得多。多年大量饮酒会导致慢性肝病、心肌症和由酒精引起的痴呆症等，这些疾病有可能非常严重而且不可逆转。这些酗酒者还更可能有严重的情绪问题和心理问题，这些问题或者就是他们最初依赖酒精的原因，或者加剧了他们对酒精的依赖。令年轻酗酒者饱受困扰的法律、社会生活和经济方面的问题也同样会困扰老年酗酒者。酒精在这些老年人的人生历程中留下了无法抹去的痕迹，他们更有可能离婚、分居或从未结过婚，并且由于就业不稳定而收入有限。

早年型酗酒老年人的家人和社会支持系统可能早就不复存在，因为长期酗酒致使爱他们的人和跟他们一同生活的人感到心灰意冷和愤怒。这一最需要心理和社会支持的群体或许最不大可能得到这方面的支持。由于酗酒影响工作和家庭，早年型酗酒老年人很可能在人生的某个时段戒过酒。尽管他们可能熟悉各种戒酒的方法，但是由于以前的失败经历，并不大相信戒酒治疗会有成效。

晚年型酗酒老年人的特点是在中老年期才开始出现酗酒问题，这些人在有酒精依赖问题的老年人中占 1/3。晚年型酗酒常常被称为"反应性酗酒"，老年人开始大量饮酒可能是对退休、亲人去世或慢性病发作的反应。这些酗酒者可能谈到在每次大量饮酒前都非常抑郁或者有强烈的孤独感，饮酒成了消除负面情绪或打发漫长的无聊时光的方法。有研究者强调，与其说晚年型酗酒是对生活压力的反应，不如说它是用来处理这些压力的不良应对策略。当这些不良应对形态被代之以更具建设性的活动后，晚年型酗酒者的治疗效果会非常好。

晚年型酗酒的人在生活的重心不再是工作和尽责养家之后才出现问题。所以，这些酗酒者很少会像早年型酗酒的人那样有法律、医疗和社会生活方面的问题，不大可能会有延续了一生的情绪或心理方面的问题。因而，他们更可能拥有完好的支持系统，这会成为处理酗酒问题的基础。这些支持系统的成员常常会为酗酒老年人寻求治疗并给予支持。

不幸的是，晚年型酗酒的人通常也不大会认为自己饮酒有问题。这种否认态度妨碍了酗酒问题的发现和老年人寻求治疗的意愿。这些酗酒者没有经历过因饮酒而丢掉工作或失去伴侣，也可能从未因酒后驾车被逮捕过，或者因饮酒而伤了自己或其他人。由于没有过这些被视为饮酒出问题的外在表现，老年人很容易否认自己饮酒不当。

实际上，许多老年人之前一直适度地饮酒，但在老了以后出现酒精依赖的症状。由于老年人的身体对酒精的新陈代谢能力下降，即使酒精摄入量仅有些许增加，也可能会让过去合适的饮酒量变得让人醉酒并导致酒精依赖。比较常见的情况是，这些人因急性酒精中毒而跌倒、出意外事故或受伤后，其酗酒问题才被医护人员发现。

2. 与酒精中毒相关的风险因素

为什么有些老年人会成为酗酒者而其他人不会呢？尽管目前还不清楚确切的原因，但是医学和社会科学已经能识别出某些老年人比其他人更容易出现饮酒问题的几个风险因素。

（1）家庭与社会因素

酒精问题有家族遗传倾向，特别是早年型酗酒，这意味着老年人口中有些成员的社会特性和遗传特性可能会让他们出现酗酒问题。可能不只是某个单一因素，而是早期与饮酒有关的家庭经历中的多个因素的复杂交互作用影响了个人在人生历程中如何对待饮酒。这些因素包括家中何时饮酒、对饮酒的接受程度等。其他的社会心理因素，包括年轻同伴的影响以及饮酒所处的社会环境，也会影响终生的饮酒形态。

（2）社会隔离与抑郁

老年酗酒者同没有酗酒问题的同龄人相比孤独感更高，社会支持率更低。社会隔离是造成老年人出现抑郁症的众多因素之一，与年龄、性别、受教育程度或健康状况这些因素相比，它与出现饮酒问题有更强的相关度。分居或未婚的人比离婚和丧偶的人更有可能出现饮酒方面的问题——这是另一个例子，说明了社会隔离的危险，因为它容易导致人们酗酒。

（3）社会角色的转变

近期经历过大的社会角色转变的老年人出现饮酒问题的风险较高。尽管退休可能受人欢迎，让人摆脱了工作责任，但是它也使老年人发生了较大的角色转变，让人从一个生产者变成了退休人员。对于视自我价值在很大程度上取决于自己的职业身份和生产力的老年人来说，退休可能是一个极大的难关。而近期丧偶的老年人要从身为他人的配偶，有责任照顾另一个人的角色，转变到独自一人生活，可能会产生无法忍受的空虚感。当老年人从相对而言身体健康变成受慢性疾病煎熬，也可能会出现同样的角色转变问题。晚年任何较大的角色转变都可能会造成老年人的饮酒量骤然增加，老年人会用饮酒来对抗转变带来的压力。

（4）族裔

美国学者穆尔等发现，族裔与饮酒没有关系。其他的研究未能清楚地支持这一研究结果，他们发现，当考虑了性别因素后，不同族裔的确会在饮酒上有差异。欧洲裔老年人出现饮酒问题的情况比较多。冈伯格和朱克发现，高收入欧洲裔男性和低收入非洲裔男性饮酒最凶。然而，非洲裔男性饮酒的量更大，喜欢烈性酒，有更多人自称有跟饮酒有关的健康问题。这些有饮酒问题的人更可能同时还服用违禁药物，在人生早年就开始出现自暴自弃行为。非洲裔和西班牙裔妇女饮酒量小。

3. 老年妇女的酗酒问题

老年妇女的酗酒问题最具有隐蔽性。尽管在某些时候，男人成为酗酒者的可能性是妇女的 2～4 倍，但是妇女比男人更可能成为晚年型酗酒者。身心健康的工作人员一般不会询问妇女饮酒的情况，因为人们通常认为女性不可能酗酒。然而，正是这些错误的想法使有酗酒问题的妇女没能得到治疗。

妇女晚年型酗酒的发生率较高与其预期寿命较长有关，这让她们可能要面对更多的压力，因孤独、抑郁和失去家人与朋友而突然喝酒。同已婚和丧偶的老年妇女相比，离婚、分居或未婚的老年妇女在有饮酒问题的人中占的比例偏高，这进一步印证了前面的观点，即社会隔离会让老年人成为酒精依赖的高危人群。配偶酒量大的老年妇女的饮酒形态跟单身妇女差别不大。

目前仍离家工作或者曾经离家工作过的老年妇女饮酒方面的消费较高，从事专业性工作或管理工作的人更是如此。这些老年妇女之所以饮酒，是因为她们要缓解就业带来的压力，而老年男性在他们失业或退休的时候才会大量饮酒。

妇女身体上的衰老也使她们更容易形成酒瘾。妇女的体重较轻，因此，她们摄入的酒精更容易给身体带来醉酒反应。妇女身体中的脂肪比例比肌肉高，这使得她们从体内排除酒精的速度要比男人慢。体内酒精浓度较高会加速肝损伤发生的速度。

4. 老年护理机构中的饮酒问题

尽管15%可能是最准确的老年护理机构中有酗酒问题老年人的比例，但是因具体场所和测评酗酒问题所使用的标准的不同，人们估计的老年护理机构中有饮酒问题的人的比例为2.8%～49%。在入住人员绝大部分是女性的设施中，酗酒人员比例较低；而在以男性为主的设施中，酗酒者的数量则直线上升。酗酒是入住老年护理机构人群的问题中继痴呆症之后居第二位的最常见的确诊的问题。老年护理机构中有酗酒问题的人更可能是男性且年龄偏小，目前没有配偶，收入较低。他们也更可能有抑郁症状并且有烟瘾。

如果认为有酒精依赖问题的老年人一旦入住老年护理机构就不会再喝酒，那就错了。尽管许多人会因为没法得到酒以及大多数正规老年护理机构都控制饮酒而被迫戒酒，但有些人还是私下里继续饮酒。家人和朋友可能会无视老年护理机构严格的戒酒规定，在拜访老年人时给他们带酒。一些老年人定期回家走动可能也会带酒回来。而不能从外面带酒进来的老年人可能会喝漱口液和剃须水，这是两种常用的酒精含量高的东西。

有酒精依赖问题的老年人如果得不到酒，就可能会出现严重的戒断症状，如心动过速、血压高、震颤或头脑混乱。倘若医务人员没意识到这是酒精依赖的症状，可能就会把它们当作身体健康问题而不是戒断症状来处置。偷偷喝酒的同时服用其他的治疗慢性病的药物，会给老年人带来致命的后果。

5. 酗酒造成的心理与医疗方面的后果

健康护理人员注意到老年人有酗酒问题，主要源于他们有饮酒过多造成的身体健康问题。就像我们前面提到过的，衰老的机体致使代谢酒精的速度减慢，老年人和年轻人如果喝了同样多的酒，前者血液中的酒精浓度要更高一些。酒精浓度高会全面影响身体的各个系统和心理机制。

1. 心理和认知能力方面的后果

有研究者提出，大量饮酒会造成早衰，加速短期记忆的丧失，损害抽象推理能力，并妨碍老年人处理信息的能力。酗酒的老年人大多情绪不稳定，总为鸡毛蒜皮的小事与人争吵。这些行为上的改变可能是由大脑额叶的生化变化造成的，大脑的这一部分对智力和情感功能起最主要的决定作用。酒精会引起额叶的萎缩，造成功能性脑组织的丧失。一旦开始戒酒，酗酒的老年人不太可能像酗酒的年轻人那样可以重新获得这些智力功能。

抑郁常常是造成酗酒的先导因素，但是它也是酗酒的后果。同不酗酒的老年人相比，65 岁以上的酗酒老年人有重大抑郁问题的可能性是前者的 3 倍。喝得一般和喝得非常多的人自杀的可能性是不饮酒人的 16 倍，这些人的自杀常常跟抑郁有关。

2. 营养不良

所有年龄的酗酒者常常对吃东西不感兴趣或者没法合理进食，从而导致严重的营养不良问题。那些原本就因为失去嗅觉、做饭困难和不喜欢一个人吃饭而很可能营养不良的老年人，若再加上摄入的营养不足，患急慢性病的危险就更大。

缺乏维生素再加上血液中的有害酒精浓度，能导致中枢神经系统失常，出现癫痫、步态不稳的情况。老年酗酒者常常走起路来抬脚缓慢，跟跟跄跄，胳膊僵直，身体前倾，容易频繁摔跤。酒精中毒已经损害了身体的协调和运动能力，若再加上年老带来的中枢神经系统的变化，那么摔跤对酗酒老年人来说会像患其他疾病一样，非常危险。饮酒会提高髋骨骨折的发生率，这不仅是由于饮酒后更容易摔跤，还因为长期饮酒会对老年人的骨密度产生不利影响。

3. 对身体系统的损害

长期饮酒的损害往往会反映到肝脏和肾脏的状况上。肝脏会增大，形成脂肪肝或者肝衰竭——肝硬化，肝功能不可逆转地恶化。身体的正常衰老使得肾脏的负担本来就已经不轻，血液中酒精浓度过高可能更会加重肾脏的负担。这样一来，它要超负荷工作，从而没有能力调节体液水平，从血液里过滤掉有毒物质。

长期饮酒会损害心肌，导致高血压。对于已经患有心血管疾病的老年人，大量饮酒会增加心脏病发作或脑卒中的危险。当然，这里强调的是大量饮酒带来的危害。医学研究发现，心脏疾病与饮酒是U形关系，适量饮酒会改善心血管功能。心脏疾病在酗酒和完全不饮酒的老年人中最为常见。实际上，适量饮酒会减少患心脏病的概率。

（三）识别老年人的酗酒问题

1.身体表现

有几个身体方面的表现能很清楚地说明老年人醉酒很厉害。最明显的迹象是老年人有酒气（或者试图用爽口薄荷糖或漱口水掩盖酒气）、面颊通红、眼睛肿胀或者发红、手部震颤，注意力不集中或注意力集中的时间较短。

老年人可能会口齿不清或者看起来步态不稳。可能还会有说不清缘由的擦伤和碰伤，这通常表明他们摔过好几次，这些伤可能是由饮酒过量造成的。老年人可能蓬头垢面或者衣衫不整，还不能保持良好的个人卫生。尽管还不能确认老年人有酗酒问题，但是家人和朋友能非常强烈地感到老年人有什么地方不对劲。健康护理人员可能留意到老年人抱怨失眠的次数增加，白天睡得过多。无法控制高血压，痛风多次发作、外表浮肿、男性出现勃起功能障碍等，也可能进一步表明老年人有酗酒问题。医学检查可能会发现老年人会有一些也许是醉酒造成的旧的擦伤、碰伤。对此，老年人解释不了，或者不愿意解释。

2.行为表现

当老年人有饮酒问题时，一些家人会察觉到他的性格有了明显的改变。外向开朗、待人友善的老年人变得离群索居、情绪化，而退缩得更厉害的老年人可能会在与人交往时变得咄咄逼人或者充满敌意，导致与家人和朋友不和。过度饮酒还会造成老年人在定期看病和参加社会活动时失约。这些变化表明老年人无法控制饮酒，为方便饮酒他们可能改变了自己的生活安排。

到家里探访老年人可能能发现更多饮酒的线索。比如酒味，特别是在早上或者刚过中午的时候有这种气味；还有饮酒的物证，如有许多杯子、空瓶子或者啤酒罐放在老年人的生活区里，这些都表明老年人饮酒。有些时候，酗酒的老年人在醉酒时会失禁，所以他们住的地方会有尿或粪便的气味。在大量饮酒期间，老年人入住的地方可能会显得异常凌乱或肮脏。打开橱柜或冰箱，你可能会发现里面存了许多酒。

让老年人承认酗酒可能并不容易，所有年纪酗酒的人在被问到喝酒的事时常常会矢口否认喝了多少并有防卫态度。老年人可能需要花些时间，在他人的帮助下才能认识到自己有酗酒征兆。

识别老年人酗酒的一大难题是缺乏适合老年人群的筛查工具。许多工具都是用来筛查年轻人中的酗酒者，如密歇根酒精依赖筛查量表（Michigan Alcoholism Screening Test, MAST）。这些工具通过一些设定的问题来判断饮酒是否存在问题，量表中的问题涉及饮酒可能给本人带来社会和法律方面的问题。尽管密歇根酒精依赖筛查量表在识别年轻群体的饮酒问题时非常有效，但是它忽略了几个对识别老年酗酒者可能较为有效的重要指标，如频繁跌倒、驾车出问题和其他更有可能烦扰老年人的功能丧失表现。

另一个比较短的、不那么复杂的识别饮酒问题的工具被称为华人饮酒问题调查问卷，它由4个简单的问题组成。如果评估对象对这些问题的回答是肯定的，那么就需要进一步评估饮酒情况。MAST和华人饮酒问题调查问卷的局限是：两者都靠老年人的自述来识别他是否有酒精依赖问题，都假设老年人会如实报告饮酒问题。但是，如果老年人不据实相告，那么两者的筛查作用都非常有限。医学检查或许能更可靠地识别出过度饮酒对身体产生的影响，应该跟自述工具结合使用。

（四）老年人酗酒问题的治疗

对酗酒老年人的治疗，特别是对那些晚年型酗酒者的治疗，预后效果非常不错。许多人晚年酗酒是为了应对年老以后的压力，所以，如果能识别出这些压力，帮助老年人建立更有效的应对技巧，那么常常都可以成功地处理和戒除酗酒行为。

1.治疗障碍

（1）家人的态度

尽管成功治疗的预后效果极佳，但是老年人寻求治疗时有一些障碍。老年人不大可能为解决自己的饮酒问题主动求助，因为他们很少会像年轻酗酒者那样出现社会生活方面的问题或造成法律方面的不良后果。朋友和家人可能会在不知情的情况下成了老年人酗酒的"帮凶"，因为他们深信老年人喝酒不会有什么大碍，也听不进身心健康专业人员让老年人接受治疗的建议。直到老年人得了严重的疾病或出了事故，家人才不再否认问题，开始积极支持采取干预措施。

（2）专业人员的态度

身心健康专业人员对老年人的年龄持有歧视态度，也会妨碍他们对酗酒的治疗。就像好心肠的家人和朋友一样，医生、护士和社会工作者可能会否认老年人有问题或者忽视了其严重性。如果老年人很孤独，病得非常严重又比较抑郁，怎么忍心责备他用喝酒来逃避痛苦呢？如果他不再驾车，已经退休，又不必尽家庭义务，酗不酗酒还有什么要紧吗？但事实是这确实很要紧。对许多老年人而言，过度饮酒会给生命带来威胁。正如前面内容强调过的，酗酒会给老年人的心理、社会和身体功能带来危险。酗酒让老年人的生活质量打了折扣，不应该被视为无伤大雅的小恶习。

（3）恐惧和抗拒

老年人可能会对要他们离家治疗十分抗拒。即使让他们去医院或者老年护理机构很短的一段时间，老年人也会惊恐不安，因为他们认为这些场所是与死亡即将到来联系在一起的。

老年人需要打消疑虑，确定自己不是被"抛弃"，应该完全了解整个治疗过程。接受治疗必须是老年人自己做的决定，而不应该是家人或社会工作者的主意。尽管对谁来说要摆脱任何药物滥用获得康复都是一件极其困难的事情，但是这一目标如果不是由必须付出努力的当事人本人设立的，就注定会失败。

2. 戒断过程

治疗任何年龄的人的酗酒问题都要经过几个阶段。第一个阶段是解毒，它是在医务人员的监督下清除体内的酒精，一般是在医院或治疗性机构中进行。年轻人要花5～7天清除身体里的酒精，但是老年人最多可能要花30天的时间。老年人在解毒过程中会有什么反应取决于其身体对酒精的依赖程度和他们的总体健康状况，通常会伴有严重的身体症状，如震颤、谵妄、焦虑、心跳加速和血压陡然上升。在解毒期间，医务人员必须对老年人小心监察，因为如果老年人患有心血管疾病或高血压，解毒可能会有致命后果。老年人常会服用苯二氮䓬类药物、抗焦虑药物来缓解解毒过程中身体和心理上的不适。尽管听起来解毒可能像长期酗酒一样给老年人的身体带来危险，但是短期风险远远小于酗酒带来的长期危险。因为有这些特别的风险，所以要鼓励老年人到医疗机构戒除酒瘾，而不是在没有专业人员帮助的情况下在家中简单戒酒。

3.康复后的跟进治疗

（1）药物治疗

典型的戒酒药物为双硫仑又称戒酒硫，是一种和酒混用时会导致恶心和呕吐的药物，常常会被开给处于早期康复阶段的戒酒者。戒酒者害怕喝酒会引起强烈的身体不适，因而在受到社交场合或想喝酒的诱惑时不会恢复饮酒。尽管这一药物对年轻人来说可能非常有效，但是不推荐老年人使用这一药物。对老年人而言，双硫仑所引发的强烈的身体反应可能会带来生命危险。它或许会让原本可能就有严重疾病的老年人出现脱水、难以控制的腹内出血和血压偏高现象。仅使用双硫仑而不提供支持性辅导，不能让老年人学习新的应对技巧并改变行为，不能让他们坚持无酒相伴的生活方式。研究表明，给处于康复阶段的老年人开抗抑郁类药物而不是双硫仑对老年人有支持作用。老年酗酒者常常是在抑郁症发作后大量饮酒。如果抑郁症能得到治疗，老年人就可能不大会屈从重新饮酒的诱惑。

（2）匿名戒酒会

匿名戒酒会有一个 12 步的戒酒方案，已经在世界各地所有年龄群体中使用过，有非常出色的戒断率。该方案要求参加者公开承认他们对饮酒无能为力，自己会听从"更强大的力量"，帮助自己节制饮酒。该方案利用由其他正在康复的酗酒者组成的治疗团体的力量支持处于不同康复阶段的戒酒者。匿名戒酒会的好处是有成型的支持系统和持续进行的社会化活动，这对老年人来说是戒酒后恢复正常生活必不可少的东西。匿名戒酒会提供的支持对那些常常因社会隔离而大量饮酒的老年人非常有益。然而，匿名戒酒会的对质性质，即认为人们应该为自己的行为负责，并攻击人们把饮酒合理化的防卫机制，对老年人而言不像对年轻人那么有效。罗德尔等发现，如果比传统的匿名戒酒方法少一些对质，老年人成功完成小组治疗的人数差不多会增加 3 倍。

传统的匿名戒酒小组方法在用于老年人时可以做一些调整，小组的节奏应该慢一些以符合年事增高后头脑处理信息能力的改变。老年人可能会发现快节奏、重磅出击的传统匿名戒酒会的活动令人心烦意乱、难以应付。他们提议设立"老年人专属"的匿名戒酒小组，以应对老年戒酒康复者面临的独特挑战。对出现饮酒问题的老年人来说，失去生活中的重要东西是产生问题的决定性因素，老年人需要学习自我管理和认知行为技巧以战胜这种失去给自己带来的不利影响。他们必须重新学习人际关系技巧，以便结交新朋友，重建社会支持系统。此外，老年人还需要跟社区里的其他资源连线,以帮助他们解决晚年生活常常会出现的经济、医疗或社会生活问题。匿名戒酒小组要发挥支持性治疗团体的长处,同时要运用实用技巧,帮老年人正确处理诱使自己大量饮酒的压力。一些老年人觉得小组方法太让人害怕或者痛苦,工作者可以建议他们在解毒后接受个人辅导。如果老年人能学会识别和纠正不当的思维模式,他们就有较好的基础修正起破坏作用的行为,这与用认知行为疗法治疗抑郁症和焦虑症相似。识别自己在什么情形下用什么样的思维模式特别容易导致重新饮酒,能帮助老年人避免重蹈覆辙。个人辅导的好处是,能根据老年人的具体问题和个人的应对方式制订干预方案。一对一的方式让老年人可以学习和演练新的社会交往技巧,以便应付在节制饮酒时遇到的困难情形。个人辅导最大的好处可能是让老年人能保持个人尊严,只同有私人关系的人谈论深入的个人问题。

二、药物滥用与药物依赖处置

老年人是处方药及非处方药的最大消费群体。新陈代谢方面的原因使老年人容易形成酒瘾,同样地,它也让老年人群更容易出现药物依赖。就像对酒精的代谢一样,老年人新陈代谢药物的速度较慢,这让药物在老年人血液中的含量比年轻人要高。肾脏和肝脏从身体里排除这些物质的效率也比较低。尽管机体加工处理药物的效率降低,但老年人同时服用多种药物的情况直线上升,两者合在一起,使出现药物滥用和药物依赖问题的风险极大地增加。

这里说的药物滥用和药物依赖是指服用多种药物使老年人有很高的风险,出现严重的药物不良反应或者生理依赖。老年人的药物滥用和药物依赖分为两类,第一类是药物依赖,第二类是酒精与处方药的交互作用。

(一)药物依赖

妇女,特别是收入较低、受教育水平不高的妇女,最可能形成对处方药和非处方药的依赖,她们是高风险人群。妇女通常比男人更频繁地求医问药。同男人相比,医生更可能给她们开精神调节类药物,因为妇女除了诉说身体不适外,还多半会倾吐自己的情绪困扰。看医生的老年人中有很多人都会拿到一个新的或者是补充剂量的药方。

老年人若受慢性病痛折磨,以前服用过精神调节类药物,长期忍受失眠或抑郁之苦或者饮酒,似乎会增加出现药物依赖的风险。

有精神类疾病或疑病症会增加出现药物依赖的风险,男女都是如此。

老年人滥用药物的情况大多发生在治疗抑郁症、焦虑症、慢性病引起的病痛和失眠症的时候。针对这些病痛所开的抗抑郁类药物、镇静剂、镇痛剂和安眠药属于精神调节类药物，对中枢神经系统有直接的化学作用，会改变情绪状态或感觉状态。在这类药物中，某些能造成生理上切实的药物依赖，而另一些会造成心理上的依赖。持续服用或误用这些药物会导致老年人和药物间形成不健康的关系。

苯二氮䓬类药物和其他起镇静作用的安眠药最容易使衰老的机体成瘾。苯二氮䓬类药物的使用显著增加，因为医务人员越来越意识到长期服用巴比妥酸盐带来的危险。尽管苯二氮䓬类药物可以用于治疗老年人的焦虑症，但是基层医疗保健医生可能会把它过量地开给老年人，因为他们难以准确区分老年人是患焦虑症还是抑郁症。抑郁的老年人可能会同时表现出焦虑症状。如果抑郁症没有得到治疗，那么不管是否服用苯二氮䓬类药物，焦虑还是会持续。

依赖处方药是一个隐性过程。老年人或许缺乏知识，不了解剂量多大才合适、服了会不会让人上瘾，他们可能一开始服的剂量就不对。如果药效不像自己想的那样好，老年人可能会推想多服一些就会好一点，并逐步增加服药的剂量。比如，如果一片镇静剂能让自己的神经安稳下来，那么按逻辑服几片就能让自己睡得更好。类似的想法还有，如果止痛药对关节炎很有效，那么对头痛也一定会有效。

当前的老年人同期群有一个倾向，用"神经"一词描述实际上的焦虑症或抑郁症。"神经"是指"紧张和心情沉重、恼怒、不耐烦或者害怕的感觉"。药物治疗会被用来解决由社会因素造成的焦虑或抑郁，如婚姻或家庭问题、退休、孤独、工作压力或长期贫困的压力等，这强化了老年人觉得精神健康问题要"责怪神经系统，而不是社会系统"的信念。尽管与心理和社会压力因素有关，但是"神经"实际上还是被当成一个医学问题来对待，需要用药物来治疗。如果老年人对某件事或某个情形特别焦虑，那么说得过去的方法就是多服点药，就像身体不舒服要吃止痛药一样。当老年人自作主张拿药吃或不按剂量服药时，原本按正确剂量服用不会成瘾的药物也可能会让其上瘾。

另外，老年人可能会同时接受几个医生的治疗，并从数个药房拿药，因此老年人重复开药、药物发生交叉反应或剂量有致命危险的情况不太容易被发现。老年人很少会询问给自己开特定药物的详细原因，或者让医务人员了解自己正在服用的其他药物的详情。这并不是老年人不在意，更可能是老年人觉得咨询医生自己会感到不自在，或者在医生的办公室里时间仓促记不起医嘱。然而，老年人会有意从不同的途径获得同一种药，以保证得到自己想要的剂量。

（二）酒精与处方药的交互作用

正如我们在前面说过的，对老年人来说，饮酒过度和过量服用处方药都极其危险。医院急诊室接收的饮酒造成危险的老年人中有大量是由于酒精和处方药发生了交叉作用，两者混合在一起带来了生命危险。偶尔喝点酒也会抑制老年人身体里处方药的新陈代谢，使得药物在毒性较强的情况下在身体里停留更长的时间。换句话说，酒精增强了处方药的药效。即使是按医生开的剂量服药，当和酒精一起在短期内服用时，老年人也容易出现服药过量的症状。

安眠类和镇静剂类药物是个例外，长期摄入酒精会给药效带来相反的作用。酒精会激活药物的新陈代谢酶，致使药物被排出体外的速度加快，从而，降低药效。老年人可能需要加大特定药的药量才能取得应有的疗效。酒精还会降低抗生素、苯二氮䓬类药物和许多心血管药物的疗效。然而，酒精会增强镇静剂和安眠类药物的作用。治病剂量的安眠药和镇静剂如果跟酒精混用会带来生命危险。

（三）处置药物依赖

1. 药物解毒

就像对待酒精中毒一样，老年人要摆脱药物依赖也必须经过一个解毒的过程，即把起破坏作用的药物从体内清除出去。与酒精中毒不同的是，出于医疗而不是心理方面的原因，老年人或许不可能完全戒除药物。在解毒过程中一定要考虑最初用药的意图，不管用药是为了治疗疼痛、抑郁、焦虑还是其他疾病。要在医务人员的指导下进行药物解毒，让老年人减少服用的药量直到药物在血液中的含量达到治疗疾病所需的水平。整个过程最好在医院或康复设施中完成，这样医务人员就能小心细致地监察生命受到威胁的征兆和老年人的整体健康状况。老年人要进行长期的认知和情绪治疗，药物解毒是必不可少的先决条件。

2. 识别背后的问题

解毒之后，治疗老年人药物依赖最重要的问题是处理老年人最初开始依赖药物的背后诱因。这主要属于医务人员的工作范畴，但是社会工作者可以创造条件，方便老年人和医务人员沟通。如果老年人滥用止痛药，那么就要查清楚造成长期疼痛的原因。同时，识别让老年人感觉焦虑或抑郁的潜藏的社会环境压力因素也十分重要。运用诊断焦虑症或抑郁症的测评方法，社会工作者可以找出是什么问题给老年人带来情绪困扰，使他们用吃药的方法缓解而不是其他干预措施来解决。尽管解毒和决定将来服用的药物是医疗方面的事，但是社会工作者在协助老年人和医务人员了解造成药物依赖的社会性因素方面发挥着至关重要的作用。老年人滥用药物是有意服用医生开的精神调节类药物来控制烦扰人的情绪，还是因为压根不知道该怎样正确服药？老年人是不是根本不知道哪种药治哪种病？专为特定年龄人群开办的小组在治疗老年人的药物依赖和酒精依赖问题上卓有成效。小组治疗方法不仅仅是要让老年人对形成药物依赖的动力机制有更好的了解，而且还要解决造成药物依赖的衰老过程中的潜在压力问题。帮老年人牵线搭桥，获取社区中的医疗、社会服务和经济资源，可能会有助于老年人摆脱导致其持续服药的抑郁和焦虑。治疗性小组能帮助陷入社会隔离的老年人重新建立富于支持性的社会网络。

小组治疗方法也能用于做对药物依赖的老年人家人的工作。家人可能无意间鼓励了老年人继续依赖药物，本意是非常好的，但是可能直接促成了老年人对药物的继续依赖。当家人逐渐察觉老年人药物依赖的征兆和依赖精神调节类药物最终会有的危险时，他们可能会感到震惊，从而支持老年人接受治疗。

家人是与老年人沟通的主要渠道，需要密切参与到治疗过程中。

3. 调整服药规律

改变老年人的服药安排是治疗过程中一个重要的环节。社会工作者应该同医生一起找出一些方法合并服药安排，这样不清楚怎么服药或误用药物的可能性就会降低。服药的次数能否从一天4次减为一天2次？要跟食物一起服用的药物能否只在早上吃，而要求空腹服用的药物只在下午吃？鼓励老年人在同一个药房配药很重要。药剂师受过专门训练，能识别可能出现药物交互作用的情况。识别不良药物反应的系统已经非常发达，配药记录软件会自动标示出危险的或重复的药物组合。然而，只有从同一个药房配药才可以预防问题。

4. 患者健康教育

当前老年人成长的环境让他们完全信任自己的家庭医生，极少另外索取有关自己服用药物的更多资料。如果医生开了这个药，那么一定没问题。需要对老年人做出如何恰当服药的具体说明，并指出药物都有哪些副作用。老年人如果觉得药物不起作用，应该跟医务人员讨论，而不是自作主张服药直到自己感觉有效果。许多老年人对处方药形成了药瘾，却从不知道这个药物会让人上瘾。

另外，老年人也需要自己监察服药的情况，防止滥用药物。他们是否意识到在哪些情形下自己会马上去服用"神经"药？还可以有什么其他方法帮助老年人应对焦虑或抑郁？教老年人掌控压力的认知行为方法，并建立应对技巧，能让他们除了用服药改善情绪或改变感觉之外，还有另外的选择。

老年人的药物滥用问题一直受到严重忽视，身心健康工作人员常低估了这一问题。出现这一情况似乎是因为有酗酒问题的老年人不像人们固定印象中的酗酒者的样子，或者人们认为酗酒是遭遇慢性病、孤独和抑郁的老年人唯一残留的小恶习。据估计，65岁以上的老年人中有相当多的人有酒精依赖问题，酗酒对这一群体的身心健康构成了严重威胁。由于与年龄有关的身体上的变化，如身体中水分含量减少，代谢酒精的速率放慢等，酒精对老年人的影响与对年轻人的影响不一样。老年人比年轻人更可能服用处方药，与酒精合在一起会发生严重的交叉作用。晚年型酗酒似乎是妇女更常有的问题，因为她们更可能比男性同伴活得长，所以容易遭遇晚年生活的压力，如独居、抑郁和社会隔离。

令人欣慰的是，一旦老年人酗酒问题被发现，治疗酗酒的效果还是不错的。这就要求社会工作专业人员常规性地测查老年人的饮酒问题，确定致使老年人长期饮酒的因素，并调整传统的治疗方法，如匿名戒酒会和住院治疗，使之能满足这一人生阶段的人的具体需要。

尽管老年人服用违禁药物的情况非常罕见，但是误用处方药仍然是威胁老年人健康的一个问题。要求老年人服用多种药物的复杂处方和开过量精神调节类药物的倾向，造成了混乱、危险的情形，在这一情形下老年人可能会自作主张涉险服用过多药物。社会工作者要发挥重要作用，把监察老年人的服药情况纳入评估工作中，使之成为固定的一部分。社会工作者要与医护人员携手工作，引导老年患者，防止因不当用药造成致命后果。

第二节　虐待与疏于照顾老年人问题及社会工作干预

一、虐待与疏于照顾老年人问题现状

有几个因素使人们对于虐待与疏于照顾老年人的问题更加关注。老年人不只是在数量上直线上升，而且在总人口中所占的比例也正在加大，这一情况使他们这部分人比以往任何时候都更加引人注目。

可能比老年人数量直线上升更具重要意义的是社会愿意介入家庭内部的隐私。妇女运动挑战了家庭场所是妇女儿童安全的栖息地的说法，指出大多数施加在妇女和儿童身上的暴力都发生在家里。这种对家庭成员安全的担心进一步扩展，老年人也包括在内。由于老年人更可能在身体和认知方面有损伤，需要依赖照顾者和家人，所以他们容易受到虐待和疏忽。

虐待老年人是指恶意对待老年人，在身体、情感和心理上或经济方面对老年人虐待或剥削。疏于照顾老年人既包括主动地也包括被动地让老年人得不到所需的照顾，导致老年人的身体、情绪或心理方面健康的衰退。要着重强调的是，疏于照顾并不总是有意的，但是不管初衷如何，它的确是不能接受的对待老年人的方式。自我忽视是虐待与疏于照顾总分类中的第三大类，是指老年人由于身体、精神或认知方面的问题不能照顾好自己的身体。调查和起诉恶意对待老年人以及提供服务防止老年人以后被虐待或疏于照顾，被称为成人保护服务。

本节会先呈现老年人受虐待与被疏于照顾的情况，以及形形色色的恶意对待老年人的情况。接下来会介绍成为受虐者或施暴人的一些相关风险因素。然后会讨论理论上对于老年人之所以受虐待的解释。在此之后会提出一些建议，用于识别老年人受虐待与被疏于照顾的情况并进行干预。结尾部分会讨论当高风险老年人拒绝采取干预措施并拒绝接受保护性服务时，社会工作者面临的两难处境。

二、老年人受虐待与被疏于照顾的发生率

（一）老年人受虐待与被疏于照顾时遇到的问题

愚弄和吓唬老年人是不是情感上的虐待？没能充分陪伴老年人是否就是疏于照顾？自我忽视是否也属于这类问题？常有的情况是，符合社会工作专业界定的虐待与疏于照顾老年人标准的情况，不符合法律上举证或起诉的要求。要起诉虐待或疏于照顾老年人的人，满足法律上的要求十分重要。然而，身心健康专业人员不应该等到在法律上符合要求才采取行动，而应该及早识别虐待与疏于照顾老年人的情况并制订解决方案，把它作为为脆弱老年人提供各项服务的一部分。

考虑到确定每年受虐待或被疏于照顾的老年人准确数字所受的限制，"美国老年人虐待发生率研究"估计：1996 年，受虐待或被疏于照顾老年人的人数为45 万人。若把自我忽视的情况也计算在内，这一估计数字上升到 55.1 万人，自1986 年以来增加了 150%。这些个案中只有一小部分被报告给了成人保护服务部门，而按照各州当前的标准，其中只有少数个案证据充分、可以起诉。举报数量的增加要归功于举报程序的改进和公众对这一问题的意识有所增强。尽管如此，这些估计表明，老年人受虐待与被疏于照顾不是孤立的零星事件，而是原本就已经脆弱的老年群体普遍存在的问题。

疏于照顾是最常被举报和有证据支持的恶意对待老年人的方式，在所有举报案中，这类个案占了近一半。情感或心理上的虐待占举报案的1/3，接下来是经济或物质上的剥夺，占30%。身体虐待占了所有举报案的1/4。遗弃和性虐待的举报案非常少，在总案件中占不到5%。这些数字加在一起之所以超过了100%，是因为有些举报案同时有多种形式的虐待或疏于照顾老年人的现象。

（二）虐待或疏于照顾老年人的情况

1. 身体虐待

身体虐待被界定为使用暴力对待老年人，导致老年人受伤或承受痛苦。打、体罚、推搡、冲撞、摇晃、掌击、烧烫和捏掐老年人都属于这一类别的虐待。不恰当地用药、限制人身自由或强迫进食也被视为这一类的虐待行为。

身体有擦伤、抽打伤痕、烧伤、烫伤、骨折或其他受虐待现象，即表明老年人受到过另一个人的折磨。施暴者或老年人自己可能会把这些伤说成由跌倒或其他不幸事故造成的。尽管除了身体受虐待，在其他情形下也可能会出现这样的伤，这在道理上常常也讲得通，但是老年人受伤的严重程度可能会与"事故"的性质不吻合。如果老年人讲的情况与老年人身上的伤不吻合，那么就应该引起社会工作者的警惕。

在严重的身体虐待个案中，施暴者甚至可能会拒绝让他人探望老年人，试图隐瞒虐待行为。受到身体虐待的老年人常常表现出害怕施暴者的行为，或者非常紧张、警惕。尽管有些老年人会承认自己挨过打或受到过恶劣对待，但是许多老年人不会讲出事实真相，因为他们害怕如果唯一能照顾自己的人受到指控或起诉，他们就要被送进老年护理机构。出于对家庭的高度忠诚，他们可能还会保护施虐者，认为家丑不可外扬，不应让外人插手"家务事"。

2. 情感或心理上的虐待

在情感或心理上虐待老年人的情况非常难以探查，因为这类虐待一般不像身体虐待那样有直接的物证。识别情感或心理虐待是非常主观的判断。一般认为，情感或心理上的虐待是通过语言或非语言的方式让老年人遭受精神上的痛苦，包括用言语攻击、威胁、恐吓或骚扰老年人。这类虐待可能还包括把老年人当孩子对待或者有意断绝老年人与他人的社会接触，以此为手段惩罚或控制老年人。

这类虐待最显著的特点是其具有持久性。受到情感或心理上虐待的老年人常常会不断出现情绪上的激动不安或持续退缩。他们跟照顾者、家人或其他有社会接触的人的关系常常是问题所在。照顾者、家人或者是其他接触老年人的人不只是偶尔控制不住自己的脾气，提高了嗓门，而是在跟老年人的大部分交往中都采取了敌对的、咄咄逼人的态度。老年人可能会报之以防卫态度并在言语上加以反击。当情感上的虐待持续较长时间后，老年人可能干脆退缩，以此保护自己。探查情感或心理上的虐待要求社会工作者非常好地运用自己的专业直觉。

3. 经济或物质上的剥夺

美国老年人虐待研究中心确定：在所有举报的虐待老年人案中，近30%的案件涉及不恰当地使用老年人的经济资源、个人财产或其他有价财富的问题。这包括未经授权将老年人的支票兑换成现金（领取个人津贴、退休金或政府补贴）、伪造老年人的笔迹在法律文件上签字、滥用或盗取老年人的个人财产、迫使老年人在违心或受骗的情况下签署法律文件。经济剥夺还包括身为老年人经济事务的监护人或监管人不当行使职责。向老年人勒索钱财以换取对老年人的保护和照顾也可以视为经济剥夺。

如果无法接触到经济方面的收支记录就难以察觉经济剥夺。所以，毫不奇怪，家人、律师和银行常常最先发现老年人受到经济剥夺。突然改变在银行取款的方式、出人意料地改动遗嘱或其他财产文件、金融资产或个人财物消失不见等情况常常是老年人受到经济剥夺的最初迹象。这类恶意对待老年人的行为在所有社会经济阶层中都存在。富有的老年人可能会被骗走大笔金钱或者丢失贵重的个人财物；低收入的老年人也可能会被敲诈，从每月微薄的收入中付钱给家人或邻居。

老年人特别容易受到房屋维修、项目投资和诈骗伎俩的欺骗，在经济上蒙受损失。房屋维护推销人员可能会煽动老年人对房屋保值的兴趣，跟老年人交朋友，很快榨取大笔钱做房屋修缮，但永远完不了工。善良的老年人可能会被劝诱做风险投资，希望能有足够的收益，保障自己的将来或给孩子留下更多财富，却发现投资顾问拿着钱很快不见了。

4. 疏于照顾

疏于照顾主要有两大类：一类是他人主动或被动地疏于照顾老年人，一般是照顾者或家人对老年人照顾不周；另一类是自我忽视，它是老年人自己不在意自己的基本生活需要和幸福。

（1）他人主动或被动地疏于照顾

疏于照顾被界定为主动或被动地未尽责满足老年人身心健康的需要。照顾者、家人或其他接触老年人的社会成员在照顾老年人时未能充分满足老年人在饮食、居所、穿衣、医疗照顾和身体保护等方面的需要，被视为疏于照顾。它可能还包括未能支付老年人保持身体健康所需服务的费用，如身体护理费用、基本的家务服务费用或人身安全费用等，特别是在被指定安排这些服务的时候拒不执行。

个人卫生差、压疮（褥疮）没有得到护理治疗、水分摄取不足或营养不良，以及缺乏适当的看管，这些迹象表明老年人没有得到基本的日常照顾。被疏于照顾的老年人常常仪容不整，衣服或床铺肮脏，没人照看四处游荡，或者有迹象表明护理人员没有理会老年人的身体疾病。

有时，只有老年人看起来状况这样差，而家里其他人的总体状况看起来相当正常。还有的时候，被疏于照顾的老年人家里极其贫困，老年人只是在恶劣条件下生存的家庭成员之一。不安全或不卫生的居住条件是老年人被疏于照顾的证据，如破旧的房子、害虫肆虐、没有取暖设备或自来水等。

（2）自我忽视

自我忽视是一种独特的老年人受到恶劣对待的情况。在这一情况下，老年人显得没能力好好照顾自己，但是没有谁被认定或指定要负责照顾老年人。老年人可能会因为不注意个人卫生、摄入的水分或营养不足、不能按医嘱服药等，使身体健康受到威胁。自我忽视常常是认知或精神有损伤的信号，表明老年人没有能力照顾自己，可能不大清楚忽视自身需要的后果。头脑没问题，能意识到自我忽视的后果却有意这样做的老年人不属于这一类。

自我忽视的标志与疏于照顾的标志差不多，但是不是直接或间接表明他人没能提供应有的照顾。老年人自己随着认知能力下降或身体渐渐行动不便，常常还加上社会隔离，失去了自我照顾能力。家人、朋友和邻居可能根本没有意识到老年人照顾不了自己。根据美国老年人虐待研究中心的报告，医院、邻居和警察是最常报告老年人有自我忽视情况的人。开始的时候常常是老年人完成日常活动的能力逐渐减退，最后发展为严重的健康问题或无家可归。这种情况在成为危机前可能在很大程度上毫无征兆。

表 4-2-1 总结了虐待与疏于照顾老年人的标志，其中包括老年人最常见的受到恶意对待的类型、恶意对待的行为表现、受到恶意对待的迹象、高风险因素或情境。

表 4-2-1 虐待与疏于照顾老年人的标志

恶意对待的类型	恶意对待的行为表现	受到恶意对待的迹象	高风险因素或情境
身体虐待	击打、体罚、推搡、冲撞、摇晃、掌击、烧烫和捏掐，不恰当地用药限制人身自由或强迫进食	身体有擦伤。抽打伤痕、烧伤、烫伤、骨折或其他人为致伤。受伤很严重或不正常，不能归结为由摔跤或意外事故造成的	老年人的认知或身体有问题。老年人对受伤非常警惕或紧张。照顾者拒绝让其他人见老年人
情感上或心理上的虐待	用语言或非语言的方式让老年人遭受精神上的痛苦，包括用言语攻击、威胁、恐吓或骚扰老年人，还包括把老年人当孩子对待或者有意断绝老年人与他人的社会接触，以此为手段惩罚或控制老年人	老年人一直易激惹或持续退缩。对虐待者会表现出害怕、退缩、的态度	老年人和照顾者都有社会隔离。认定的虐待者常常对老年人非常盛气凌人、敌对。环境中可能还有其他的虐待行为，如凶狠地对待孩子
经济虐待	不恰当地使用老年人的经济资源、个人财产或其他有价物品，包括伪造支票或法律文件	突然改变在银行办事的方式，老年人抱怨没钱，老年人提到赢了竞赛或中彩，突然改变医嘱	老年人认知有问题；有大笔现金或值钱的东西放在家中；曾有过受愚弄或受致富诈骗的经历
他人主动或被动地疏于照顾	主动或被动地未尽责满足老年人身心健康的需要，包括未能充分满足老年人在饮食、居所、穿衣、医疗照顾和身体保护等方面的需要	尽管安排了照顾老年人，但老年人的个人卫生差、压疮没有得到护理治疗、水分摄取不足或营养不良，以及缺乏适当的看管。老年人的居住条件不安全或不卫生	老年人认知有问题或身体行动不便，老年人的生活条件差而家中其他人的生活条件却看起来不错

恶意对待的类型	恶意对待的行为表现	受到恶意对待的迹象	高风险因素或情境
自我忽视	老年人没能充分照顾自己又没有其他的照顾者。由于缺乏自我照顾，自我忽视会危及老年人的身心健康	老年人营养不良或严重脱水，有病却没有救治、个人卫生差，由于外表不洁可能会被他人疏远或排斥	老年人认知有问题或身体行动不便，有明显的精神疾病，在独居或无家可归老年人中比较常见。警察局、医院或其他场合的庇护所可能会接触到这类老年人

（三）老年人受虐待与被疏于照顾的风险因素

1. 性别与年龄

有几个原因导致妇女比男性有更高的风险受到虐待。首先，活到老年的妇女比男性多，所以她们在老年人口中所占的比例也较大。因为寿命较长，妇女更可能患身体疾病或有认知损伤，以致她们要依靠他人生活或接受他人的照顾。而且，妇女不那么强壮，难以抵抗照顾者或其他人的身体虐待。最后这种情况并不像开始看起来那么吓人，因为美国虐待老年人研究中心指出：妇女更可能受到情感或心理上的虐待以及被疏于照顾，而不是身体虐待。

老年人的年龄越大，就越容易被虐待或疏于照顾。受虐待的发生率在 75 岁以上老年人中显著增加，这反映出老年人有较大可能因为认知问题和身体上的不便要依赖他人来满足基本的需要。

2. 老年人的健康状况

根据美国老年人虐待研究中心的报告，身体不好和认知有问题的老年人更可能受到虐待或被疏于照顾。在所有举报的老年人受虐待与被疏于照顾的案件中，有 50% 属于老年人身体不好，自己照顾不了自己的情况。头脑不太清楚的老年人受到恶劣对待的比例还要高一些（达到 60%）。特别可悲的是，损伤最严重的老年人，也就是那些年纪非常大且身体又非常羸弱的老年人，最可能受到其所依靠的人的身心伤害。老年人要靠这些人满足其基本的日常生活需要。美国老年人虐待研究中心基于已经举报的案件确定这类老年人受虐待或被疏于照顾的风险有所上升。

其他一些研究并没有发现身心残障的老年人更可能受到恶劣对待，但是总结出在一些个案中，发生虐待与疏于照顾情况不是因为老年人要依赖照顾者，而是施虐者要依赖老年人，在解释这一带有矛盾的发现时澄清了一个重要的区别。他们发现，认知或精神受损伤的老年人更可能被疏于照顾而不是被虐待，而所有类型的虐待在认知没问题但身体行动不便的老年人中更为普遍。这一发现说明老年人受到恶劣对待的比例可能更多地与残障的类型而不是笼统的残障有关。

3. 社会经济阶层

低收入老年人看起来更容易受到虐待与被疏于照顾，尽管单独看社会经济阶层并不能可靠地预测家人或照顾者恶劣对待老年人的可能性。对此的一个解释是，同高收入家庭相比，低收入家庭可能会花更长的时间自己照顾老年人，而不是雇人照顾。因此，除了老年人使原本就已有限的收入更加紧张外，这些家庭在照顾老年人方面还要承受更多的压力。收入上的限制可能使老年人得不到高质量的补充性照顾服务，因此增加了老年人得不到充分照顾的风险。

4. 施虐者的特征

就像某些老年人更可能受到虐待与被疏于照顾一样，有些人也比其他人更可能成为虐待者，这是识别高风险情形的一个重要因素。在所有施虐者中，有2/3的人是家庭成员，尤其是老年人的成年子女。与老年人同住的成年子女虐待或疏于照顾老年人的可能性更大。家庭照顾者最可能率先体会到照顾年长家庭成员的饮食起居所带来的压力和挑战。尽管妇女，特别是女儿和儿媳给予老年人的直接照顾最多，但是更多的施虐者是成年儿子。

照顾者或跟老年人同住的成年家庭成员有药物滥用问题时，虐待与疏于照顾老年人的情况更多。酗酒和滥用药物可能会降低对人身攻击的自控能力，也可能表明施虐者有其他心理问题。滥用药物的开支非常大，施虐者要维持这一习惯需要靠受虐待老年人的收入，增加了其在经济上剥削老年人的可能性。

存在社会隔离的老年人及其照顾者、家人或其他接触的人要比那些跟朋友、邻居和其他家庭成员保持重要社会接触的人发生虐待与疏于照顾情况的比率高。目前还不完全清楚究竟是社会隔离造成了虐待，还是一旦发生了虐待，施虐者开始断绝自己和老年人与外界的交往。不管怎样，老年人受虐待与被疏于照顾大部分情况下处于隐蔽状态，这增加了探查实际情况并进行干预的难度。

三、恶劣对待老年人的原因

为什么有些老年人会受到虐待与被疏于照顾而其他老年人不会遇到这一情况呢？对此有几个理论上的解释。这些理论并不是要为施虐者的虐待行为开脱，而是要更深入洞察其背后的复杂原因，如家庭动力、代际关系，以及家庭成员、其他接触的人和照顾者酗酒吸毒给老年人带来的危险。

（一）社会学习理论

富尔默和奥马利提出，虐待老年人是一种习得的行为，是由个人在一生中接触暴力情况较多造成的。在原生家庭中受到身体或情感虐待，或者在孩童时期目睹以暴力为手段解决冲突的人，可能不大会形成禁止人身攻击的行为规范。如果孩子懂得不能接受用伤害他人的方式来表达自己的沮丧、愤怒或情感上的伤害，那么就不大可能有攻击性行为；如果孩子看到打人或伤害人是可以接受的，那么人身攻击就可能变成习得的行为。社会学习理论的基本宗旨是，这些见识了暴力行为的孩子长大后更可能虐待自己的父母。

然而，对施虐者与受虐待老年人之间互动的观察结果并没有完全支持社会学习理论。沃尔夫和皮默发现，儿时受体罚与后来虐待老年人没有关系。这些研究者承认，不容易从施虐者和受虐待的老年人那里拿到有关这一问题的准确资料，因为体罚要背负很重的社会污名。尽管家庭生命周期中的暴力可能会与后来一直存在的暴力行为有关，但是研究者并没有发现儿时的体罚与虐待老年父母之间在统计上有显著关系。

（二）社会交换理论

社会交换理论提出，人、组织或社区之间的关系特点是对于彼此能给对方提供些什么期望。当一方认为另一方能给自己提供交换物的时候，比较可能有和谐的、合作的关系。父母为孩子投入不仅仅是出于舐犊之情，还期望孩子让他们幸福、热爱他们或者将来能照顾他们。在孩子小的时候，回报可能会非常小，但是等他们长大成人以后，就能成为父母的支持和快乐来源。父母在时间和感情上先投入，常常在后来得到孩子的回报。

社会交换理论认为，身体和认知有问题的老年人在跟成年子女或其接触的其他社会成员的关系中能回报的东西非常少。跟老年人交往或照顾老年人所付出的身心代价可能很少能通过老年人一方的投桃报李行为得到补偿。付出得不到补偿会导致照顾者、家人或接触老年人的社会成员沮丧、失望，他们可能会用虐待或不好好照顾老年人来发泄情绪。

社会交换理论的一个变相理论是依靠理论。它提出，身心健康受损伤的老年人需要持续的帮助和照管，这给照顾者带来非常大的压力，他们可能会通过用暴力对待老年人来抵挡压力。这方面的研究结果并不一致。目前举报的虐待与疏于照顾老年人的案件中，似乎支持功能受损的老年人受虐待或被疏于照顾的风险较高这一论点，但是也有其他研究声称，两者在统计上没有紧密的关联。

（三）施虐者有精神疾病

1. 依赖

聚焦施虐者对受虐待老年人的依赖对于了解虐待与疏于照顾老年人问题的动态原因更有意义。研究发现，直到成年还依靠老年父母给予经济支持的成年子女比自立的子女更有可能虐待父母。比如，一个中年儿子由于缺少技能、酗酒或者精神健康有问题而难以保住工作，又与老年父母住在一起，那么他成为施虐者的风险就非常高。这种过久的依赖不符合人们一般期望的成年人生活。感觉对个人生活缺乏控制力的子女可能会出于沮丧和获得一定的控制力的需要，用虐待老年父母的手段来宣泄自己的情绪。

2. 酗酒、患精神疾病

酗酒、患精神疾病与家庭生命周期中所有阶段的家庭暴力都有关系，包括照顾老年人时有暴力行为。

沃尔夫和皮默发现，他们研究的虐待老年人的人中，有38%的人曾患过精神疾病，39%的人承认成年后曾在某个时段出现过酗酒问题。即使是在最好的情况下照顾功能衰退的老年人，也会有压力，而当照顾者、家庭成员或其他接触老年人的社会成员酗酒或有其他精神疾病致使自身能力减退时，后果会极其严重。

四、老年人受虐待、被疏于照顾和自我忽视问题干预

（一）举报虐待或疏于照顾老年人案

对虐待与疏于照顾老年人案调查取证是成人保护服务机构的主要工作，这项工作会聘用社会工作者，进行专门培训，使他们按照严格的操作规程调查涉嫌恶意对待老年人的案件。本部分内容不打算说明调查程序上的所有不同之处，而是假定社会工作者并没有受雇于某个专职调查虐待与疏于照顾案的机构，以此为出发点，讨论在向老年人提供一般性的服务时如何警惕老年人受虐待或被疏于照顾的情况。

1. 树立老年人可能被虐待或疏于照顾的意识

有几种不同的方式可以让社会工作者意识到老年人有可能存在受虐待、被疏于照顾或自我忽视的情况。通过在个案管理中直接跟老年人打交道，向老年人提供心理和社会服务，以及接触老年人活动中心、支持性住所、成人日间护理中心或其他场所的老年人，社会工作者可能会怀疑某个老年人正受到他人或自己的虐待或被疏于照顾。

在其他情况下，受聘于老年人服务机构的社会工作者可能会接到关心老年人的家庭成员、朋友或邻居的电话，举报老年人受到虐待。医院的员工、警官、消防员、公用设施工作人员、维修人员，甚至快递员也常常会举报怀疑老年人受到虐待或被疏于照顾的情况。

2. 澄清社会工作者的角色

对社会工作者来说，十分重要的一点是，澄清在这些案子里自己在与老年人的关系中扮演什么角色。如果社会工作者不直接负责有这一问题的老年人的工作，那么刻不容缓的事情就是，帮忙把老年人转介给相关的成人保护服务机构。为介绍老年人情况的人牵线搭桥，联络本地的成人保护服务机构，最好是一个具体的人，这十分紧要。知情人可能需要许多鼓励才能最终举报，意识到自己有责任指认施虐者。如果举报的情况不成立，对举报人不会追究法律责任，但是要求举报人表明自己的身份。也可匿名举报，不要求确认举报人的身份。社会工作者应该敏锐地意识到自己所在地有关成人保护服务的法律环境。认定虐待或疏于照顾老年人是一项严重指控，在调查投诉案的过程中，法律既保护老年人的权利，也保护被指认的施虐者的权利。

（二）评估老年人受虐待或被疏于照顾的情况

如果社会工作者直接或间接地做某个老年人的工作并怀疑老年人正受到虐待或被疏于照顾，那么迅速联络本地负责成人保护服务的机构显得十分重要。从事成人保护服务的工作人员最有权确定是否有足够的证据表明要做彻底的调查。即使证据不多，不足以支持正式举报，社会工作者识别高风险情况，采取初步的干预措施，防止脆弱的老年人受到严重伤害也显得很重要。

社会工作者告诉老年人自己正在追查可疑的虐待或疏于照顾老年人案。这可以明确地让老年人跟社会工作者配合以获取重要的资料，并让老年人意识到眼下发生的事情。然而，公开说明情况也有一定的风险，老年人可能会完全拒绝合作。要谨记老年人是在受制于人的情形下受到虐待与被疏于照顾并心怀恐惧的。特别值得一提的是，老年父母和成年子女间的情感纽带非常牢固，老年人可能会觉得有义务不惜任何代价保护自己的子女，即使自己面临危险。

1. 直接观察

老年人身上是否有处于不同愈合阶段的新旧伤？老年人是否试图掩盖这些伤？是否有什么伤是他人造成的却没有说得过去的理由表明这纯属意外事故？有一点很重要，那就是老年期生理上的变化会让皮肤变薄，会让血管的弹性降低，因而使老年人比年轻人容易出现擦伤和磕碰伤。

老年人是否显得非常瑟缩或恐惧？是否异常警觉或容易受惊吓？当有个别人在场的时候，老年人的情绪状态是否由平静转为激动不安？老年人是否说了许多贬低自己的话，如"我是每个人的麻烦"或者"我是个没用的老家伙吧"等？这些话可能表明老年人受到长期的情感或心理上的虐待，已经把施虐者贬低自己的话内化了。老年人说这样的话也可能是有抑郁症或焦虑症。直接观察固然重要，但是仅靠它并不足以准确确定行为上的异常反应究竟是由虐待或疏于照顾造成的，还是老年人遇到的其他社会情绪问题造成的。

老年人看起来怎么样？他的个人卫生好吗？衣服是否比较整洁、得体？如果老年人有失禁问题，是否恰当使用了相关产品，让他洁净、舒服？老年人是否有合适的如厕和洗浴装置？老年人住的地方是否干净，有没有垃圾和蚊虫？这些问题与一般性评估问的问题非常相像，但是在这里社会工作者问这些问题是想确定，上述问题是由照顾者或老年人接触的其他人未能尽责导致的，还是由老年人自己没照顾好自己导致的。

2. 功能评估

如果社会工作者经常做老年人的工作，那么就应该熟知老年人的功能状况、日常生活能力及工具性日常生活能力。老年人的这些能力是否有什么变化？之所以发生变化，是不是由身心健康状况下降造成的？老年人做"简易精神状态检查量表"的结果怎么样？他能辨识出时间、方位和人吗？这些方面的表现近来是否有变化？老年人在"老年抑郁量表"上的得分如何？近几年或近几个月老年人的抑郁情绪是否有变化？如果社会工作者怀疑照顾者、家人或老年人接触的其他人虐待或疏于照顾老年人，那么确定在家中喝酒和吸毒的情况十分重要。老年人喝的酒是否过多？主要照顾者或其他住在家里的人是否常常喝酒？如果社会工作者一直都跟老年人或老年人的家人有来往，注意到有上面所说的那些重要变化，那么找到合理的解释就十分重要。社会工作者可能会觉得自己非常了解老年人或老年人的家庭，认为绝不会有虐待或疏于照顾老年人的情况。然而，虐待与疏于照顾具有隐蔽性，即使是对熟悉的人和家庭社会工作者也有必要从不同的角度审视情况。

如果社会工作者正在确定是否有正当的理由怀疑老年人受到虐待或被疏于照顾，那么就要单独跟老年人面谈，不让施虐嫌疑人在场。若施虐嫌疑人在场，老年人可能会因害怕受到报复而不敢如实回答问题。在他人面前暗示谁是施虐者可能会使老年人所受的虐待升级。那些非常依赖他人的老年人（即使所依赖的人正在虐待或疏于照顾他们），一想到要失去唯一的照顾和支持来源就会非常害怕。

建议社会工作者直截了当地询问老年人那些属于虐待或疏忽的情况，即使这样的问题非常敏感，如社会工作者要直接问老年人是否挨过打。

社会工作者要问老年人是否被单独留在家中很长时间，被绑在床上或锁在屋子里，是否有人把他的钱拿走，是否有人强迫他违心签署有关财产或金钱安排的文件，照顾者、家庭成员或老年人接触的其他社会成员是否曾经不让老年人服药、吃饭或看病以及是否有人威胁过老年人。如果老年人身上有瘀伤或其他伤，他怎么解释受伤的原因？受伤的严重程度跟老年人所说的情况相吻合吗？是否有证据表明老年人的伤得到了迅速治疗？是否有证据表明老年人服的药过多或者不够？老年人是否营养不良或脱水？老年人是否为认定的施虐者提供应有的照顾？你的直觉告诉你认定的施虐者与老年人的关系怎么样？确定某个老年人是否受到虐待或被疏于照顾，取决于实地观察，直接取证，再加上社会工作者能从细微处看出他人如何对待老年人的出色的专业直觉。老年人有权受到保护，免遭他人的虐待或疏于照顾。老年人也有权否认受到虐待或被疏于照顾，即使社会工作者的专业直觉表明有这样的情况。

如果社会工作者有确凿证据显示老年人正受到虐待或被疏于照顾，不管这一证据是直接看到老年人受伤还是老年人承认了一切，那么必须马上向本地成人保护服务机构正式举报立案。如果没有确凿证据表明老年人受到虐待或被疏于照顾，但是老年人有高风险受到恶劣对待，或者社会工作者怀疑老年人过去受到了虐待或害怕他将来受到虐待，那么考虑采取什么干预措施防范老年人以后受伤害就显得十分重要。

与认定的施虐者面谈一般是成人保护服务工作者的职责，他们得到了授权在调查过程中可以向认定的施虐者询问一些问题。但是，如果社会工作者跟老年人及其家人有工作关系，那么可能就会被要求跟成人保护服务工作者一起收集必要的资料，做一个完整的调查。

　　有一点很重要，那就是要澄清认定的施虐者和老年人之间关系的性质。认定的施虐者给老年人提供了哪些照顾？认定的施虐者和老年人对照顾的数量与质量各有什么期望？同认定的施虐者讨论照顾老年人对他有哪些要求，而他是否感到有能力给老年人提供这样的照顾。老年人需要哪些协助？基本的日常活动？工具性日常活动？管理钱财还是做家务？如果还要提供其他的支持，那么都是什么？比较老年人对认定的施虐者应负责任的看法和实际要求施虐者去做的事情，常常能透露出很有意思的问题。双方可能对照顾责任有非常不现实的想法。

　　澄清谁掌管老年人的经济财产。谁负责支付账单、拿处方抓药和预约看病的时间？认定的施虐者是否自己遇到了经济困扰？他期待尽照顾责任会得到什么补偿？询问认定的施虐者在照顾老年人的过程中都遇到了什么困难。当老年人不配合或表现出令人沮丧的行为时，他是如何应付的？他怎样处理在照顾老年人时不可避免地会出现的冲突？认定的施虐者会怎样评价自己跟老年人的关系？经常来看老年人的其他朋友或邻居有哪些？这些都是重要的问题，有助于形成老年人和认定的施虐者所面临的需求与压力的准确画面。它可以充当基线，用来确定认定的施虐者在其后的面谈中是否如实回答更为敏感的问题。

　　如果老年人身上有伤，那么向认定的施虐者问清楚老年人如何受的伤。敏锐察觉认定的施虐者的说法和老年人的说法是否吻合。老年人所受的伤是否得到了及时治疗？认定的施虐者怎么解释老年人脱水、营养不良或用药过量的原因？照顾者、家人或老年人接触的其他社会成员是否曾对老年人大喊大叫或威胁老年人不让他接触其他人或不照顾他？认定的施虐者对于这些问题有什么反应像他给出的答案一样重要。认定的施虐者若公开表现出敌对和不合作态度，那么在面对此类敏感问题时可能非常提防。

　　下面一些情况表明照顾者、家庭成员或其他熟人虐待或疏于照顾老年人的风险特别高。

　　①老年人有酗酒或精神疾病史。

　　②老年人和认定的施虐者都与他人疏远，抑郁或者有社会隔离倾向。

　　③认定的施虐者不成熟，总体上对生活不满意。

　　④认定的施虐者不是自愿承担照顾老年人的责任的。

　　⑤认定的施虐者在经济上依赖老年人。

　　⑥认定的施虐者公开对老年人表现出敌对态度或者不怎么关心老年人。

　　⑦认定的施虐者指责是老年人自己造成了受虐待或被疏于照顾。

这些特点表明,认定的施虐者和老年人之间的确有或者可能会有不良的关系,使老年人面临受伤害的危险。

(三)虐待或疏于照顾的干预措施

确定了老年人受到虐待或被疏于照顾并不意味着会让他从现在生活的地方转移出去,将他安置到其他地方。然而,如果确定老年人眼下有受到严重伤害的危险,那么成人保护服务机构可以把他安置到长短期的庇护机构中,为他提供危机照顾,并对施虐者提起法律诉讼。成人保护服务机构的员工可以告诉社会工作者这类危机干预的操作规则。

1. 保护老年人免受经济方面的虐待或剥削

如果确定老年人在经济上正受到照顾者或其他人的剥削,那么迅速采取行动保护老年人的财产显得很重要。当老年人不再能自己理财时,可能需要联络家人,看他们是否愿意承担这一责任。确定谁在法律上有权力、有责任掌管老年人的财物。联络有关各方讨论目前发生的情况,呼吁他们帮忙阻止他人在经济上剥削老年人。如果看来指定的收款人或监管人在经济上盘剥老年人,那么联络有关部门,咨询需要采取什么步骤阻止收款人拿到老年人的钱款,直到完成全面调查。

2. 提供支持性辅导

给予正受到虐待与疏于照顾的老年人支持并让他们安心是非常重要的。尽管有人知道老年人受到虐待与被疏于照顾会让老年人轻松一些,但是老年人可能会非常害怕,不知道等待自己和施虐者的会是什么。老年人可能会由此认为自己要被送进老年护理机构,或者如果老年人与照顾者一起生活,他们会认为自己被强迫离开尽管危险却为他们所熟悉的环境。他们会担心怎么支付其他方式的照顾服务。他们可能会害怕虐待或疏于照顾一旦曝光,会变本加厉。社会工作者可以发挥重要作用,给老年人情感支持并尽其所知帮助他们了解发生的事情和接下来会有些什么情况。重要的是,社会工作者在跟老年人一起制订长期行动计划的同时,先要制订短期内解决虐待或疏于照顾情况的应急方案。

如果老年人仍然由施虐者照顾或者仍然会经常与涉嫌虐待老年人的家人或朋友接触,那么和老年人一起树立自我肯定意识可能会有益处。帮助老年人发出自己的声音,抵抗人身或言语上的攻击,可能会有助于重塑老年人与施虐者之间的关系。老年人还需要知道以后如果发生受虐待或被疏于照顾的情况该向谁投诉,或者给老年人安排一个联系人帮助他投诉。支持性辅导能帮助老年人明白受虐待或被疏于照顾不是自己的错，他们不应该忍受他人的恶意对待，更不用说家人。

施虐者也需要帮助，识别哪些情况下照顾老年人的压力会导致出现虐待或疏于照顾的情况。这包括训练施虐者控制对老年人的怒气和挫折感，学会解决冲突，以及帮助他识别和处理好高危情况。社会工作者可能要帮助施虐者学会向他人寻求支持。

3. 发展支持性服务

在许多虐待与疏于照顾老年人案件中，照顾者、家庭成员或老年人接触的其他社会成员只是不能充分提供老年人所需的照顾，需要有一些支持性服务来补充对老年人的照顾。社会工作者扮演着重要角色，他要帮助认定的施虐者识别眼下的需要，并在社区中找到相应的服务，满足这些需要。这里面涉及的不仅是要找到合适的服务，如家务助理、居家护理或流动送餐服务，而且还要确定如何支付和安排这些服务。常有的情况是，照顾者、家庭成员或老年人接触的其他社会成员根本不知道可以得到哪些服务，或者他们不好意思找外界帮忙照顾老年人。

支持性服务还包括缓解照顾，这一安排让照顾者可以抽身出来，有一段时间不用负责照顾老年人。如果照顾者能重新有一些个人的时间满足自己的个人需要和社会生活需要，那么他对老年人的怨恨可能就会少些。缓解照顾最好是由其他家人、邻居或朋友来提供，这些自然的支持网络可能没有充分发挥作用。当其他家庭成员能给予某些协助的时候，不应该由一个子女独立承担照顾老年人的责任，但是照顾者可能需要鼓励才能找其他人帮忙。如果其他家庭成员不能直接照顾老年人，那么他们或许能给予经济上的协助，这样可以从社区机构购买所需的服务。

与社会隔离的老年人比与家人、朋友和邻居保持接触的老年人受虐待与被疏于照顾的风险更高。每天安排朋友或家人给老年人打电话，或者使用社区的呼叫服务，可以为这些与社会隔离的老年人打通跟外界接触的重要的社会生活渠道。一些社区机构可以安排员工或志愿者探望老年人，给他们读书或一般性地陪伴他们。即使只有一个重要的人定期探望，也会对担心自己身心安全的老年人起到安慰的作用。

如果老年人有严重的抑郁或焦虑症状，那么可能需要咨询医护人员，医护人员看可以服用什么药来缓解这类情绪的困扰。治疗老年人的抑郁症可以显著减少老年人带给照顾者的情感付出，并缓解老年人的痛苦。如果老年人的身心状况许可，可以安排他走出家门参加一些社会活动，如参加老年人服务中心的活动、音乐会或者游玩。打破日出日落都是沉闷地面对家中墙壁的状况，可以对改善老年人的情绪状态起到重要作用，能缓解老年人和那些照顾者或支持照顾者的人承受的压力。

4. 改变和调整环境

作为减少虐待或疏于照顾的预防性措施，任何环境改变的目的都是找到可能有的最安全的空间，让老年人尽可能长久地独立生活。即使怀疑老年人受到虐待或被疏于照顾，若有足够的支持性服务并做一些小的环境调整，老年人常常都能留在现在生活的地方。

在其他情况下，老年人的需要远远超出照顾者或老年人自己的能力，无法得到满足，那么就要对老年人的居住安排做重大的改变。

（1）物理环境

改变老年人眼下的生活环境可能会有助于减少照顾者、家人或老年人接触的其他社会成员需要给老年人提供的照顾。整修洗浴设备，如在浴缸上加扶手或者在洗淋浴的地方加个长板凳，都有助于改善老年人的个人卫生，因为这样一来洗浴要容易些。轮椅爬楼机和扶手能让老年人更容易在房子里活动而不是一整天都待在一个房间里。职业治疗师在帮助老年人及其照顾者方面会特别有效。比如，他们能帮助改进饮食器皿、如厕设备和其他物品，让行动不便的老年人更容易使用。

（2）成人日间照顾服务

老年人和照顾者可能需要做另外的生活安排以防止老年人将来受到伤害。成人日间照顾服务能让照顾者暂时摆脱照顾责任，得到重要的休整。此外，它还能让老年人有机会跟其他老年人交往，学习保持和增加自我照顾技能。如果老年人在白天去成人日间照顾服务机构，那么继续与照顾者或家人生活在一起就能行得通。这样的安排会减少照顾者和老年人实际待在一起的时间，从而减少一些压力和紧张感。

（3）生活协助机构

如果老年人不适宜留在现有的生活环境中，那么可以选择入住支持性住所或者半自理的居住机构。入住支持性住所要求老年人在能得到一些辅助性个人照顾的情况下，有中等程度的日常生活活动能力。个人照顾包括了洗浴和家务等服务。在支持性住所中，一般都是集体用餐，这一方面能够满足老年人摄取充足营养的需要，另一方面也能让老年人获得社会交往刺激。对那些自身能力比较有限的老年人，半自理的居住机构能让他们有自己的居住空间。通常是一间卧室，并有人监督指导服药和做物理治疗，或者接受目的是让老年人尽其所能保持最大限度的自理能力的其他支持性服务。

五、老年护理机构中的虐待与疏于照顾老年人问题及干预

不幸的是，老年人从家庭照顾环境中转移出来，被安置到老年护理机构后，并不一定就能免于受虐待与被疏于照顾。尽管只有 5% 的年龄在 65 岁以上的老年人住在老年护理机构，但是他们是老年人中身心功能最脆弱的一群人。很难得到老年护理机构里恶劣对待老年人的情况的准确数字，这有两方面原因。一方面是虐待发生在家人和朋友的视野之外，另一方面是虐待可能采取了隐蔽的手法。可能在老年护理机构的员工看来，给老年人特别是那些认知有损伤的老年人服药和实行约束，是控制他们行为的唯一手段，而家人或专业助人者可能会认为这是虐待老年人的行为。

（一）在老年护理机构中虐待的类型

1. 老年人丧失基本日常活动的选择权

如强迫老年人按机构的需要而不是个人的需要进餐、洗澡和就寝。

2. 形式是隔离

有攻击性的老年人受到排斥，不能参加社会活动或娱乐性活动，因为他们的行为不符合群体活动的标准。"刺头儿"老年人不是被吸纳到小组中，参加时事小组或娱乐小组的活动，而是可能被罚待在自己的房间里或者被推到电视机前。单纯躲避老年人难以预料的或捣乱的行为或许要比尝试解决问题更容易。

3. "贴标签"

"好成员"或"坏成员"会得到不同的对待。某个老年人被认为是"坏成员"后，老年社会工作者就不大会尽力了解为什么这个人跟人作对或有攻击性，不会尝试解决这一难题。如果老年人被视为"好成员"，老年社会工作者可能会认为他的"刺头儿"行为是不正常的，会与老年人一起想办法来消除这样的行为。这种区别对待既加重了老年人的行为问题，也强化了机构用强硬措施或隔离方法对

付老年人的问题。值得商榷的是，这三种情况本身并不构成虐待，而是院舍服务机构生活不幸的衍生物。尽管如此，老年人及其家人会把这说成虐待。

包括语言攻击和社会隔离在内的心理虐待是老年护理机构中最常见的恶劣对待老年人的形式。老年人不配合给他提供的日常照顾如老年人不配合喂饭和洗澡安排时，最常发生这类虐待行为。为了试图在某种程度上重新获得对自己日常生活的控制，老年人可能会抗拒他人让他按机构时间表接受照顾的做法，导致老年人和照顾者之间的关系紧张。有的老年护理机构工作人员把老年人的不配合理解为一个成人想要重新控制自己的生活，同他们相比，认为老年人是"难办的孩子"的老年护理机构工作人员更有可能虐待老年人。

（二）出现虐待的原因

老年护理机构里老年人和老年护理机构工作人员的关系决定了虐待或疏于照顾的类型和程度。"刺头儿"老年人让原本就已经超负荷工作的老年护理机构工作人员要应对很多要求，这给他们带来了挑战。个人生活压力重重，应对能力打了折扣的老年护理机构工作人员，不大可能约束自己在跟"刺头儿"老年人打交道的时候避免在身心上虐待老年人。身为重要的照顾者，老年护理机构工作人员可能感到自己得不到支持，这种挫折感便表现为给老年人的照顾较差。虽然这些因素并不能为虐待行为开脱，但是让我们能洞察护理机构中虐待老年人问题的复杂性。

（三）防止虐待的措施

为了防止在老年护理机构中发生虐待老年人的情况，行政管理部门应该为老年护理机构工作人员提供足够的培训，让老年护理机构的工作人员学会处理老年人难应付的行为、学会控制自己的怒气和解决冲突。老年护理机构的工作人员学会认定在什么情况下容易虐待老年人，对于防止恶劣对待老年人最有成效。此外，老年护理机构工作人员发现哪些先导事件会诱发老年人不合作或出现攻击性行为，也是至关重要的一步。它能防止因老年人出现问题行为而导致员工虐待老年人。例如，如果老年人在洗澡的时候特别不合作，那么弄清楚究竟是什么原因让老年人不配合。老年护理机构里虐待老年人的情况一旦得到证实，行政管理部门就有责任采取必要的行动阻止责任人，并采取行动避免以后出现虐待或疏于照顾问题。社会工作者的角色是对老年人受虐待或被疏于照顾的迹象保持警惕，运用自己的专业知识识别可能会遇到这一问题的高风险老年人，并给行政管理人员提供建议，用一些方法打破虐待与疏于照顾的恶性循环。

六、老年人拒绝接受保护性服务问题

从事老年人成人保护服务和一般性服务的社会工作者面临的一大难题是，老年人受虐待或被疏于照顾，却拒绝采取任何干预措施。社会工作者看着受虐待或被疏于照顾的老年人选择继续生活在身心健康和福祉受威胁的环境里是一件痛苦的事情。社会工作者已经找到了能改善老年人生活质量的支持性服务，但是老年人坚决拒绝任何协助，这很令人沮丧。在处理自我忽视个案中常发生这种情况，老年人拒绝离开不安全的住所，或者拒绝寻求可能会改善其生活的身心治疗。

（一）伦理上的两难处境

不管老年人或施虐者是否协助调查虐待问题，社会工作者都有责任向老年人提供干预服务，减少他将来受虐待的可能性。然而，法律并没有要求老年人必须接受这些服务。社会工作者在这类个案中遇到的难题不在于老年人是否有权选择危险的处境而不选择社会工作者感觉比较安全、有保障的处境，而在于老年人的确有这样的权利。尽管无论是从个人的角度还是专业的角度出发，社会工作者眼睁睁地看着老年人仍处于不安全的处境中都会觉得不舒服，但是如果本人没有被认定为无行为能力人，那么法律都认为个人有权选择危险处境而不是安全处。不管老年人自愿选择的处境多么危险，社会工作者都不能凌驾于老年人依法享有的权利之上，代替老年人做决定。

当老年人拒绝服务的时候，社会工作者面临的伦理困境是如何确定老年人有行为能力做这样的决定。老年人在认知上是否没问题，可以在知情的情况下做决定？老年人是否完全意识到拒绝服务可能会有的后果，即自己将来处境危险？如果没有证据表明老年人做这一选择的能力会受到损伤，那么他的决定就可以成立。如果怀疑老年人做决定的能力有些问题，那么可能就需要采取其他行动。

（二）依法确定老年人的行为能力

确定老年人是否有能力决定使用服务和掌管自己的生活是一件复杂的事情。社会工作者不能简单地靠自己来确定老年人不能做这些决定。在一些个案中，社会工作者可以动员愿意承担做决定责任的老年人的家人，让他们给予协助。有了家人的保证，老年人可能会同意接受干预服务。

当老年人没有家人或家人就是施虐者的时候，就需要动用司法系统。或许法院可以给老年人指定一个监护人，授权他保护老年人的最佳利益，由他负责老年人的照顾、财物管理或支持性服务等事宜。在一些个案中，老年人可能在法律上仍有完全的自决权，但是需要指派某人做其认定的收入代理人。法庭可以指定不同程度的协助，让老年人能从有关人员那得到帮助，而不必宣布他无行为能力。

尽管近年来对举报的要求和程序已经有所改进，但是老年人受虐待与被疏于照顾问题在很大程度上仍然是一个隐性问题。据估计，只有不到 1/5 的恶劣对待老年人案件得到举报，其中只有不到一半案件拿到了证据。虐待老年人的形式有身体伤害、情感或心理虐待、不恰当的性接触等。

在制定避免老年人以后受伤害的干预策略时，做老年人和施虐者双方的工作是十分重要的。给双方提供情感上的支持，为家庭介绍支持性服务减轻一些照顾者承受的负担，以及在环境上做些调整，都是重要的步骤。然而，即使是在严重的虐待与疏于照顾案中，虐待或疏于照顾证据确凿，老年人仍有权利接受或拒绝提供给他的服务。承认和支持这一权利是出于保护成人的自决权，这是更大的社会背景的要求。如果社会工作者怀疑老年人没有做这一决定的行为能力，那么可能需要采取正式的法律措施，指定其他人负责做决定。尝试宣布老年人无行为能力应该是最后的解决办法，必须小心监察以保护老年人的选择权。

第三节　老年人自杀问题及社会工作干预

自杀最常与面临动荡的人际关系、艰难的事业选择，以及饮酒和其他问题而苦苦挣扎的年轻人联系在一起。当然有理由关心这部分群体，但是总人口中自杀率最高的是 65 岁以上的人群。在美国，老年人占总人口的 13%，却占所有实施自杀人数的 20%。这一不成比例的自杀发生率表明，老年人衰老的过程及其心理社会历程中的某些独特因素使他们成了自杀的高风险人群。尽管如此，老年人很少被锁定为自杀预防的特殊干预对象。可能从不会有人问治疗身心疾病的老年人是否有自杀意念。一个哀叹自己的生命没有价值的老年人可能会被人忽略，别人可能认为他是想引人注意或者精神有问题。认为自杀主要对年轻人口构成威胁的倾向可能会蒙蔽身心健康工作人员的眼睛，让他们无法识别有自杀高风险的老年人。

要精确确定老年人自杀的数字非常困难。裁决某一死亡是否属于自杀，实际上是法律认定问题。如果创伤是由老年人自己造成的，老年人有自杀遗言或者有死亡目击证人，可能就被定为自杀。然而，这没能揭示有些被裁定为事故或自然死亡的事件可能是隐蔽的自杀。服药过量、车祸或者比较消极的方式，如拒绝进食或者拒绝配合治疗，可能实际上是自杀，尽管在死亡证明上没有这样写。

老年人自杀可能被看成为了避免长期忍受慢性病的折磨而采取的理性的、先行一步的做法。尽管专业人员和家人可能会因老年人的自杀而受到沉重的打击，但是他们常常把这视为老年人对于自己的生命最后可以控制的东西。知道老年人不再痛苦或孤独，对那些与老年人亲近的人来说可能是个安慰。把自杀合理化是危险的，因为它会让身心健康专业人员继续忽视老年人在实施自杀前后情绪上的混乱。社会工作专业的一个基本价值观是重视人的生命。儿童的安全和福祉如此重要，以致社会授权政府部门，在儿童的生命有危险时干涉父母的权力。社会工作者会通过热线电话尽力帮助青少年认识到在一个令人迷惑和常常不友好的世界里他们的重要性，并给离家出走的十来岁的孩子提供居住的地方，他们给掉入家庭暴力陷阱的家庭成员提供庇护所。尽管如此，他们却很少积极努力地发现想要结束自己生命的老年人并提供支持。

一、老年人自杀的风险因素

（一）性别

在所有年龄的人中，男性自杀人数都多于女性。这一差异在老年人中，特别是未婚男性老年人中更为突出。在美国，在所有 65 岁以上人口的自杀事件中，男性占了 84%，是女性实施自杀可能性的 4.5 倍。男性的自杀率增高可能是由于一旦退休，他们的角色便发生了巨大的变化，或者他们在调整自己适应身患重病的事实或独居时有更大的困难。在男人中比在女人中更多见的酗酒也造成了这一较高的自杀率。妇女更可能表现出间接危及生命的行为，如禁食或者拒绝按医嘱服药，采用较为被动的自杀方式。儿时受到虐待、一生人际关系困难、滥用药物和长期抑郁都与老年妇女自杀有高度相关性。

（二）抑郁与社会隔离

继性别之后，抑郁是导致老年人自杀最重大的风险因素。老年人觉得自己毫无价值，感到悲哀、无助，加上缺乏社会支持系统，很可能得出生命不值得留恋的结论并实施自杀行为。抑郁常常由社会隔离造成，在独居老年人中最为普遍。

（三）酒精中毒和滥用药物

药物滥用和抑郁的共病性都增加了老年人实施自杀的可能性。酒精是抑制剂，不仅会加剧抑郁而且会损伤老年人的判断力。这种抑制作用或许会阻止老年人实施自杀行为，但是老年人醉酒的时候头脑也会不那么清醒。

（四）身体疾病

受慢性病折磨的老年人常常比那些只患有小毛病的老年人更易自杀。一些患有癌症、肌肉骨骼失调症（如骨质疏松症、多重硬化症）、肌萎缩侧索硬化症和艾滋病老年人的自杀率较高。在自然死亡前要面对长期的慢性病，老年人认为自杀可能是唯一缓解痛苦的方法。老年人可能会把自杀看成一个更好的选择，这样就不必拖累家人，使自己摆脱长期生病带来的经济上的负担和情感上的代价。身体上的疾病也会增加自杀风险，因为它常常伴有抑郁症，我们已经提过抑郁症是自杀的高危因素。老年人会因生病而抑郁。生病时他们可能会失去在社会生活中和社区里扮演的角色，或者与外界隔离，从而加重抑郁症，形成疾病、抑郁和社会隔离三者之间的恶性循环。

（五）其他风险因素

家族中有自杀未遂、自杀死亡或者严重精神疾病的老年人更可能自杀。抑郁症有家族遗传倾向，这在一定程度上解释了这一现象，也可以解释这些人选择自杀的原因，即要结束心理上的痛苦。早年曾经自杀未遂的人年老的时候可能更容易再度自杀。海特和亨德里克斯找出了有自杀意念的老年妇女人生故事的几个主题，包括原生家庭功能失调，身为妻子、母亲或朋友角色表现不好，一生感到孤立，以及对生命总体上持悲观的看法。

二、评估老年人的自杀倾向

评估老年人的自杀倾向可能要比年轻人更困难，因为老年人不大愿意说出自杀的打算，并且真实施自杀的可能性要大得多。然而，大多数老年人的确提供了重要线索，表明他们正考虑结束自己的生命。大多数自杀的老年人在自杀前曾经见过自己的主治医生，向他们诉说过身体上的不适，这些不适可能表明老年人有严重的抑郁症。医务人员很少直接询问老年人是否有自杀意念。老年人可能把这理解为对自己的拒绝，甚至推想医生对自己的情绪状态不在意。当然我们无法确切知道如果询问了老年人的自杀意念是否就可以防止自杀，但是最后一次看医生可能就是老年人所做的求助。切不可忽视老年人诉说自己感到非常抑郁！身心健康专业人员需要意识到与老年人自杀有关的风险因素，并通过直接的、间接的和行为上的线索加以评估。老年人若直接说"我要了结自己"或者"有时我真想结束一切"，并不是随便说说引人关注。它是直接的线索，表明他正在考虑终止自己的生命。如果老年人有这类直接表达意念的话，那么就要问他一些自杀倾向的问题：

①你曾经觉得生命不值得留恋吗？如果有的话是在什么时候？

②你曾经考虑过结束自己的生命吗？如果有的话是在什么时候？

③你现在还这样想吗？

④你曾想过用什么方式结束生命吗？

⑤你计划好了吗？

⑥什么阻止你没按自己的计划做？

如果老年人有具体的计划，并且有实施计划的途径，那么就要马上采取行动。想要服用过量药物自杀并且已经储存了大量药物的老年人，是确定要结束生命。老年人正在考虑的自杀手段越致命，其实施方案的可能性就越大，完成自杀企图的风险就越高。

三、社会工作者在开展高风险老年人工作中的角色

老年社会工作者在做显示出自杀倾向的老年人的工作时要担当主动的角色，把工作聚焦在当前促使老年人决定终结生命的危机上。常有的情况是，有一个相对而言不大的事件促使老年人做出了这一决定。设定一个极短时间内能够实现的目标能帮助老年人缓解感受到的压力。比如，如果一位老年人刚刚收到公用事业公司切断水电供应的通知，那么打电话给这一公司，同其商量作应急安排。如果老年人没钱买药，无法面对长期病痛，那么与医生商定一个短期的解决方案。

工作者要清除眼前的危险，如储存的药物，找人在这艰难的时候陪着老年人，或者联络医护人员让老年人住院接受进一步评估。同老年人做安全约定，让他答应在你下次来探望前不要自杀。每次联络老年人都要重新确认老年人的这一承诺，这能帮助老年人平稳度过危机阶段。工作者可能需要对老年人做艰巨的缅怀往事治疗，积极地与老年人一起找出他的长处和应对技巧。老年人过去什么时候最艰难？那时他是怎样超越痛苦的？那些应对技巧能否再次启用？工作的目的是集合老年人的精神力量，帮助他在情绪上着陆。

动员老年人外部环境中的资源，如家人和朋友的力量也很重要。老年人眼下最想见谁？哪些朋友和家人一直是老年人获得安慰的来源？如果老年人觉得做家

务事让自己不堪重负或者对房子周围需要做的维护工作感到没有信心，那么找人来做这些事情。做这类事情的目的是马上让老年人看到你正认真对待他要终止生命这件事，想要采取行动加以避免。老年人常常会在看不到有什么解决问题的办法时，认为自杀是一条可行之道。制订行动方案，为看似无法应对的问题提供解决途径，可能会给老年人灌注希望。

四、对想自杀的老年人开展的长远工作

对想自杀的老年人进行长远治疗最重要的部分是正确识别他们想要结束生命的背后原因。受慢性病折磨的老年人需要和医护人员讨论控制疼痛的方法。换药、调整剂量或者教老年人其他控制疼痛的技能至关重要。如果疼痛问题得不到解决，老年人还会考虑自杀或试图自杀，直到成功。住院接受彻底的身体检查可能会暴露造成剧痛的其他身体健康问题，而一旦确诊问题所在就可以对症治疗。

受抑郁症或焦虑症折磨的老年人需要解决其社会隔离问题，建立社会网络的支持小组可能会缓解强烈的孤独感，这是老年人在企图自杀前常有的感受。认知行为派的个人治疗或许能帮助老年人识别那些加重其抑郁或焦虑的触发因素，帮助他们学习正确的应对行为。缅怀往事和人生回顾疗法或许能帮助老年人处理早年未解决的问题，让他们有机会争取化解。哀悼逝者无法释怀的老年人可能需要他人帮助，指导他处理悲伤，继续生活下去。家人和朋友是帮助自杀老年人的宝贵资源。工作者要鼓励他们不仅用语言，而且用行动重申老年人的重要性。家人和朋友可以给老年人介绍新活动，并为发展这些新兴趣创造便利条件，接送和鼓励老年人。同老年人保持定期接触，让他们来参加家庭活动，这些都能帮助他们重新跟他人联结在一起，缓和他们的社会隔离。总之，最核心的工作是找出老年人决定自杀的原因所在并加以处置。

五、预防老年人自杀

没有什么确定的方法可以防止老年人自杀。那些下决心要结束自己生命的老年人甚至可能根本不会提这件事。他们挑选最可能获得成功的方法和环境实施自杀。然而，对那些不是那么肯定这一行动，可以避免走出最后一步的老年人，社会工作者可以在进入危机干预阶段之前先行一步，采取预防性措施。

每个养老院所都应该把筛查抑郁症作为社会工作评估的常规内容。本书所呈现的简单工具能帮助识别高风险老年人，甚至在老年人还没有考虑自杀时就被确定为工作重点。老年人甚至可能不知道自己患有抑郁症，把感觉悲哀和了无生气

归结为年老以后的正常现象。识别出抑郁症状，并介绍老年人接受治疗，可能是社会工作专业在预防老年人自杀时可以采取的最重要的步骤。

在这一工作中，社会工作者需要与医生和护士等医务人员保持联系，他们最有可能见到医院和老年人院舍中的抑郁老年人。

酗酒和滥用药物与老年人自杀有密切联系，这迫切要求社会工作者改进工作，识别有酗酒和滥用药物问题的老年人，并把这作为干预工作的一部分。要告知老年人及其家人过度饮酒或滥用处方药、非处方药非常有害，以提高他们对这一问题的警觉性。

自杀预防的部分工作重点是要鼓励为老年人开设退休前的休闲教育。许多公司大多把重点放在老年人退休生活的理财上，但很少注意老年人长期赋闲在家造成的心理和社会生活方面的问题。老年人可能对旅游和做志愿者的工作有雄心勃勃的想法，如果个人在经济上和其他资源方面没问题，那么这是一个不错的选择。健康老年人一般都会有几年的时间热衷于参加在退休前从未参加过的所有活动。然而，这解决不了健康出问题或收入有限的老年人的问题。在退休以后的二三十年里人们该做些什么？帮助老年人计划并安排休闲活动是预防老年人出现抑郁或社会隔离症状的最重要的措施。

社区组织需要做出积极努力，制订主动出击的方案以及早发现遇到麻烦的、与社会隔离的老年人。如果压根就没有人给老年人打电话或者拜访他，那么就很难反驳他所说的没有人在意他。对困在家中的老年人来说，社会隔离带来的痛苦和孤独感能成为囚禁人的监狱。每天都千篇一律，没有任何事情可以期盼，老年人可能会感到自己只是在等死。不难理解为什么这样的生活会让老年人考虑过早结束生命。

最后一项预防性工作的落脚点是专业人员教育，不仅要对社会工作者进行教育，而且也要对卫生保健人员和律师进行教育。很少有专业人员把老年人自杀作为一个重大问题认真思量过，结果使其未能察觉老年人正在考虑自杀的直接和间接迹象。医护人员可能没充分估计到老年人抑郁的严重性，或者对是否询问老年人的自杀意念犹豫不决，因为他们不想得罪老年人。为老年人申报遗嘱的律师可能不会想到老年人突然想把事情安排妥当是自杀的预警信号。

不幸的是，对老年人的情绪状况了解得更到位的人常常是快递员和卖酒的售货员，而不是最能给他们提供帮助的社会工作者。

六、总结

老年人不成比例的高自杀率，警示社会工作者要把自杀筛查作为老年人全面评估的常规内容。自杀风险最高的人群是独居的、有饮酒问题的男性，凸现了抑郁、社会隔离、药物滥用与自杀倾向的共病性。治疗老年人在试图自杀前常常经受的抑郁和慢性病痛，识别高风险自杀老年人，有助于防止这一悲剧。

第四节 老年人其他常见问题

一、老年人自身角度

（一）激动

激动通常根植于恐惧感，加上不平静及神经亢奋而产生的行为。有时是对一些迫近的悲伤，或者对一些保存或虚构的事物恐惧的一种反应。若老年人对上述事项认同，我们只要把该事物消除，或者向老年人解释该事物的真正意义便可以了；若不能消除该事物，我们便要引导老年人把其不安感转移至有建设性及循环不息的体能活动上。因为透过这些体能活动，足以消耗掉老年人不少精力而减少其激动行为。老年社会工作者保持与老年人在活动上的交谈及理性化讨论，也可减轻老年人的问题行为。唯一要注意的是，切勿让老年人在活动中因过度劳累而伤身。

（二）妄念

妄念是老年人一种错误的确信，是非理性化、可以纠正的幻想。老年社会工作者不要浪费时间与老年人争论其妄念，也不要赞同其妄念。尝试让老年人参加一些不会导致妄念的活动。当有下述各类独特幻想出现时，要小心处理。

（1）伟大的幻想

当老年人自觉十分重要或有特殊天分及能力时，他们便会出现这种行为。老年社会工作者千万不能支持其信念，要脚踏实地与老年人对话，不要让他从事一些非其能力可以胜任的工作，以免招致困窘或伤害。

（2）忧郁性幻想

老年人在毫无根据的情况下相信自己患病，便是一个明显例子。老年社会工作者要报告老年人所有关于身体健康方面的投诉。当发现老年人有上述行为时，应深富同情心地细心聆听，但不要采取任何行动。

（3）怀疑性幻想

老年人会完全拒绝接受某些事物确实存在的事实，尤其是一些看不到的事物。当发现老年人有上述行为时，老年社会工作者应细心聆听，但不要采取任何行动。

（4）偏执性幻想

老年人深信自己被别人迫害或背后中伤。老年社会工作者对他们一定要坦诚，切勿毁约或承诺。当有老年人在场时，不要细声交谈、耳语。

（三）沮丧

老年人最常见的行为，一般而言是由情绪产生的，如失去亲友，离开熟悉的环境，害怕死亡等。沮丧的起因通常都是非常真实的，惯常见到的征兆有颓丧、低落的自我形象，对大部分活动失去满足感，对其他人失去兴趣，失去幽默感等。沮丧行为最好由精神科医生进行分析，因此不要妄下判语，只可以形容有上述行为征兆的老年人为有沮丧性反应而已。让老年人参与一些活动，将有助于老年人重获自尊、个人自由及独立感，也可把老年人的注意力由自身问题转移至新的经历和人生目标中。老年社会工作者对这些老年人的支持是十分重要的，让他知道你是自愿与他一同活动，并非由于工作需要或出自怜悯之心。

（四）人格分裂

当老年人面对一些其无法处理及面对的难题时便会导致失忆症。老年人表现出与自己性格有异之人物的行为，老年人对这些行为失控是不可自制的。老年社会工作者除了尝试决定其分裂因由外，还要引导老年人获得康复处理。

（五）分心

当老年人对周围的一动一静都注意时，他们便会产生分心行为。社会工作者应尽量减少导致老年人分心的外部事物，如电视机等；当老年人因被打扰而感到愤怒时，社会工作者宜讨论其他问题以转移其注意力。

（六）自我中心

有时老年人会表现得极度利己主义。例如，人人都谈及社会工作者的新制服，老年人仍然不加理睬；但当谈到老年人的新睡衣时，他便立即兴高采烈了。

社会工作者可以把每一项活动都从老年人的角度加以解释，便足以吸引其注意。通常，自我中心老年人同时会表现得不能集中注意力、隐居及回避行为。在小组中容许老年人有简单而独立的活动，是很重要的。

（七）不正常的幸福感或昂然自得

老年人突然得意扬扬而不理旁人。一般当老年人知道自己有伤残或严重疾病时便会出现此状况，可以说是暴风雨前的宁静。老年社会工作者应促使老年人参加一些固定性的兴趣活动，此举可令老年人在兴奋过后得以通过固定活动克服焦虑及挫折感。老年社会工作者要对有此类行为的老年人加以密切留意，因为在有些情况下，老年人会因对什么都无所谓而引致严重伤害。若老年人往昔呈现过沮丧的情形，现今突然昂然自得时，则社会工作者便要留意其是否有自杀倾向。

（八）失忆症

健忘其实是失忆症的一部分。有些老年人会在短期内完全忘记一切往昔事物。我们要进行"现实导向"处理，询问老年人一些他可以回答的简单问题，以使他重拾信心。再问一些相关问题来帮助老年人恢复记忆。例如"你中午吃过些什么？""那些肉煮得合你的口味吗？""你喜欢吃主食吗？""你最喜欢的是哪一道菜呢？"等。

二、老年人人际交往角度

（一）攻击

攻击型的老年人会与别人发生打斗。老年社会工作者要尝试寻找出他们打斗的原因，时常其起因是不甚明显的。事实上，有些老年人之所以攻击别人，是因为他在报复。我们要尽量与老年人对话，千万不能对其攻击行为置之不理。更应立即通知主管，不一定需要强制其行为，但有需要时也要执行。尽快把老年人附近尖锐的物品移开，以防老年人随手用其作武器。

（二）好战

好战型老年人通常喜欢与别人争论，并恐吓持相反意见者。很多时候，当老年人内心充满恐惧时，便会戴上好战的面具。此时，老年社会工作者不能示弱，应尽量表示诙谐无知及和蔼的态度。尝试引导老年人参加一些简单工作或活动，避免令他有挫败感，并且避免老年人在参与工作或活动中接触尖锐或可投掷的物体。

（三）古怪

古怪型老年人最显著的行为便是奇装异服，行为怪异。要知道，这些我们觉得怪异的行为，在老年人眼中可能并非如此。因此，不要嘲笑或令他局促不安，尽量接受其行为，对其行为作出忠实的判断而非奉承。

（四）灾祸性行为

当老年人自觉极度挫败感时，便会做出灾祸性行为。此情况时常出现于大脑受损的老年人身上，其行为的出现与中止也十分快速。社会工作者应低调处理，切勿重复会导致老年人失常的工作或活动，应转而做一些老年人昔日曾经成功处理的工作或活动。

（五）闲谈

爱与别人闲谈者，往往随口虚构不实故事，主要是对一些事物并未有深入认识以及健忘而导致。

其动机是希望据实道出，因此不要取笑或责备老年人。当社会工作者要告诉老年人一些事情时，必须确知老年人已接受了你的讯息，要求老年人重复数次你所说的话便可以了，如聚会日期及时间等。询问一些老年人可以回答的问题，运用现实导向技巧。

（六）裸露

他们会不停地脱掉自己衣服赤身露体。社会工作者尝试在清早让老年人穿衣，最好是穿着一些不易脱掉的衣物，赞美其衣着美观。不要让别人取笑其行为，不要惩罚老年人。尝试让其参与一些愉快有用的工作。

（七）不时转换话题

老年人时常急速转换话题，而两者是毫不关联的。社会工作者可以不时追问同一话题之问题，协助社会工作者停留在一个主题上。防止任何有分歧的讨论，运用现实导向技巧。

（八）沉默

当老年人不做语言上的任何回应时，老年社会工作者要依旧对他谈话，恰似期望他作答一般。社会工作者要有耐性及细心观察，确定老年人并非患失语症而不能言语。

（九）否定

无论老年社会工作者如何要求或期望，老年人必然相反而行。社会工作者不要用否定式命令与他交谈，而用较简单的、直接的、易行的方式，不要失去耐心，更不要恐吓、取笑或惩罚其行为。因为可能老年人就希望你采取上述克制手法，他便得以名正言顺地公然做出负面态度及行为了。

（十）自恋狂

老年人表现得对自己极度崇拜。社会工作者应提供老年人一些活动机会去获得成就感，对事而非对人。

（十一）着魔

同强迫性行为差不多，唯一区别是老年人一生都受此影响。社会工作者要尝试把老年人的意念从萦绕之事物转移至相关活动上，从而逐步把老年人的着魔感淡化。

（十二）恐慌

当老年人面对突然而来的恐慌或惊惶时，老年社会工作者要表示同情并且不断支持，把老年人放置于其认为安全所在之处，至情绪安定下来为止。提防老年人做出一些过激行为，导致自己或旁人受到伤害。

（十三）恐惧症

老年人对一些根本不值得害怕的事物产生异常的恐怖感，也会导致其他焦虑、恐慌等行为。社会工作者要聆听其恐惧所引致的要求，不停安慰且支持他。一些典型的恐惧症有畏高、畏污染、畏光及怕被毒害等。

（十四）先入为主偏见

老年人只肯接受内心的主观思想，不肯考虑任何其他人的想法。社会工作者要从容不迫地与老年人交谈，突然的干预会导致老年人的不快及恐慌。

第五章　老年人认知与情绪问题及社会工作干预情况

第一节　老年人的抑郁症

区分不同类型的认知与情绪问题的过程被称为区别性评估与诊断。区分开抑郁症、痴呆症、谵妄和焦虑症对于确定适当的干预措施至关重要。尽管这些疾病在年轻群体中可能彼此差异很大，但是在老年人中它们常常看起来差不多，比较难区分。有痴呆症状的老年人常常也会有抑郁症；患谵妄的老年人可能看起来像有痴呆症；有抑郁症的老年人可能也有焦虑症状。初看起来这些可能让人感到混乱，但是认识到每种疾病的独特症状，比较它们的异同对于切实地开展老年社会工作是不可或缺的。

据估计，至少有15%居住在社区中的老年人和25%住在老年护理机构的老年人有抑郁症状。这些统计数字还只是估计，抑郁症是老年人没有得到及时诊治的精神健康问题之一。在表现出抑郁迹象的老年人中，有不到3%的人可以被诊断为有临床上的抑郁症。这是一种持续性的常常会反复发作的抑郁性情感状态，它非常严重，以致会损害情感功能和身体功能。临床上的抑郁症是一种衰弱状态，老年人可能活力减低，几乎已到了无生气的地步。

老年人中较轻微的，也更常见的抑郁症是低落性情感疾病。尽管这类抑郁症的典型特点是心情抑郁、精力不济、负面的自我对话、胃口不好、睡眠紊乱等，但是患病的人通常仍能维持日常生活。许多抑郁老年人患的是带有抑郁情绪的适应障碍。适应障碍由一个特定事件引发，造成了强烈的情绪反应。对老年人来说，抑郁症状常常会在晚年发生常见的重大生活改变后出现，如失去生活伴侣、退休或者患大病。这种类型的抑郁发生在老年生理、心理和社会生活都有变化的大背景下。它与其他生活改变事件共生的情况造成老年人和健康护理人员多把感到抑郁归结为年老过程中在所难免的事。老年人自己也常常会把感到悲哀、情绪低落归结为人到老年必然会有的事，予以接受而不是寻求治疗。健康护理人员可能会认为，失去重要亲友或者身患重病的老年人感到抑郁是不可避免的，而看不到这种状况是可以治疗的精神疾病。

抑郁不是正常年老过程的一部分。若不给予治疗，患抑郁症的老年人会比没有患抑郁症的老年人的生活质量更低，身心上的痛苦更大，放弃生命的风险更高。所以在做老年人工作的时候，老年社会工作者迫切需要做的是，能够识别导致老年人患抑郁症的高风险因素，准确判定抑郁症状，帮助老年人获得适宜的干预。

一、患老年抑郁症的风险因素

（一）基因与家族史

抑郁症有家族遗传倾向。直系亲属，如父母或兄弟姐妹有抑郁症的老年人，更有可能在人生的某个时候出现抑郁症。这种抑郁症可能是由生化失衡引起的，可以通过服用药物进行治疗。心理健康工作者最近才开始了解到抑郁症是如何在人的一生当中反复发作的。老年人可能在人生中已经经历过抑郁症发作的情况，但是并没有被诊断出患抑郁症。艰难时刻以及家庭悲剧常常被视为需要忍耐的事，个人要靠自己摆脱低落状态，设法应付生活。目前的心理健康研究已经能帮助我们识别青少年的抑郁症，促成及早采取至关重要的干预措施。

（二）性别

在所有群体中，女性患抑郁症的确诊人数都高于男性。这并不一定意味着老年妇女比老年男性更多地受到抑郁症的折磨，而是她们同男性相比更可能为情绪问题寻求治疗，因而走进心理健康服务机构。妇女可能会向其他人寻求支持，如家人、朋友、精神健康专业人员等；而男性更可能借酒宣泄来应对抑郁。女性比男性的预期寿命长也意味着她们更有可能遭遇丧偶或失去伴侣的情况，要在社会支持系统日渐缩小的情况下重新组织自己的生活。预期寿命长还增加了得严重的慢性疾病的可能性，这也与产生抑郁症状高度相关。可能最为重要的一点是，妇女常常被迫要靠比男性更为有限的收入来生存。长期的经济压力以及由此导致的卫生保健服务不足和居住条件差，成了持续不断的、破坏性的压力的来源。不管性别如何，社会经济地位较低都是一个最强有力的预测晚年抑郁症的指标。女性较高的抑郁症发病率似乎还与生殖期和生殖期之后荷尔蒙的变化有关，但是这一推测尚未得到科学证明。所以，尽管抑郁症在老年妇女中要比在年轻妇女中更为常见，但是这一现象更有可能是由生理、心理和社会因素造成的，而不单单是性别因素的作用。

（三）独居

独居本身不会使患抑郁症的风险极大地增加。然而，倘若老年人独居又没能保持与社会接触，或者社会支持系统由于朋友和家人去世而缩小，那么他患抑郁症的风险就较高。社会支持系统可以调节压力事件对个人产生的影响，社会支持的重要性不在于老年人能获取支持的朋友和家人的数量，而在于情感支持的质量和可靠性。老年人可以独居而不感到孤独。即使只有一个知己，也可以降低老年人患抑郁症的可能性。

（四）亲朋好友的离去

失去配偶、伴侣、兄弟姐妹或最要好的朋友等生命中重要的人与老年人患抑郁症有非常强的相关度。与另一个人共同生活或者照顾另一个人很长时间会产生个人间的纽带，一旦失去会造成情绪上的混乱。为所爱的人去世而悲伤的那段时间是众所周知的哀伤处理期，它与抑郁症是不同的。虽然悲伤的人常常会有和患抑郁症的人一样的症状，如失眠和没有胃口，但是这些症状会随着时间的变化而渐渐消退。近期有家人或密友去世的老年人除非是悲伤的时间比通常情况下长很久，或者伴有过分的内疚感和懊悔，否则，不应诊断为有抑郁症。

（五）身体疾病

身体疾病增加了老年人患抑郁症的风险。老年人可能会因得知自己患了严重的、危及生命的疾病或慢性病而抑郁。疾病与抑郁是循环关系。老年人抑郁的时候免疫系统会受到抑制，增加了患严重疾病的可能性。同样，当免疫系统因疾病而受损时，也更容易出现抑郁症状。不管谁为因，疾病与抑郁间的联系既受生理因素的影响，也受心理因素的影响。

围绕身体疾病而来的抑郁大多是因为生病使老年人日常生活的能力发生了变化，丧失了自己吃饭、如厕、穿衣或洗澡等能力，从而触及老年人保持自尊的内核。接踵而来的由丧失这些能力而带来的对他人的依赖，使老年人感觉自己毫无用处，是他人的负担。有研究者发现，感觉能掌控生命，仍有能力选择自己的日常活动，自信有能力打理自己的生活，最能有力阻击老年人的抑郁症。所有这些东西在老年人患慢性病的时候都会大打折扣。

抑郁也可能是老年人某些常见病的症状之一，如脑瘤、帕金森综合征、心肌梗死和狼疮。甲状腺功能异常、胃肠道疾病和内分泌失调也能造成抑郁。在阿尔茨海默病的早期阶段，当老年人越来越意识到自己的认知能力正在衰退时，常常会变得抑郁。究竟是阿尔茨海默病造成了抑郁，还是意识到阿尔茨海默病病情恶化带来的损害而加重了抑郁，目前还不得而知。阿尔茨海默病与抑郁症的并发性是老年人心理健康服务面临的最艰巨的挑战之一。

（六）药物

抑郁也常常是治疗高血压、心脏病、睡眠障碍和焦虑症的药物引起的副作用。

仔细查看老年人服用的所有药物对于评估抑郁症非常重要。多种药物交互作用产生的毒性能导致抑郁症，特别是同时饮酒就更是如此。改变服用的药物或者确保老年人严格遵照医嘱按时按量服用所有药物或许就能帮助老年人缓解抑郁症状。

二、老年抑郁症的诊断

社会工作者识别老年人是否患抑郁症的第一步基本工作就是：你看到了什么？你听到了什么？抑郁症的两个最主要的症状是有抑郁感受，觉得有巨大的悲哀和对以往有乐趣的活动失去兴趣。例如，如果一位老年妇女看起来非常悲伤却不太清楚悲伤的缘由，并开始拒绝打牌，而过去这是她每周生活的亮点，她就有可能处于抑郁状态。如果一位老先生从未错过每天早晨与朋友一起喝咖啡，现在却突然不在意这件事了，那么看看他是否有抑郁症就非常重要。负面的自我对话，如"我不去也不会有人想我"或者"对那些人来说我只是个讨厌鬼"，应该是明显的抑郁症预警信号。老年人可能会把自己的生活世界描述为"平淡无味或乏味"。其他与抑郁症有关的症状是精力不济、有无望感或无价值感、难以集中注意力或难以做决定、失去胃口、睡眠失去规律、一再想到死亡或自杀。在评估老年人是否因为一个压力事件而陷入抑郁或有抑郁情绪时，这些症状延续了多长时间以及表现的强度是要考量的重要因素。

如老年抑郁量表或贝克抑郁量表之类的自评量表可能会有助于社会工作从业人员识别基本的抑郁症状。这些工具虽然有助于老年人意识到困扰自己的感受和行为是出于什么原因，但是不应该替代更为彻底的检查评估。彻底的检查评估包括由医务人员做身体检查，以确定抑郁症状是否由疾病或服用的药物引起，这永远应该是第一步。

有些抑郁症状容易跟上年纪带来的变化混淆，实际上这些变化与抑郁症并无关联。

抑郁症与悲伤不同。不得不放弃住了一辈子的家，目睹朋友和家人去世，甚至是失去珍爱的宠物，这些都会令老年人感到悲哀，不是什么不同寻常的事。悲伤终究会过去，老年人会重新获得基本的生活幸福感，调整自己，适应生活中的这些变化。一旦老年社会工作者对老年人的抑郁症有所警觉，注意到老年人的情感有起伏、有空虚感和绝望感这些抑郁症的特点，与单纯的悲哀有所不同，辨识两者就不是什么难事，要睁大眼睛观察、竖起耳朵聆听。

抑郁的老年人常常抱怨记不住事情以及难以集中注意力，这些看起来也像是痴呆症的早期征兆。要应对严重的抑郁症，老年人需要动员情感力量和身体的能量，这些可能会让老年人失去认知方面所能投入的精力，无法完成最简单的智力工作。如果一位老年人要应付巨大的悲哀和绝望，相形之下去记熟悉的电话号码就可能无足轻重。要正确判断老年人是否患痴呆症，排除抑郁症是造成智力功能下降的原因是重要的一环。这些我们会在本章稍后的部分讨论。

尽管对于年轻群体来说睡眠紊乱和饮食失调是抑郁症的标志性特征，但是对老年人来说这些可能并不总是抑郁症的准确指征。老年人睡眠不好可能是由身体疾病造成的，也可能是服用的药物引起的副作用。早上醒得早，重新入睡不容易，可能是由过早入睡造成的，与抑郁症无关。老年人的睡眠效果不大好，为了弥补常常会在白天小睡，这打乱了自然的昼夜节律。老年人胃口不好也可能因味觉有问题，佩戴的假牙不合适，或者是独自一人吃饭感到孤独，而不是抑郁症状。

老年人更容易用诉说身体不适来表示自己抑郁，如诉说有讲不清的疲倦感、疼痛感和不舒服，而不会直接表明自己在情绪上感觉不对。由于老年人身体患病的可能性较大，所以对医务人员和心理健康专业人员来说极难区分开究竟是抑郁症还是身体疾病。这就是在诊断抑郁症时要先由医生做一个全面检查非常重要的主要原因。只有排除了身体患病的可能性，或者至少弄清楚身体状况，才可以确定老年人抱怨身体不适是不是有抑郁症。对老年人来说，寻求治疗身体疾病而不是心理疾病可能更容易接受。心理疾病对于目前一代老年人来说过去是、现在仍然是有负面标签的，他们可能会把任何情绪问题都看成个人软弱的表现。

第二节　老年人的痴呆症

一、老年痴呆症的概述及评估

最常见的痴呆症是阿尔茨海默病。据估计，全国有上千万人患有这一疾病。到 2030 年，当人口出生高峰期的一代人进入老年后，预计这一数字会攀升至 1450 万人。这并不是说这一疾病的实际发病率正在上升，而是受老年人数量的陡然增加以及诊断技术进步的影响。美国住在老年护理机构中的老年人有一半人患有阿尔茨海默病或者是与之相关的痴呆症。护理住所和社区中的痴呆症患者合在一起的直接照顾费用为 240 亿～480 亿美元。家人和他人间接的情感支持和社会支持方面的支出则不可估量。

阿尔茨海默病是以德国精神病学家阿洛伊斯·阿尔茨海默的姓氏命名的。他在 1906 年首次识别出了这一疾病。当时，他在治疗一位 51 岁的妇女，这位妇女的认知功能迅速衰退，有幻视、幻听症状，最后认知和身体功能完全恶化。在出现这些症状 4 年之后，她去世了。这位妇女的年纪、认知和身体功能恶化的速度与独特的脑部病变引起了阿尔茨海默医生的警觉，他认识到她的情况不是人们所说的老年痴呆，即老年人由动脉硬化引起的认知功能的缓慢减退。对这位妇女脑部的尸体解剖表明，其脑部出现神经纤维集结，胸皮层神经元的细胞质中有厚厚的缠绕纤维。阿尔茨海默医生在这个病例中的发现首次证实：神经纤维集结和退化的神经末梢块，即众所周知的神经轴突斑块，表明患者有区别于其他痴呆症的脑部病变。疾病带来的损伤不是由年老以后的脑部变化造成的，而是细胞功能出了问题。这些细胞变化同时伴有脑部多巴胺、血清素和乙酰胆碱等化学物质水平的降低，这些物质对学习和记忆至关重要。阿尔茨海默病在早期阶段主要影响人的认知功能，但最终会造成身体功能的退化。

（一）高龄是阿尔茨海默病的主要风险因素

65～74 岁的人中只有 1% 的发病率，而 85 岁以上人口的发病率超过了 25%。这并不是说如果老年人寿命很长就一定会得阿尔茨海默病，而是表明伴随脑部的老化以细胞功能丧失为特点的这一疾病发生率更高。在一些病例中，患阿尔茨海默病的可能性受到遗传因素的影响。已经发现数量有限的病例存在染色体异常，家族中几代人都有一人或多人患有这一疾病或唐氏综合征。

　　脑部尸体解剖目前仍然是唯一确诊阿尔茨海默病的方法。不幸的是，尸体解剖对医生诊断疾病或家人制订开支与护理计划毫无意义。计算机轴向断层扫描虽然不能诊断出早期阿尔茨海默病，但是可以发现疾病发展后脑部发生的机体变化。在阿尔茨海默病的晚期阶段，脑部出现萎缩，收缩的脑组织增宽，脑室加大。磁共振成像技术能利用大脑和外部磁场中原子的磁共振而产生影像，从而提供结构性的脑部资料。医生观察这些共振就能分辨出大脑健康的部分和静止不动的部分，从而判断疾病给脑部造成的损伤的程度。正电子发射断层成像技术和单光子发射计算机断层成像技术是最新的检查方法，可以制作出脑部血流量图、新陈代谢活动图和血脑屏障完整性图。这些检查中发现的异常情况能够为阿尔茨海默病活体诊断提供宝贵的线索。大多数阿尔茨海默病的医学诊断用的都是排除法。伪痴呆症和谵妄这些可以医治的疾病常常与阿尔茨海默病的症状相似。

　　值得庆幸的是，心理健康人员对于识别与这一疾病有关的常见生理、心理症状和社会生活方面的表现已经相当娴熟。本部分内容所讨论的功能评估有助于在早期阶段就相当准确地诊断出阿尔茨海默疾病和其他形式的老年痴呆症。

（二）阿尔茨海默病的评估

1. 症状查验

　　科斯塔及其同事识别出了一些症状，有助于身心健康工作人员认识早期痴呆症的表现，包括阿尔茨海默病的症状。早期的警示性信号为学东西或记新东西困难，如记不住近来发生的事情或谈话的内容，总将眼镜或钥匙等一些常用的物品放错地方等。在痴呆症的早期阶段，恰当处理一些需要推理的简单事宜也成了不堪重负的事情，如水槽的下水管堵了该怎么办或一件器皿打碎了该如何收拾等。即便是在熟悉的环境里，老年人也可能会迷路或失去辨识能力。当然每个人都会有忘记自己的车停在哪的时候，但是对患痴呆症的人来说这是持续不断的现象。老年人可能会越来越难以加入和跟上别人的谈话，不能找到相应的词来指称物品、感受或想法，即有命名性失语。患阿尔茨海默病的老年人在早期阶段可能显得比较退缩、被动或者无原因的情绪激动。总之，老年人的日常生活能力和情绪状态都有显著的变化。下面对可能表明患痴呆症的症状作了总结：

　　①说话重复增多，难以记住近来的谈话、事件、跟别人的约见，常常把东西放错地方。

　　②处理复杂的事情时，老年人难以跟上复杂的思索过程或者完成需要许多步骤的事宜，如平衡收支或准备餐饭。

③不能有条不紊地解决工作中或家中出现的问题，如不知道浴室跑水了该如何处理；表现出不是特别突出的漠视社会操守的行为，如在电影院喧哗或乱用餐具等。

④驾驶、料理家务、在熟悉的地方认路等有困难。

⑤越来越难找到词语表达自己想说的东西以及跟上谈话。

⑥显得较被动、不大能回应别人，比平常更容易发火，比平常多疑，错误理解视觉或听觉信号。

除了不能按定好的时间赴约外，临床工作者还可以看老年人在谈论某个有兴趣领域的事件时是否有困难。在行为或衣着上是否有所改变。

阿尔茨海默病最常见的情况是同时出现多个症状而不是只有一件事或某个单一行为有问题。偶尔把钥匙放错地方并不意味着老年人有痴呆症。记性不好或有社会退缩行为也是抑郁症或谵妄的症状，必须在排除了这两种可能后才可以确诊患痴呆症。找不到熟悉的词表达自己的想法，可能表明老年人有脑卒中而不是患痴呆症。

阿尔茨海默病和其他痴呆症都是逐渐发病的。可能发病 1～3 年才会有明显的、察觉得到的功能变化。即便老年人有几种慢性病，这一疾病的发展也可能非常缓慢。患重病的老年人可能在这一疾病还没发展到晚期时便因其他情况去世了。如果痴呆症的症状是突然出现的，就应该先排除患谵妄或其他非痴呆症类疾病的可能性。患任何痴呆症的老年人都可能在早上清楚，而在下午感到疲倦或饿的时候头脑糊涂。

尽管阿尔茨海默病患者或许会有些时候好、有些时候不好，但疾病一直在恶化。随着疾病的发展，功能会持续丧失并不断加剧。

2. 医学评估

如果老年人出现了一种或更多的痴呆症早期迹象，就要做更全面的评估。在做检查的时候，医务人员的第一步工作一般是常规性地询问老年人的家族病史。他们还会收集精神病史、饮酒和服药情况、目前或以前有过的感染情况以及是否曾暴露在有害环境中等资料，以便判断这些症状是不是由当前的问题引起的，而不是患上了痴呆症。医务人员还会检查老年人的视力和听力。全面检查还可以发现老年人是否有肿瘤或病变，是否有血管栓塞或感染，这些都会引起类似痴呆症的症状。如果有早发性阿尔茨海默病或其他遗传疾病的家族史，那么就可能表明老年人有更高风险患痴呆症。

在老年人中，药物中毒是最常见的造成可以逆转的痴呆症的原因。做医学评估至关重要的一点是全面检查老年人的服药情况，包括老年人的非处方药、饮酒情况和处方药。由于药物会与每个人独特的身体内的化学物质发生作用，一些医学实验已经发现有些药物有可能会产生副作用，给思考问题带来某种程度的损伤。具体情况会因人而异，从模糊感觉"隔膜"，到有比较严重的反应。老年人应该把所有服用的药物都拿来评估，而不应该单靠记忆说出或写下来。这能让医生既检查老年人的记忆力是否准确，又能确定药物是否过了有效期或者是否对症。

医生当面向老年人询问情况是医学评估中最重要的一个环节。老年人认为情况怎么样？他察觉自己的记忆力或活动有什么变化吗？出于对老年人的尊重，医务人员要单独向他询问症状的进展情况和严重程度。但是，仅仅依靠老年人自己对功能状况的评估是不够的。在阿尔茨海默病的早期阶段，老年人倾向于把损伤程度说得小些，还可能会根本否认自己有任何困难。所以应该把家人和朋友的观察与老年人自己的评估结合起来看。这样做的时候应该让老年人完全知情。介绍情况的人能帮助医务人员对老年人记忆丧失的进展情况和严重程度，以及认知功能的下降状况做出良好的评估。

3. 功能评估

阿尔茨海默病的特点是，老年人逐渐丧失日常生活能力和工具性日常生活能力。在没有其他慢性病的情况下，患阿尔茨海默病的老年人一般不会丧失基本的自我照料能力，能自己吃饭、穿衣或上厕所，一直到发病的晚期阶段。在工具性日常生活能力中，最明显的是老年人不能做需要记忆的事情以及需要通过一系列活动去完成的事情，如理财、购物、做饭、独自旅行、记住与别人约定的时间等。评估老年人的功能状况关键在于澄清对于以前有能力做的事，老年人现在是否逐渐丧失了能力，如支付账单等。阿尔茨海默病和其他痴呆症是缓慢发病，老年人不会因患痴呆症而突然丧失现有能力，但慢慢地，老年人会越来越难以完成熟悉的事情和活动。

4. 心理状况评估

痴呆症评估的最后一部分内容是查看老年人的心理状况。这方面的非结构性评估应贯穿在整个评估过程中。医务人员和心理健康服务人员在跟老年人谈话，了解以往的病史和做功能评估时，就可以对老年人的定向感和回忆事物的能力有一个总体印象。评估心理健康状况是要识别老年人是否有认知功能受损的迹象，并以此为基线追踪阿尔茨海默病和其他痴呆症的病程进展情况。尽管老年人的近期记忆可能不好，但是长期记忆或许直到疾病的晚期也不会受什么影响。

由于阿尔茨海默病是缓慢发病的，所以要确定老年人究竟从什么时候开始患病常常有困难。尽管如此，还是能根据老年人功能日渐受损的情况区分出这一疾病的三个阶段。第一个阶段为 2～4 年，这要看个人的身体健康状况和疾病是否能很快诊断出来。第一个症状是丧失近期记忆，记不住刚刚发生的事和谈话。老年人可能会意识到自己忘事，也可能意识不到。如果意识到了这一点，老年人可能会采取弥补措施，写记事单或在家中各处贴条提醒自己。有的老年人可能会在评估谈话时编造问题的答案，试图让人相信他的认知功能没问题。他们可能会搞不清如何按指令做事或者在熟悉的环境中迷失。老年人可能会一再重复词语或句子，也可能有重复性动作，如不断用脚踏地或咂嘴。在疾病的这一初始阶段，老年人的人格可能会有些不太大的变化，如失去自发性、社会退缩或易激惹。家人和朋友可能会最先注意到这些变化，因为这与他们所爱的人的惯常行为十分不符。当这些变化引起老年人的注意时，他或许会否认自己有问题，也可能变得容易跟人争执。

阿尔茨海默病的第二个阶段通常会持续 2～12 年，在这一阶段身心功能的恶化会变得更为明显。老年人要认出家人和朋友变得越发困难，已经有明显的记忆力丧失，特点是不能记住任何新信息或学习新技能。老年人变得不安生，会毫无目的地闲逛，下午或晚上情况尤其严重。日落综合征描述的就是患阿尔茨海默病的老年人失去定向感和生活混乱的情形。这一术语由卡梅伦首次提出。据说老年人安静不下来是因为傍晚时分太阳光的变化对脑部的化学物质起了作用。

在疾病的第二个阶段，老年人口头沟通的能力严重受损。尽管老年人可能仍然能够讲话，但是可能不知所云，或者是越来越难以找到正确的词语来表达自己的想法。老年人也可能失去得体穿衣的能力，或者大小便失禁。他们可能会有过度的情绪反应，如太容易发火、易哭或者有幻视现象。

在阿尔茨海默病的最后阶段，老年人的日常生活要完全依赖他人照料。这一阶段会持续 1～3 年，直到老年人去世。到了第三个阶段，老年人已认不出家人，甚至认不出镜子里的自己，可能完全失去沟通、行走或坐立的能力。完全失禁是常见的现象。缺乏身体活动加上困在床上可能会造成肺炎、泌尿道感染、压疮或昏迷。这些是最常见的患阿尔茨海默病的老年人在发病的最后阶段的死亡原因。阿尔茨海默病的病程为 6～8 年，也有些人持续的时间只有短短的 2 年或者长达20 年，这取决于老年人的身体状况和得到护理的质量。

二、老年痴呆症患者精神问题现状

（一）生活态度消极

很多老年痴呆症患者得不到应有的服务和照顾，常常不愿参与活动，不爱与人交流，躲在房间里或者院子的角落默默发呆，而且面对护理人员时大多表现出急躁、厌烦的不友好态度；对自己的同伴也是表现冷漠，或只与一两个人保持伙伴关系，一概不理其余老年人，甚至会与其余老年人发生摩擦和冲突，互相责骂的现象也屡见不鲜；活动参与的积极性极差，如果不耐心地做好沟通，就表现出不愿也不敢参与的消极状态；但对于该机构的老年社会工作者态度明显好转，也喜欢与老年社会工作者说话，时间久了也能建立较强的信任关系，表现出明显的安全感。

（二）与负责护理工作的人员关系欠佳

由于老年痴呆症患者容易健忘，情绪极端，自负现象严重，这就大大增加了负责护理工作的人员的工作量和工作难度，日复一日，护理人员也没有了耐心，甚至有时老年人连谁在照料自己都会遗忘，护理人员抱怨付出得不到回报，久而久之就会出现消极怠工的状况。这就导致老年痴呆症患者很多时候无人看管，从最初的提升晚年生活质量变成了"不走丢就万事大吉"。这导致机构的护理人员快速流失，有的机构在几个月时间里，护理人员名单就更换了三分之一左右，更加剧了护理人员与老年人之间的隔阂。

（三）缺少家人的关爱

由于子女工作压力大，经常来看望老年人的家属较少，这也一定程度上导致了老年人情绪越来越不稳定，甚至病情恶化。

三、老年痴呆症患者社会工作干预建议

（一）护理人员应树立全方位服务意识

这里所说的主要是针对在与老年人相处沟通上并没有经过培训的护理人员。养老机构中的一线护理人员位置非常重要。但目前情况不容乐观，很多护理人员还达不到应具备的护理常识和专业技巧，更别说照顾老年痴呆症患者群体的护理人员了。他们不仅仅要具备更专业的护理技巧，往往还要补充一些医学常识和心理学知识，全方位地去了解老年人之后再开展服务，从而达到事半功倍的效果。

社会工作者要充当一线护理人员的教育者，并不是教他们如何更好地照料，而是在引导他们注重于老年人心灵上的交流，让他们知道除了生活上的照顾，还应该更全方位地去服务。首先，要对他们的付出给予肯定，提升护理人员的自我认同感，协助他们找回自身的价值，重新找回工作热情；其次，社会工作者还要教导护理人员学会"察言观色"，通过老年痴呆症患者平日的一些小举动和情绪，学会分析老年人心理上产生波动的原因，运用同理心去感受他们的一举一动，体会他们的需求；再次，还可以在举办小组或社区活动时多多让护理人员也参与进来，把他们作为为老年人举办活动的一分子，通过实际的观察，学习如何与老年人更好地沟通，慢慢提升自身的认知；最后，老年社会工作者还可以定期开展一些健康知识讲座，给护理人员进行定期培训，方便他们学习进步。

（二）老年社会工作者应做好协调者

老年人、负责护理工作的人员、机构以及日常来访的家属，都是整体氛围和谐的重要组成要素，这些要素既是相对独立又是相互依存的，只有各要素之间相互协调，相处和睦，才能发挥出局部相加大于整体的效果，为机构营造和谐友爱的环境正是社会工作者作为协调者来说必不可少的工作。

首先，社会工作者应当以身作则，注意自己的言行举止，以集体利益为思考的出发点，通过自己的言传身教去潜移默化地影响机构中的其他组成部分；其次，要以所服务对象的需求为主，当机构或护理人员和老年人的需求发生冲突时，应尽快采取协商沟通的方式，寻找最利于老年痴呆症患者的解决方式，同时要考虑机构或护理人员的感受，将他们的需求转化为其他形式给予最大限度的满足；再次，护理人员和老年人是接触时间最长的群体，所以也是最容易产生矛盾的群体，老年社会工作者在充当教育者，让护理人员更加了解老年人心理需求的同时，也要在真正发生冲突或不悦时尽可能地去及时协调和沟通，同时要在事后做进一步的疏导，采取下次有可能发生此类事件的预防措施，将两方伤害化到最小；最后，在日常协调的同时，也要注重阶段性的小结和反思，制定相应的奖罚制度或开展一些有利于老年人、机构、护工以及家属之间的联谊活动等，充分交流各自的意见和想法，并作出总结。老年社会工作者也要善于利用空闲时间抓住机会和老年人多沟通交流，及时发现问题，找到改善的方法，将协调者的角色发挥到最大，让机构大环境更加和谐，更有利于提高老年痴呆症患者的生活质量。

（三）为老年痴呆症患者提供更多资源

老年痴呆症患者的精神需求存在严重缺失，会有自负、孤僻、情绪不稳定、不愿与人交流等等情况的产生。社会工作者首先需要做的就是，了解老年人真正的需求，找到老年人所需资源，帮助他们改善现状。了解到老年痴呆症患者渴望被爱和关注、希望被信任和鼓励、自我价值得不到满足等情况之后，社会工作者通过资源链接，逐一改善或解决这些问题。首先，链接到样本老年人的非正式资源，如家属、好友等，通过举办一些亲友见面茶话会或生日会等活动，增加两者接触的时间，还可以通过手机平台的形式将老年人的状况及时告知，让家属等亲友更方便掌握老年人的动态，更进一步联络感情。这些亲人间的宝贵相处是老年痴呆症患者必不可少的精神支撑，对他们的病情发展能够起到很好的延缓作用；其次，链接到一些正式资源体系，如义工团队举办的"狗医生探访活动"，让老年人与狗医生亲密接触，爱心四溢。再如，义剪团队给老年人免费理发，让老年人满足了被爱的需求。最后，链接到的医院工作人员定期开展的健康知识讲座、消防队带来的机构防火逃生安全知识讲座，以及社区歌舞团带来的精彩歌舞表演等，都让老年人参与其中，并使他们乐在其中。

一切以满足老年痴呆症患者需求为前提，充分链接到各方资源，让老年人的生活多元化，是社会工作者充当资源链接角色的职责所在。这不仅需要机构社会工作者充分了解老年人所需，还要积极调动可利用资源，更广泛地为老年人开展服务。同时，还要定期进行效果评估，不断调整方式，更新所链接到的资源团队，为老年人提供更及时、更准确的活动。还要注重团队资源的可持续性，定期为优秀团体和个人颁发奖品，肯定他们的付出。当然，老年社会工作者也要及时地关注国家政策以及地方政策，及时让老年人享有应有的照顾，积极为机构的发展申请资金的支持，通过政府的审批，申请到一些有助于老年痴呆症患者的专项活动项目资金，更好地服务于他们。

（四）当好老年社会工作者模范

无论充当何种角色，最终也都是为做好一名专业的助人工作者，体现社会工作者"助人自助"的专业价值理念。要想做好一名社会工作者，离不开理论的积累和实践的经验。所谓助人自助，仅靠理论知识的积累是远远不够的，想要当好老年社会工作者模范，必须要做好迎接现实工作环境中任何挑战的心理准备，要做到不怕困难，勇于去发现问题、解决问题，而不是一味地退缩逃避。要行动起来，积极开展老年社会工作者活动。只有脚踏实地去积累经验，才能真正提升自身的专业素养。与此同时，老年社会工作者还要充分认识到自己的专业价值，建立专业自信，以身作则地展现老年社会工作者的专业魅力。此外，同工之间的相处也可以展现老年社会工作者的专业能力，怎样更好地分配任务，达到最好的效果，也是优秀社会工作者的必修课。

通过学习积累和实践摸索，老年社会工作者在养老机构中也逐渐成为不可缺少的一分子。当很多老年人包括护理人员期盼着与老年社会工作者交流时，当老年痴呆症患者用眼神向老年社会工作者传递信任时，他们所传达的是对社会工作者工作的最大肯定。当然，老年社会工作者要做的不仅仅是观察现状，发现老年人需求的缺失，更重要的是通过实际行动，巧妙地将所学的理论知识运用到这一问题当中，有效地解决问题，始终把社会工作专业素养的提升放在首位，努力为社会工作大家庭社会认同度的提升尽一分力，也为老年社会工作者队伍的壮大尽一分力。

在老年痴呆症患者机构养老精神需求缺失问题上，社会工作者无疑能够起到帮助和改善的作用。在运用适当的理论，展开个案小组活动的同时，更要巧妙地维持机构各方人员的关系，调动社会各界的资源，充盈老年痴呆症患者的精神世界。通过思考和总结，想要做好一名合格的服务老年痴呆症患者群体的一线老年社会工作者，需要把握以下几个要素：

第一，要学会感他人之感，寻找同理心。也就是说，社会工作者首先要从老年人的内心深入体验不安甚至绝望的心情，找寻同感。在我们理解后，当我们面对老年痴呆症患者时，才能多一分耐心，多一份爱心。

第二，要敞开胸怀，接纳一切。社会工作者要始终坚持中立的价值观，不掺杂个人情感，客观地去对待每一位老年人，对老年痴呆症患者这一特殊群体更应如此。我们只有真正从内心接受这些"不听话"的老年人，才能在提供服务时更加心甘情愿。

第三，用爱心浇灌，用耐心栽培。拥有爱心和耐心，是一名专业的社会工作者应具备的责任心。长期的服务难免枯燥，但对老年痴呆症患者来说，这也许就是他们摆脱消极情绪，重获自信的最好良药。

第四，要做到尊重他人，给予力量。马斯洛需求层次理论告诉我们尊重需求的重要性，社会工作服务是一项人道主义服务，强调对人的尊重。只有真正地去尊重老年痴呆症患者，他们才会在精神上有一个质的改善，才会找到生活的意义。

老年痴呆症患者精神需求得到满足是每一位社会工作者乃至社会各界都应当重视的问题，这关系到老年人的晚年生活质量，关系到一个家庭的幸福，更是一个社会文明进步的标志。

第三节　老年人的焦虑症

面对身体疾病、经济上的忧虑和由孤独带来的伤痛，许多老年人都会出现焦虑行为。他们可能会忧心自己如何能靠如此微薄的收入生活，或者谁能帮他们去看医生或跑腿。每个人在某些情况下都经历过情绪非常不好的状态。焦虑行为本身并不是什么心理疾病，身心处理压力的方式才是问题所在。情绪上的困扰常常会成为老年人寻求解决相应问题的动力。担心自己的健康可能会促使人们求医问药或更好地照顾自己。忧虑是否能按时乘车去见大夫，可能会促使老年人给相关服务组织打电话，确定可靠的搭乘车辆，而不是脑子里不停担心孩子是否能送自己去。担心自己一直留在家中生活花费太高可能会使老年人选择别的居住安排，如住进支持性老年住宅，那里的花费可能不那么昂贵，而且还有家务助理服务。

然而，当老年人有持续 6 个月以上的深深的恐惧感，同时伴有如头痛、肠胃不适、发汗、疲倦和失眠等严重的躯体症状时，心理健康专业人员就要考虑他是否患有焦虑症。焦虑症的特点是有强烈的、持续的焦虑感，可能会在没有任何明显外部刺激的情况下发病。老年人可能会心动过速、呼吸过快、眩晕或出汗过多。要识别老年人是否患焦虑症可能比较困难，因为其症状会和一些常见病类似，如心血管疾病、痴呆症或帕金森综合征。有 10% 的老年人（主要是妇女）会有严重的焦虑行为，需要治疗。

尽管焦虑行为在老年人中并不少见，但是完全发展成焦虑症的人不到老年人口的 3%。戈里亚和格斯曼称焦虑症为老年人"常见的症状，不常见的综合征"。老年人可能直到晚年才遇到焦虑症，也可能一生都在与焦虑症做斗争，一直延续到晚年。老年社会工作者有理由担心这一问题，因为对抗焦虑症需要动用身心资源，这会给老年人的健康带来危险。老年人焦虑反应的症结在于其应对生活问题的方式，而不是有心理疾病，而医生对焦虑症的处理有轻易下诊断和过度治疗现象。找到方法、解决引发焦虑症的问题，加上支持性的辅导，能够在不使用药物的情况下治疗相关症状。

一、患焦虑症的风险因素

焦虑症似乎与家族遗传有关，尽管目前还没有清楚的证据表明这一症状是先天遗传的。儿童通过观察父母和兄弟姐妹学会应对压力，并可能开始效仿体察到的家人的焦虑。

戈里亚和格斯曼观察到，焦虑症在所有年纪的妇女、非洲裔美国人、已婚人口、低收入且受教育少的人中发病率都较高。对于一生经济紧张的人来说，一直有焦虑是很容易理解的。经济方面的问题部分是受教育水平低带来的副作用。疾病也有可能是出现焦虑症的诱因。长期服药和饮酒造成的神经损伤、阿尔茨海默病、哮喘、慢性阻塞性肺疾病、多发性硬化症或者高血压，也让老年人更有可能出现与焦虑症相关的症状。

老年人的焦虑症与抑郁症有高度的共病性。弗林特发现，1/3 的抑郁老年人都表现出焦虑症状。这看起来似乎矛盾，抑郁症的特点是有抑郁情感和精力差，而焦虑症的表现是情绪易激动。焦虑症是抑郁症的继发症状，老年人可能同时会有两种病的症状。一方面，他们表现出轻度抑郁症的典型症状，如悲哀、精力不济、记性不好；另一方面，他们可能有焦虑症的症状，如过于忧虑、失眠、情绪易激动。当抑郁症治好以后，焦虑症常常也会消失。

这方面的研究为数不多，在其中一项研究中，伯格曼发现，有 38% 的患阿尔茨海默病的老年人也表现出焦虑症的症状。焦虑行为可能实际上是痴呆症有所发展的一个信号。严重痴呆症导致的认知能力有限使诊断与之相伴的焦虑症极其困难。心理健康专业人员最终不可能与患者沟通他的感受，必须依靠自己的专业观察加上家人、朋友和照顾人对老年人行为的描述来做判断。在做老年人工作时，有准确的区别性评估和诊断至关重要。

二、焦虑症的类型

（一）广泛性焦虑症

广泛性焦虑症是一个概括性术语，是指没有具体对象和理由的焦虑症状，不同于恐慌症、恐惧症、强迫症、创伤后压力症等有具体对象的焦虑症。患广泛性焦虑症的老年人有过度的忧虑和紧张症状，这些症状没有任何缘由或者超出了对实际情况应有的反应。他们可能担心钱，担心健康、工作或家人，即使没有任何迹象表明这些事有什么问题。这些强烈的忧虑还伴有身体上的症状，如肌肉紧张、坐立不安、消化不良、心动过速和呼吸困难。情绪易激动和易怒会成为常态，常常妨碍社会关系和日常生活，一些小事也会成为大灾难。有广泛性焦虑症的老年人说不清自己到底在担心什么。

（二）恐慌症

恐慌症的特点是在没有任何征兆的情况下突然感到强烈的恐惧和害怕。发作的时候可能有，也可能没有如人身安全或情感受到威胁的外部刺激。

感觉恐慌袭来的老年人常常说自己的心"怦怦"地剧烈跳动、出了很多汗，感到头晕、眩晕或虚弱。他们可能会感觉胸痛或者窒息，其严重程度让他们认为自己要死了。有的感到潮热，有的感觉发冷。在恐慌袭来或极其不舒服的时候，手可能会麻木。恐慌可能会持续几分钟到一个小时。当恐慌消退的时候，老年人一般会明显好转，但是也忧心下一次发作会在什么时候。恐慌袭来时没有任何兆头，具有严重的打击作用。其结果是，老年人可能会重新组织自己的生活，避免去公共场所，因为他们害怕在那里发生恐慌，求救无门。正是一直害怕恐慌会再次发作，才使老年人产生了焦虑。

（三）恐惧症

毫无理性地害怕多种事物、情境被称为恐惧症。恐惧症是十分害怕特定的物品或情境，如怕狗、怕高、怕狭小空间、怕电梯、怕隧道、怕水或怕飞行等。遇到刺激的时候，人们会有恐慌症来临时的所有典型症状，变得情绪易激动、恐惧，产生厄运即将降临的感觉。

许多儿童和青少年的恐惧症会随其长大成人，更有能力面对和处理非理性的恐惧而消退。然而，有些成人从未战胜过这些恐惧，还有些人在成人后有了新的恐惧。中年人和老年人知道这些恐惧是非理性的，却感到无力克服。每十个成人中就有一个人有某种恐惧症。这一病症有家族遗传倾向，女性体会到的恐惧较男性多，大部分恐惧在女性中比男性中更为常见。广场恐惧症（害怕空旷的地方和离开家）是老年人最常见的恐惧症。学者林赛发现，老年人有广场恐惧症源于有严重的身体疾病、害怕外出时跌倒，或者在居住的街区遭到抢劫或人身攻击。

一个常见的恐惧症的例子是害怕飞行，但是人们能避开这一恐惧，乘火车或汽车外出旅行。除非是本身的职业要求定期乘飞机旅行，否则有这一恐惧症的人可以生活得很好，无须治疗。虽然有躲避措施可以解决对电梯和自动扶梯的恐惧，但是如果一个人的工作地点就在一座高层建筑里，这样的措施就不大行得通。有幽闭恐惧症（害怕狭小的空间）的老年人可能一直应付得不错，直到不得不放弃自己的家或公寓，搬进老年护理机构或支持性住所中的一个小房间。人们不会去治疗恐惧症，除非它成了日常生活中难以忍受的社交恐惧症，即强烈害怕在公众场合丢脸。这种病在老年人中并不比其他恐惧症更为普遍。意识到年老或帕金森综合征等疾病带来的身体变化会严重影响老年人与他人交往的意愿。如果老年人有失禁问题，他可能不会参加如厕不方便的公共活动，这是合情合理的对丢脸的恐惧。

尽管他们说不清楚让自己丢脸的会是什么，但是对社交的恐惧难以改变。尽管老年人对社交活动有所认识，渴望参加，但是深恐丢人现眼使他们止步不前。这是一个由焦虑造成或强化抑郁的典型例子。社会隔离是老年人严重抑郁的一个最常见的原因。如果一位老年人有社交恐惧症，变得与外界隔离，那么他既会感受到社交恐惧症带来的焦虑，也会有社会隔离造成的抑郁。

（四）强迫症

使患强迫症的人受到折磨的侵扰想法或意象，称作强迫观念。为了防止或驱除这些强迫观念，他们会衍生出复杂的仪式性动作，即强迫性行为。如果一个人对细菌和肮脏有强迫观念，那么他会在一天中反复洗手。对入室抢劫有强迫观念的人会在晚上休息前反复查看门窗是否上锁数十次。有些人吃饭有固定的仪式，如每次点同样的饭菜，一只盘子只可以装一种食品，或者不吃某种颜色的食物等。当这些强迫观念和为消除这些观念而花费的时间每天都有一个多小时，干扰了正常的日常活动时，那么就应该视为强迫症的症状。强迫症很少是晚年才开始有的，较常见的情况是，老年人从青壮年时期就有这一精神功能障碍，一直延续下来。

（五）创伤后压力症

很少有情绪问题比创伤后压力症得到的关注更多。创伤后压力症曾因"弹震症"而闻名，是在从越战归来的美国退伍军人中发现的。这些人摆脱不了回想原来痛苦经历的梦魇，不治疗就无法正常生活。这些退伍军人是最先识别出来的这一病症的受害者。从那以后，心理健康专业人员还从经历过绑架、严重事故、性骚扰或虐待、自然灾害，或如空难、火车事故等大规模死亡事件的人身上观察到了类似的情绪问题。创伤后压力症的特点是一个人早先经历过危及生命或特别痛苦的事件，但是生存了下来。这个人可能会实实在在地重新体验到原有的恐惧或畏惧，从几分钟到数天不等。许多有创伤后压力症的人经历的回忆如此真切，他们分辨不出自己是否真的回到了给自己带来创伤的老地方。在创伤后压力症发作以后，他们可能出现严重的睡眠问题、严重抑郁或者容易受惊吓。有时，曾经热情关爱他人的人会变得容易发火，与人疏远，以此来应对创伤后压力症。这一情况可能在诱发事件后出现并在几个星期或几个月内逐渐减退。有的人的创伤后压力症在创伤事件后会延续很长时间，余生一直受此困扰。

（六）妄想症

尽管严格意义上说妄想症不属于焦虑症，但是它在有焦虑症状的老年人中偶尔也会出现。妄想症与焦虑症有许多相同的症状，老年人同时还伴有被跟踪、有人要加害自己和追逐自己的感觉。这类老年人可能会多疑、有幻觉或有囤积行为。

患妄想症的老年人常常是由公安部门或消防部门的人转介给精神健康专业人员的，这些部门的人最有可能是老年人首先打电话求助的人。比如，一位老年人认为有个陌生人正从窗子向屋里窥视，或者某个家人开了煤气想要杀他，更可能会打电话向警察报告自己的怀疑。消防部门可能会接到老年人打来的电话，述说闻到烟味，即使家里连火都没有开。邻居可能会找管理部门反映老年人囤积垃圾或报纸，影响了小区的卫生。尽管这种情况可能在独居老年人中更为常见，但是即使是有完好支持系统的老年人也可能会有妄想行为。

重要的一点是，要分清老年人是由于感官出了问题（视力或听力受损）或者患痴呆症才有妄想行为，还是解释不清楚妄想行为产生的原因。听力不好或眼神不好的老年人可能会误解一些事，如邮递员往邮箱里放东西，他以为是陌生人想要破门而入，这只是误解而不是妄想症状。此外，患痴呆症的老年人可能没有认知能力解释一些明白无疑的事，如打错电话或水电公司每月例行查表。如果就老年人对事件的诠释能找到符合逻辑的解释，就可以避免将老年人的行为误诊为妄想症。

三、评估老年人的焦虑症

（一）医学评估

老年人与焦虑有关的身体症状常常与其他常见的老年病症状类似，如心血管疾病、甲状腺疾病和糖尿病等。所以，有必要先让医务人员给老年人做身体检查，排除可能引起这些症状的患严重疾病的可能性。在药店买的感冒药、改变睡眠的辅助药物和任何数量的处方药也可能会造成老年人坐卧不宁、容易发火。这表明全面检查老年人服用的药物，包括偶尔服用的药和定期服用的药，十分有必要。健康护理人员要搞清楚是否由于家族遗传，老年人在早年有过焦虑症病史，或者近亲属有这一病症。

精神健康专业人员要彻底了解清楚焦虑症的症状和持续时间。这种焦虑是否与老年人近期生活中发生的事件有关？这种过度的焦虑是情有可原还是似乎有些"小题大做"？老年人的心理和社会环境中都有些哪些东西有助于医护人员和社会工作者更好地理解造成老年人容易激惹的原因？这种过度的忧虑和容易激惹的状态对老年人来说意味着什么？老年人是否还伴有抑郁症状或丧失认知能力的早期症状？得到这些问题的答案对于确定老年人是否只是有些焦虑行为还是有焦虑症至关重要。

（二）心理评估

焦虑就像其他心理健康问题一样可以运用现有的心理量表做评估。用于普通人群测量焦虑症的一个最常见的工具是汉密尔顿焦虑量表。这一量表由 89 个焦虑症的精神和躯体症状指标组成，由观察者评定，一般是社会工作者、心理学家和精神病医生。尽管一般认为这一量表准确性非常高，但是若用于老年人群就有些麻烦。老年人可能在完成测试前就已感到疲倦，或者评估结果会过高评定躯体症状的严重性。状态—特质焦虑量表具有同样的准确性，用来评定老年人自身的症状。这一量表只有 22 道测试题，有适合老年人的版本，所以可能更加适用。心理测量量表加上彻底的身体检查能让精神健康工作人员更准确地评估老年人的焦虑行为和焦虑症状。

第四节　社会工作对老年人认知及情绪问题的干预过程

一、干预过程

本部分内容主要描述对患抑郁症、早期痴呆症和焦虑症的老年人的干预方法，包括认知行为疗法、验证疗法、缅怀往事疗法与人生回顾疗法。这些干预措施专门用于帮助老年人深入洞察自己的行为和感受。一般来说，它们适用的人群是口头表达能力、智力与情绪正常，能通过"谈话"方式解决情绪困扰的老年人。本部分内容还会简要讨论一下药物治疗和电休克疗法，让老年社会工作者熟悉医疗方面的干预措施，这些措施可能会与谈话疗法并用，用来治疗抑郁症和焦虑症。

在现实生活中，与老年人的每次接触，无论是在正规的临床机构，还是做家访时一起喝茶，都可能会有潜在的治疗性质。社会工作者在跟老年人发展关系中的每次联系都能改善老年人的心理社会功能。对老年人的社会情绪与认知问题进行干预，需要把老龄化知识与系统的、仔细斟酌的工作方法结合起来，这样才能识别问题所在，探索可能的解决办法，实施解决方案并评估干预成效。

（一）干预过程中会做些什么

在落实干预措施的时候，老年社会工作者会做些什么呢？尽管社会工作者会有"拯救人民"或"改变世界"的奇想，但是在开展当事人的工作时所能做的事情不外乎两种。在有些个案中，社会工作者帮助当事人改变令他们痛苦、处境危险或不能忍受的现状。在帮助抑郁老年人时，干预措施的重点可能是解决导致抑郁的根源，如服药不当、身患疾病或悲伤时间过长等，让老年人做一些调整以缓解抑郁。一些方法，如寻求新的社会接触、多锻炼身体或者通过传统的"谈话疗法"来解决悲伤问题，目的都是改变导致问题的情境。在一些情况下，社会工作者做当事人的工作，帮助他们适应他们无法改变的现实。比如，医务人员不知道如何才能逆转阿尔茨海默病带来的衰退作用，也不知道如何让半边身体因脑卒中而瘫痪的老年人完全康复，配偶和挚友去世也没有什么能够替代。在这些情况下，老年人所面对的情形可能是无法改变的，但是如何应对是可以把握的，他们可以改变自己的应对方式。尽管至今还没有治愈阿尔茨海默病的方法，但是对老年人有良好的身体护理和精神关怀，可以减少这一疾病带来的破坏作用，改善老年人和照顾者的生活质量。为身体康复做出的种种努力可能改变不了由脑卒中造成的身体损害，但是一些辅助设备，如电动轮椅等，可以帮助老年人重新获得一些对自身环境的掌控感，因而改善他们的情绪。一个孤独的丧偶女士也许能学会与这个没有自己丈夫的世界重新建立联系，将感情和关爱转移到长幼合一的日间照顾中心或儿童医院的孩子身上。尽管问题的根源不能消除，但是老年人的应对是可以改变的。对老年人和社会工作者来说，很重要的一点是要搞清楚干预的焦点究竟是什么。

（二）干预的目的——赋权

对生活的掌控感和继续制订长短期计划的能力，最能够反映出老年人的情绪健康状态。老年人需要感到尽管有健康问题或者失去了朋友和家人，但是自己仍然能够掌控生活，继续作为独立的、有能力的成人发挥作用。家人认为有责任代替孱弱的老年人做财务安排和其他决定，本意可能是好的，但是我们不建议家人获取老年人所有的决定权。扎实的老年人工作是要寻找方法为老年人赋权，强化他们能够掌控的生活领域。对生活在社区中的老年人来说，这便是要自主选择居住方式和安排自己的时间。对生活在服务机构中的老年人来说，他们对穿什么或带什么到新住所可能没太多的选择权和决定权。常有的情况是，老年人是否被赋权，不取决于要决定的事情的大小，而是取决于是否能够自己做决定。赋权观的社会工作实践汇聚了众多理论派别的观点，它们都强调无论是工作过程还是工作结果都要帮助当事人获得或重新获得对自己生活的掌控权。这种赋权观已经被广泛运用到各种各样的当事人群体上，特别受欢迎的是针对妇女、老年人开展的工作。实际获取权利或者重新获取自己权利的过程具有治疗作用。赋权观也是一种对待老年人工作的哲学态度，其用意在于避免出现社会工作者身为专家，老年人身为当事人而出现的等级差别。社会工作者和当事人之间的关系是权利互补的关系，两者都投身到行动中，以求带来改变。工作者和当事人注重的应是其拥有的优势和财富而不是不足和连带责任。

考克斯和帕森斯建立了一个开展老年人工作的赋权模式，这一模式的目的在于带来四个维度的改变。第一个维度是个人工作，它要识别个人的需要，提升个人对于权力缺失的意识，认识到权力缺失是产生问题或者让问题迟迟得不到解决的根源。第二个维度的主要落脚点是通过小组活动或教育性活动帮助老年人应对年老过程中的各种问题。小型的自助小组活动能够让老年人敏锐察觉共同的兴趣，为下面两个维度的集体行动奠定基础。第三个维度要做的工作是改变当事人身边的环境，如让当事人有途径获取本地的卫生保健服务、社会服务、收入维持服务或交通服务。第四个维度超越了当事人身边的世界，聚焦点是老年人群体的政治性问题，如年龄歧视、卫生保健或其他社会政策方面的问题。尽管对老年社会工作者来说可能不常有机会运用所有这四个赋权模式的维度开展老年人工作，但是任何层面的干预行动都可以从权力丧失的角度出发，运用这一哲学宗旨着手解决老年人的问题。重要的是，不管老年人的情绪或认知状况如何，都要想方设法最大限度地为老年人赋权，增加老年人对自身生活的掌控感。

（三）目标优先问题

为老年人赋权也意味着社会工作者尊重和推崇老年人的想法。自决便于老年人为提议的改变工作选定方向和重点，明白这一点并不难。但是，难的是把这一原则融入老年工作的行动中。工作者该如何在老年人的希望和家人的请求间取得平衡？谁的目标应该优先考虑？例如，丈夫已经去世的 88 岁的李老太太拼命想留在生活了 60 年的家中，如果她能得到家务助理服务、流动送餐服务和流动护士服务，就有可能实现这一愿望。可是她的家人害怕她可能会在家中跌倒，所以希望让她搬到支持性老年住所中。

（四）最后的决定

如果家人对工作者说，他们愿意支付老年人入住支持性住所的费用，但是不支付居家服务费用，最后的决定会有所不同吗？如果工作者也认为即使某位老太太到目前为止还没摔过跤，但是她有可能会跌倒，那么所做的决定会不同吗？做面临一些艰难抉择的老年人的工作会涉及伦理上的雷区，比如，是否继续独立生活，是否放弃掌管钱财安排的权力，做生命走到尽头时的决定等。老年人是成年人，他们依法有权决定关系到自身福祉的事情，除非有其他情况要由法庭来裁决。谁的目标优先的问题应该是干预工作的焦点，绝不可以迷失。

（五）老年人干预工作的障碍

落实老年人干预工作，特别是常规的心理健康治疗的一个最大障碍是社会上流行的一种态度。这一态度认为，老年社会工作干预的对象是一些精神残疾者，或者是一辈子功能失调的人。当前的老年人同期群可能对心理学有关人类行为和情绪的理论并不熟悉或者不感兴趣。一些老年人一直持有"苦酒由自己酿成"的观点。他们可能认为，抑郁和焦虑是性格上的缺陷而不是对发生在许多老年人生活中的一系列复杂的、艰难的生理、心理和社会生活事件的反应。对一生都把生活调理得很好的老年人来说，在观念上根本接受不了与完全陌生的人，大多数情况下还是比自己年轻的人，谈论深入的个人问题。他们不相信除了身边的家人和朋友之外的人能理解他们，也不认为自己的事跟外人有什么关系。对助人专业的人参与解决问题和做心理健康方面的工作持这一态度的人，可能非常抵触配合他们的工作。

1. 情绪困扰躯体化

老年人可能不熟悉助人专业的用语，觉得难以表述清楚自己的感受。无论感觉如何，老年人更可能把这些感受与身体健康联系在一起，而不会跟情绪上的健康挂钩。这也正是他们更可能找医务人员而不是精神健康专业人员治疗的原因。因此，帮助老年人学会意识到自己的各种情感状态或许是干预工作中非常重要的内容。老年人感受躯体化现象的部分表现是抗拒做自我反省，他们可能会把这看成自我中心主义，一种不被社会接纳的人格特点。他们可能会觉得特别关心自己的人是自私的，或者专心考虑当前的感受会带来不好的感觉。思考抑郁问题或者与他人谈论抑郁，可能会造成抑郁而不是治愈抑郁。

2. 有形障碍

落实老年人服务也有实实在在的障碍,包括缺乏专为城乡老年人设计的服务。社会工作者可能在儿童和青少年工作方面知识渊博,但在老年工作方面未受到良好的培训,理解不了老年人的独特需要。不适当的服务可能会比根本没有服务更有害。如果的确有老年人服务,那么老年人也可能会因缺少交通工具或服务大楼没有轮椅通道或步行器而得不到服务。通过语音电话和语音信箱预约服务时间对喜欢与真人谈话的老年人来说可能让人气馁。有太多服务可以选择或者根本没什么可选,都可能会使老年人放弃求助。

文化方面的障碍也会成为老年人为精神健康和社会环境问题求助的另一个障碍。他们可能会在同与自己不同生活圈的社会工作者谈话时感觉不自在,工作者并不熟悉在他们的文化中"事情是怎么来的"。有些老年人可能只会说方言,仅谈论个人问题就已经够难的了,如果既要跨越语言障碍又要传达自己的感受和想法,可能对他们来说过于艰难。即使老年人能找到讲自己的方言的精神健康专业人员,两人之间的年龄差距也会给双方带来障碍。在许多文化中,老年人的地位深受尊重,年轻人要顺从和敬重老年人。探询深层次的感受或者冲撞老年人是不可以接受的。要求老年人改变某个行为或者挑战老年人长久持有的信念,这是许多干预行动中必须做的事情,却会被视为一种冒犯。

对于大多数既没有个人资源也没有很好的私人医疗保险的老年人来说,无力支付服务费用仍是一个难以逾越的障碍。如果一位老年人仅享受老年人医疗保健中的补充保险或者只能靠医疗援助,那么精神健康工作者有权提供的服务无论是内容还是治疗次数一般都会有严格的规定。尽管工作者可能认为至少需要 10 次治疗活动才可以治疗严重的抑郁症或焦虑症,但是保险公司授权的治疗活动次数多半会少得多。老年医疗保健只支付认定的医学上有必要的精神健康治疗的部分费用,要求老年人支付剩余的部分,这就会导致老年人根本不考虑接受精神健康服务。

3. 帮助老年人了解干预目的和过程

老年人可能对建立助人关系持特别怀疑的态度。这部分源于老年人普遍的对待社会工作者的态度,或者把任何干预都等同于有精神疾病的看法。寻求帮助是有力量的象征,而不是软弱的象征。在晚年阶段,老年人可能会经历一系列自己无法掌控的变化,如身体衰老、失去家人或朋友等。为老年人鼓劲,鼓励他们竭尽全力保持情绪上的健康,积极参与解决自身的问题而不是放任自流、让自己生活在不舒服的情绪状态中，能够帮助老年人对自身的能力树立信心，去做一些事情，让自己感觉好些。这方面社会工作者可以一展身手，充当教练和辅导员。

制定工作目标的过程是双向的，在此要强调这一点。所有年纪的当事人往往都认为社会工作者知道什么最好，最有资格代替他们制定干预的目标。这有可能会带来灾难。绝对有必要花些时间找出老年人想改变什么，他们跟社会工作者在一起的时候期望解决什么问题。

反复强调任何干预目标围绕的都是他们想要什么，而不是工作者想要什么，这一点是极为重要的。正是从这一最初的讨论当中，社会工作者可以发现谁真的认为有问题，是老年人，还是家人。把老年人送给社会工作者"修理好"是不会有效的。老年人要有积极性并投身于确立他们愿意为之努力的目标，而不是他人期许的目标。

老年人可能对透露个人信息特别不安，因为担心他人会擅自动用自己的个人资料。依赖家人照顾的老年人可能对表露自己的感受和诉说自己忧虑的事犹豫不决，担心会危及与照顾者的关系。工作者要完全对老年人实话实说，让他知道谁会接触个案记录。如果你能向老年人保证绝对保密，那么就这样做。如果事实上你的工作记录要让家人或其他卫生保健人员知情，那么你绝对要如实向老年人说明。老年人在伦理上和法律上都有权知道谁会接触社会工作者的记录，干预过程中有多少内容会让他人知道。

社会工作者要认识到老年人在识别和表达自己的感受时可能非常困难。工作者可能会过于注重挖掘感受。老年人自称无法识别感受的行为可能会被错误地理解为抵触，而不是真的难以描述出自己的感受。要让老年人安心，让他了解识别和处理自己的感受不是一件容易的事情，经历得多了以后就会容易些，因为那时老年人会感到更自在。

工作者要向老年人解释助人过程都包括些什么。在一次典型的治疗活动中会有些什么内容？老年人谈论自己的生活时社会工作者会做些什么？一次治疗活动持续多长时间？谁为治疗活动付费？即使治疗活动需要调整，老年人也需要在投入受助过程之前初步了解自己可以预期得到什么。社会工作者要准备好回答有关自身资质的问题，以及他们有哪些知识储备可以从事老年人工作。老年人可能会把社会工作者等同于在公共援助办公室工作的个案工作者，搞不清楚工作者是否有能力从事老年社会工作。

大多数新入行的社会工作者太快跳入干预过程，让老年人应接不暇，感到害怕。老年人需要时间进入状态，需要时间让自己能自在地向社会工作者述说个人的情况。在触及深层的心理问题之前，社会工作者需要先花几分钟时间跟老年人联络一下感情，让老年人有时间转换到治疗活动的情境中。社会工作者要表现出对老年人的关心，把他当成完整的人，也可以传达出这样的信息，即社会工作者把老年人看成活生生的人而不是心理问题或社会问题。

在每个助人关系中非常重要的一点是传达出对当事人的尊重。对老年当事人来说，这意味着看重和运用他们的人生经验。谈论以往情况是多么不同可以帮助老年人找出过去应对问题的策略，思考如何把它们运用到解决当前的问题上，这是很重要的。明白"过去是怎么回事"可能对于处理当今的现实生活问题有重要意义。社会工作者要帮助老年人在心理上把早年的人生经验与当前的生活挑战连接起来。这样做的意义不是鼓励老年人沉浸于过去，而是从过去有价值的东西中获得对当前生活的真知灼见。在干预过程中，老年人可能会反复讲自己的故事。对社会工作者来说，重要的是，让老年人明白自己熟悉他讲的故事，并去思考老年人一再重复这一故事蕴含的意义。老年人之所以反复讲自己的故事，是因为他们已经习惯了自己讲第一遍的时候人们不用心听。社会工作者应该用积极的倾听技巧传达出这样的信息，即自己愿意倾听，有兴趣知道这些故事对老年人有什么意义。

如果存在文化差异的话就要加以说明。表示有兴趣知道老年人因自己所属的群体而有的特殊经历，是社会工作者与老年人建立融洽关系的绝好方法。汲取老年人所属群体的优势是干预工作获得成功不可或缺的要素。无视文化差异本身就是一种偏见，它贬低了老年人生活的文化和群体背景的重要性。

二、认知行为疗法

（一）概论

认知行为疗法是一种常见的干预方法，被用于各个年龄群体中，用来解决多种多样的情绪问题，包括抑郁症和焦虑症。这一疗法探讨的是想法（认知方面）与其后的感觉和行为的关系。人们对生活中发生的事件的意义会生成自动的、非预设的想法。个人对于事件意义的诠释会引发感受，这一感受又决定了人们的行为表现。

认知行为疗法假定，对事件的认知和行为反应是习得的。所以，通过重新学习，人们既能改变对事件和情形的情绪反应，也能改变随之而来的行为。其工作过程是帮助人们识别自己在情绪上和行为上对事件的反应，并代之以适应性更好的、有效的反应。认知行为疗法的最终目标是既改变个人的情绪状态，也改变个人的行为模式。这种疗法被视为心理教育取向的治疗老年人抑郁症和焦虑症的方法。老年人能做到把情形、想法和感受与行为联系起来，此外，他们还需要知道在思考问题时常犯的错误有哪些，该怎么做才能消灭烦扰自己的想法和感受。在上述情况下，认知行为疗法被用于开展个人工作，尽管有些精神健康专业人员认为这一疗法用于老年人小组工作或与药物治疗一起运用最为有效。

认知行为疗法并不适用于所有患抑郁症或焦虑症的老年人，它对口头表达能力不错，认知即使受损伤也不太大的老年人最有效。因为在运用认知行为疗法的过程中，要求老年人能够识别自己的想法并讨论他的感受。这种进行抽象思考和分析自身行为的能力是认知行为疗法的基石。此外，老年人还必须能做到自我披露，并愿意在社会工作者面前这样做。这一疗法对于高度自主的老年人、极难开口求助或接受他人帮助的老年人作用有限。换句话说，老年人必须愿意和工作者一起探求想法与感受之间的联系。不管社会工作者如何看出认知扭曲造成老年人一直抑郁或感到焦虑，最终是老年人的洞察力而不是工作者的领悟能改变老年人的感受。

记忆力有严重问题或不能长时间集中注意力的老年人可能不适宜使用认知行为疗法。运用这一疗法，老年人要先搞清楚什么情形会引发痛苦的想法和情绪，并能在以后的生活中识别出这些触发因素。这不仅要求老年人能高度集中注意力，而且要求他愿意这样做。严重焦虑的老年人可能做不到在治疗活动中集中注意力并把在治疗过程中学到的东西内化。严重抑郁的老年人或痴呆症晚期的老年人记忆力常常受损，要把在治疗中学到的资讯保留到下个星期会比较困难。这一疗法也不适用于有自杀意念的老年人。

认知行为疗法可能也不适用于酗酒的老年人。这些东西会干扰正常的认知功能。然而，一旦老年人摆脱了这些对头脑有影响的东西，认知行为疗法可能不仅会对治疗抑郁症和焦虑症有帮助，而且对于解决成瘾行为背后的一些动因也会有帮助。

（二）实施过程

认知行为疗法包括三个不同的阶段，在此我们简要描述一下这些阶段，并举例说明如何识别事件与感受之间的简单联系，然后加以扩展，使之成为一个分析方法，用来认识事件、想法、感受和行为之间错综复杂的联系。

1. 准备阶段

在帮助老年人识别想法与感受间的联系之前，花些时间与老年人建立关系是十分重要的。老年人需要清楚地知道若参加治疗可能会有什么变化。在准备阶段，社会工作者会跟老年人讨论（适宜干预的）抑郁症或焦虑症的症状，包括常见的病因，疾病如何影响老年人的功能，并向老年人保证这一疾病是可以医治的。这一阶段让社会工作者有机会向老年人解释什么是认知行为疗法，为什么识别事件、想法、感受和行为之间的联系是十分重要的。

这些活动有两个目的。其一，让老年人仔细考虑自己在治疗过程中的角色，澄清期望。他们想要让自己的生活有什么改变？他们愿意充当自身行为的批判性观察者吗？他们认为自己可以改变吗？这些问题构成治疗过程中建立工作关系的前奏。其二，让社会工作者有机会考虑认知行为疗法是不是适合老年人的正确方法，并为发展与老年人的助人关系奠定初步的基础。老年人对于治疗效果的期望是否现实？老年人是否有能力、有兴趣投身到深入的反思过程中？社会工作者和老年人能建立相互信任的、开放的关系吗？一旦社会工作者和老年人决定继续使用认知行为疗法，双方相互协作就显得很重要。在开展老年人工作的时候，可能需要工作者比开展其他当事人的干预工作常做的那样更进一步，有更多的自我披露内容。老年人可能要多知道一些工作者的个人情况才能感到安心，才能与工作者建立信任关系。

在认知行为疗法的这一阶段，工作者会向老年人介绍如何识别情形与感受之间的联系。

工作者会通过与老年人交谈了解他意识到的感觉特别抑郁或焦虑的情形，帮助老年人识别特定的情形和事件，以及接踵而来的特定的感受是如何产生的。这些情形可能会记录在表中，如表 5-4-1 所示。老年人可能要花些时间才会对把事件与感受联系到一起感到自在。工作者扮演者重要角色，要帮老年人澄清特定情形以及紧随其后的感受。在两次治疗活动之间，工作者会给老年人布置家庭作业，要求他用表格记录生活中的情形与自己的感受。这会让老年人有机会在治疗活动之外考虑两者的联系。

表 5-4-1　认知行为疗法在共同识别阶段使用的两栏记录表示例

情形和事件	情绪 / 感受状态
一位老太太过生日的时候 有个孩子没什么表示	悲伤、孤独、觉得别人不爱自己
一位老爷子手术后需要使用步行器	愚笨、有缺陷、没用、依赖他人、尴尬
一位老太太周日不再能为家人做饭	没用、不能尽家庭责任， 不再是家中有贡献的人

一旦老年人能自己独立识别情形与感受之间的联系，就可以进入下一步，让老年人识别在对某个情形产生情绪反应之前他想到了什么，事件对他有什么意义。具体示例如表5-4-2所示。

表 5-4-2　认知行为疗法导入对事件的想法后使用的三栏记录表示例

情形和事件	由情绪或事件产生的想法	情绪/感受状态
一位老太太过生日的时候有个孩子没什么表示	"我不重要所以他没记住我的生日。他一定不在意我。"	悲伤、孤独、觉得别人不爱自己
一位老爷子手术后需要使用步行器	"没东西帮忙我甚至走不了路。我不能让朋友看到我这样。我成了什么人了？"	愚笨、有缺陷、没用、依赖他人、尴尬
一位老太太周日不再能为大家做饭	"照顾这个家，让家人聚在一起是我分内的事。现在我做不到了。"	没用、不能尽家庭责任，不再是家中有贡献的人

通过这一活动，老年人能逐渐意识到情形或事件、认知反应或想法与随后的感受三者之间的联系。工作者会用记录表充当教育工具，帮助老年人识别是什么引发了烦扰自己的感受。

约斯特和其他研究者提出，在认知行为疗法的这一阶段，应该把行为元素导入助人过程中。抑郁或焦虑的老年人仅仅是识别出什么让自己烦扰是不够的。意识到有非建设性想法本身并不能减缓老年人的抑郁或焦虑。他们必须开始积极地看待问题，以便带来更多正面的感受，并以此为手段重新掌握自己的生活。例如，老年人抑郁的时候，他们常常会失去对以往觉得有乐趣活动的兴趣，如失去对种花养草、社交活动或读书看报等的兴趣。老年人如果不再做这些有乐趣的事，就会加重抑郁症。老年人的抑郁症越严重，他对从事以往喜爱的活动的兴趣就越小，从而造成恶性循环。在认知行为疗法的这一阶段常常会导入行为元素，帮助老年人找出以往觉得有乐趣的活动，并花些时间重新恢复这些活动。社会工作者可能会要求老年人建一个每日活动表，与老年人共同找出一个时间段，在这个时间段老年人会调动自己的力量从事这些活动。也有些时候，将此类活动分解，每天循序渐进完成一些，可能更有助于帮助老年人恢复自己喜爱的活动。如果老年人曾经喜爱阅读，那么可能需要先从确定阅读哪本书开始。拿到这本书则是第二步，阅读一章则是第三步。这样的步骤持续下去，直到老年人又能够阅读。这一过程的目的是，为老年人赋权，使他能够重新掌控自己的生活，它是治疗抑郁的组成部分。对患焦虑症的老年人来说，这一行为元素可能包括系统脱敏法、思想制动法或身体放松术，在老年人感到焦虑的时候加以运用。社会工作者要向老年人提供一些具体的工具，让他在感到抑郁或焦虑的时候运用。

2. 改变阶段

当老年人认识到事件、想法和感受之间的联系时，他们就能着手识别和矫正自己在认知上的扭曲。他们会问：我思考问题的方式有什么不对？我的反应理性吗？或者我是否把事情想得过于复杂？认知扭曲的例子有泛化、糟糕透顶化、无端推测人的心思、妄加自责、对他人有不现实的要求、对自我有不现实的期许、夸大自我的重要性等。很容易看出老年人如何因思维上的错误而有非常痛苦的情绪反应。如果一位老年人认为没接到孩子的电话就是孩子不再爱自己，那么老年人会感到抑郁毫不奇怪。如果一位老年人认为每个错打进来的电话都是骚扰电话，那么连续几个错打的电话让老年人感到某种程度的焦虑也没什么好奇怪的。认知行为疗法的目的是帮助老年人认识到这些认知上的扭曲，审视自己的思考过程。

这样，老年人不仅能在酿成情绪上的大灾难前捕捉到扭曲的想法，而且还能运用行为矫正获得对情形的控制。比如，如果一个孩子没像老年人期望的那样在周日打电话过来，那么老年人可以打给这个孩子。在治疗过程中，许多方面应该让老年人有决定权，即"做些什么才能让我自己感觉好些"。采取积极的步骤为老年人赋权，让他能重新获得对环境的掌控。重新获得控制有助于老年人从感觉对事情无能为力过渡到"前摄"，即预先采取相应措施。

这一干预阶段采用的行为技术包括刺激控制和行为预演。刺激控制是指重新安排、消灭或尽量减少带来困扰的刺激。例如，如果一位新近丧偶的老年人感觉周日下午特别难熬，常常会让他联想起与老伴在一起做的特别的事情，那么重新界定这一天要做的事情可能会对老年人有帮助。老年人可以专注于外出拜访朋友，而不是待在家中想着以往周日都是怎么过的，让自己越来越抑郁。定期去看电影或与家人、朋友共进晚餐可能会让周日的意义有新的定位。它们不再是带来抑郁的刺激因素，而是带来更有乐趣活动的时光。行为预演是指学习和演练新的行为模式，以应对有问题的情形或一再出现的情形。社会工作者在提议用新方法处理老问题情境方面可以非常有益。老年人可能有延续了一生的行为形态，只是不知道该如何改变。

3.巩固和结束阶段

认知行为疗法的最后阶段是巩固和结束阶段。这一阶段是整个干预过程的一部分，它的意义不仅仅是荣耀地结束助人关系。在治疗的最后阶段，社会工作者的工作是巩固在治疗过程中发生的改变。这一阶段的工作还包括跟老年人一起回顾他取得了多大的进步，讨论在识别情绪和想法方面老年人有了哪些优势，强化老年人靠自己也能处理未来挑战的信念。老年人在结束干预的时候应该充满信心，相信自己学到了继续对抗抑郁症或焦虑症的技能。勾勒出具体的策略供老年人将来重新遇到情绪困扰问题时使用，也可能会有帮助。这可能会帮助老年人消除一些自己应付问题的恐惧。

这一阶段的最后一项任务是社会工作者与老年人告别，可能是逐渐减少约见的频率或者由面对面的个人接触方式变成电话交谈方式。谈论助人关系对社会工作者和老年人有什么意义，对于平稳过渡到助人关系结束或者至少是重新界定这一关系有好处。社会工作者和老年人都需要清楚将来如果有任何接触的话基本原则是什么。

认知行为疗法让老年人有机会查看自己的想法是什么，这些想法又如何影响其后的感受和行为。在实施认知行为疗法的过程中，老年人通过亲身参与建立起了自我意识，它会被运用到治疗关系之外的生活中，这样即使将来有什么情形让老年人有受困扰的想法，他们已经学会如何识别这些想法和感受的来源，并能实施自我矫正。

二、验证疗法

验证疗法认知行为取向的干预可能适宜于心智功能完好的老年人，但是对于认知功能有损伤的老年人，如包括阿尔茨海默病在内的痴呆症老年人，就没有什么成效。20世纪60年代，有一位老年社会工作者内奥米·费尔研究出了一个与痴呆症老年人沟通的方法，即所谓的验证疗法。这一方法建立在这样一个假设上，即痴呆症患者的所有行为都受需要的驱动。也就是说，即使老年人所说的东西对任何人来说都没什么意义，但是老年人每次说的东西都是在试图与照顾者和其他人沟通。验证疗法不会试图引导痴呆症老年人，让他们有时间感和方位感，而是尊重头脑混乱的老年人眼中的现实世界，运用老年人的现实世界观而不是照顾者的现实世界观去理解老年人，明白他试图传达的信息。

（一）验证疗法的原则

运用验证疗法的照顾者和专业人员从不会与患痴呆症的老年人争论现实到底是什么样或者力图引导老年人有时间感和方位感，除非老年人清楚地表明他们想要辨别时间和方位。这一治疗取向认为，退回到人生的另一个时间段可能是试图重建安全感和保障感。患痴呆症的老年人可能会在不能确知自己现在身在何处很长时间后，仍具有对久远事情的记忆。他们记住的是自己对环境有掌控感的时候。所以，当患痴呆症后要应付的东西令其难以承受时，老年人可能会退回到那个"安全"的时候。例如，一位丧偶的痴呆症老年人的丈夫已经去世多年，但她还是会不断地问："我丈夫在哪儿？"那么，验证疗法会断言这反映的是这位老年人的需要。这一疗法不会去矫正老年人，提醒她已经丧偶，她丈夫已经离世许多年了，而是会说"你一定很想你丈夫"或者"我知道现在孤单一人一定很害怕"。验证疗法不会把这位老年人所说的话当成她糊涂了，而是解释为她表达了丈夫没在身边的孤独感或悲伤感。

验证疗法不会去强化或消除带来麻烦或苦恼的行为，而是接受这些行为，把它看成老年人一方想要就自己的某种需要、想法或感受进行沟通。比如，老年护理机构里一位患痴呆症的老年人总是在洗澡的时候情绪激动不安，他可能要表达的是个人对由比较陌生的人给自己洗澡或在院舍服务机构里常常失去隐私的强烈反应。由于痴呆症的退行性给老年人造成认知上的损伤，使他不能直截了当地表达自己的感受，他便通过不合作或敌对的行为来表达自己的感受。验证疗法不会去尽力约束情绪激动不安的老年人，或者试图向他讲明道理，而是会认可老年人，表示这件事一定让人尴尬，向他保证已经采取了一切措施保护他的隐私。接纳患痴呆症老年人的感受，尊重他们为与人沟通而做出的努力，给照顾患痴呆症的老年人的社会工作者提供了新思路。验证疗法不是简单接受老年人有难以应付的行为在所难免的观点，而是退后一步，试图了解这些行为蕴含的意义。

验证疗法的主要着眼点是保持与患痴呆症老年人的沟通，而不是积极对抗伴随阿尔茨海默病和其他痴呆症而来的认知能力的下降。家人和其他照顾者如果一直试图纠正患痴呆症的老年人固有的头脑混乱，很快就会变得愤怒、充满怨恨、精疲力竭。对一些家人来说要与患痴呆症的老年人沟通太困难，没过多久，他们甚至不愿意尝试做有意义的互动。面对现实，尽义务探望老年人，接受老年人不知道谁来看他，或者不能与来看望他的人做有意义交流活动的现实，要容易一些。验证疗法建议照顾者和家人接受患痴呆症老年人的世界。如果一位老年人迷失在另一个时空的现实中，那么回应他所处的现实世界，而不是驳斥他。例如，一位老年妇女挂念有没有人照看她的小孩（现在都已经是成人），那么向她保证那个时段有她熟悉和信任的人在照看她的孩子，更有可能安抚她激动不安的情绪，而试图让她明白孩子已经长大成人，不需要人照看则不大会奏效。她担心孩子是千真万确的，需要别人明白这一点而不是置之不理。验证疗法的目的是理解她行为的含义而不是让她弄明白现实是什么。

（二）验证疗法的利弊

尽管验证疗法的科学效果在对照研究中没有得到一致证实，但是小型的定性研究和轶事证据支持这一方法是有效的。费尔观察到，运用验证疗法而不是重新定向法治疗后，老年人的语言表达有所改善，不那么退缩，哭泣减少，到处乱走的行为减少，步态、与他人的互动和眼神接触有所改善。他还发现，由于老年人的攻击性或暴力性行为减少，所以不再那么需要对老年人实施身体或化学药物控制。其他观察者发现，老年人和家人在探访时间能够更好地沟通，老年人和照顾者双方都不再有挫折感。

其他对照研究发现，运用验证疗法与痴呆症老年人的行为改善之间在统计上没有显著的相关性。不管对验证疗法的成效是支持的还是批驳的，过去的相关研究使用的都是非常小的、非随机抽样样本，没有相应的对照组，没有建立具有可信度的干预前行为的基线。这些限制使人们既不能断言验证疗法的价值需要打折扣，也不能肯定这是传统的现实导向法之外的一个有效方法。尽管如此，验证疗法在传统方法之外另辟蹊径，值得进一步研究。

三、缅怀往事疗法与人生回顾疗法

（一）缅怀往事疗法

缅怀往事，即回忆以前的生活事件，即使不用做严格意义上的治疗，对老年人也能起到特定的作用。

人生回顾是老年人生活中的普遍现象。研究者认为，由于意识到接近死亡，老年人比年轻人更容易回顾人生。重拾过往人生中的事件会让人高度意识到尚未解决的冲突。当老年人认识到这些未解决的冲突并面对它们时，他们可能会消除内疚感，解决令自己内心挣扎的问题，与家人取得和解。通过有指导的人生回顾解决这些冲突让老年人有机会弥补以往生活中的缺失，处理未了的事宜，实现自我整合而不是自我绝望。人生回顾的目的是既要识别那些感觉不好的往事，也要识别那些感觉好的往事。当追问过往的问题时，社会工作者会运用专业辅导技巧帮助老年重新理解这些问题，使他们接受现实或者采取行动加以解决。人生回顾疗法认为，负面的情绪和事件会在工作过程中被揭示出来。

缅怀往事疗法是通过回想过去的经历帮助老年人追溯正面的事件和感受。尽管在这一过程中，一些一生当中尚未解决的冲突或未尽事宜一定会浮出水面，但是它的着眼点不是要帮助老年人解决这些东西。缅怀往事疗法专门用来指导老年人强化他们是值得尊重的、有价值的人的信念。它的目的是改善老年人的情绪状态，而不是帮老年人获得洞察力。帮老年人获得洞察力是人生回顾疗法的目的。

1. 缅怀往事的目的

与老年人一起缅怀往事，目的之一是让他们回忆起愉快、幸福的往事，帮他们改善当前的情绪状态。缅怀往事不只是回想"过去的好时光"，而是协助老年人重新营造更能适应现有生活的情绪状态。谈论儿时家里度假或过节时的情形，也许能让老年人激活与往事连在一起的正面情绪。这种情绪状态能迁移到现在，帮助他们缓解抑郁情绪或平和焦虑情绪。这种类型的缅怀往事被称为叙事型缅怀往事，即重新讲述能唤起幸福感受的事件。

缅怀往事的另一个目的是，通过查看老年人过去如何成功地应对人生难题来改善老年人的自尊和应对技巧。巴雷特将这一工作过程描述为回忆"战胜人生挑战的辉煌"。在面对如学习理财、慢性疾病或痛苦的隔离等困扰人的生活事件时，按普恩特的说法，老年人倾向于只关注眼下的处境。这一取向可能会妨碍老年人调动一生积累的应对问题和自我调整的技巧，而这些本可以成功地运用到当前的生活情境中。例如，一位 85 岁的老年妇女对丈夫去世后要由自己理财感到焦虑和恐惧，缅怀往事疗法可以用来帮助她处理这件事。通过有引导的缅怀往事，这位老年妇女回想起第二次世界大战期间丈夫在军中服役时，她既要管赚钱又要管花钱。她设法付清了购房款，在丈夫服完役回来时，还小有积蓄。她得出结论：自己不需要赚更多的钱，只要知道该如何理财就行。如果她以前能成功做到这一点，那么现在同样也可以。回溯往事让她认识到自己有管理钱财的能力，她需要的只是重拾掌管钱财的信心。帮助老年人重现过去某个具体的情境，得出一些与现有情境相关的应对技巧，能让老年人有能力重新控制眼下看似应付不了的情况。有学者把这一方法称为工具性缅怀往事，即汲取过去的经验，解决当前的问题。工具性缅怀往事也可以有专门的主题，如回想老年人在新环境中如何结交朋友或者如何处理重大问题。这一方法的目的是，重新激发老年人的主动精神，恢复他们的自信。

缓怀往事的第三个目的是改善社交技巧。当老年人变得与人疏离或隔离时，便容易丧失社交技巧。除了谈论病痛之外，他们可能已经忘了如何谈论别的事情。缓怀往事无论是用于个人工作（至少是与一个人谈话）中还是运用于小组工作中，无论是回想社会生活事件、约会、求婚还是抚养孩子，都有助于老年人学会用较为正面的、双向的方式与他人交往。

2. 缅怀往事疗法的成效

相关研究发现，治疗性质的缓怀往事对老年人的抑郁症治疗、自尊和社会化有正面影响。但是目前还不清楚缓怀往事具有治疗作用是因为这些记忆的力量改变了行为或激活了感受，还是由于在把它用于个人或小组工作时社会化因素起了作用。不过缓怀往事对于认知有严重问题，如患痴呆症或其他导致破坏性行为的严重精神疾病的老年人来说，效果不是很好。由于身心疾病而不能持续集中哪怕是很短一段时间注意力的老年人，也不是运用缓怀往事疗法的上好人选。有轻度痴呆症的老年人运用缓怀往事疗法可能会有让人意想不到的好处，因为这一疗法靠的是长期记忆而不是短期记忆，而许多这类老年人的长期记忆并未受到疾病的影响。

3. 治疗性缅怀往事的工作过程

缅怀往事疗法既可以采用小组方式也可以采用个别方式。

采用小组方式的主要优势是能让更多的老年人受益。在做适当的调整后，缅怀往事疗法也很容易用在不同的老年人住所中，如支持性老年人居住中心、老年公寓、成人日间护理中心和老年护理机构等。如果缓怀往事的目的是改善社会交往，那么小组方式有明显的优势，可以促进个人与住在附近的其他老年人的个人交往。在缅怀往事小组中的社会交往可能会带到小组外，同时改善更多老年人的社会交往，这是采用个别方式难以企及的。小组的方式也可能更适合那些对一对一工作方式不适应、喜欢被动参与的老年人，小组为此提供了方便条件。

采用个别方式也有其优势。对于感觉系统有损伤的老年人，如听力有问题或沟通有困难的老年人，或者困在家中的老年人，这一方式可能更好一些。社会工作者可以把全部精力都投到这些老年人身上，采用小组方式就不可能做到这一点。如果工作者拿不准缅怀往事是否会触动老年人痛苦的或难过的记忆，这一点就特别重要。

下面的案例描述了如何运用缅怀往事疗法做个人工作，特别是如何将这一疗法运用到一个反复向社会工作者述说同一故事的患抑郁症的老年妇女身上。

悉心引导下的治疗性缅怀往事能够帮助识别老年人不断重复一个故事是想要告诉社会工作者（或其他人）什么，并引导老年人追溯能激起正向快乐感受的类似记忆。

布莱克太太是一位80岁的寡妇。3年前，她卖了自己的房子，住进了支持性住所中。尽管她有严重的关节炎，行动不便，但是她的身体还是挺不错的，认知功能上没什么问题。她富有生气、口齿伶俐，有出色的社会交往技巧，却受程度不是太严重的抑郁症的折磨。布莱克太太对住在这样的住所中调适得挺好，因为她的许多老朋友都住在这儿。她和朋友每周打两次牌，她还逐渐参加了住所里的其他活动。社会工作者蒂娜每周都见布莱克太太，处理她复发的抑郁症，她的这个病服药没什么效果。每周面谈的时候，布莱克太太都会向社会工作者讲同一个故事，描述她和丈夫带着两个儿子的一次旅游情况，现在这两个孩子住在数千里之外。她回忆起她们去了迪斯尼乐园和大峡谷时明显很高兴，以及那时两个孩子多么可爱。尽管蒂娜已经听了这个故事十多遍，不想再听，但是她决定用这个故事作为缅怀往事疗法的起点。很明显，有些东西把布莱克太太拽回到那次旅游时的经历，让布莱克太太能摆脱抑郁的情绪，哪怕只是短暂的。蒂娜没有先礼貌地听布莱克太太的故事，然后再转移话题，而是鼓励她说得更详细些。

"布莱克太太，您怎么会决定带两个小孩子去离家那么远的地方旅游？带着两个刚刚会走路的孩子旅行2000英里（约3200千米）真是太有勇气了！""我丈夫认为男孩子应该早早学会做出色的旅行家。唐担心孩子们长大一点就不愿跟我们一起旅行了，孩子会想跟朋友共度更多的时光。事实上是他自己想去看迪斯尼乐园和大峡谷。他们家从未旅游过。对了，我们小的时候还没迪斯尼乐园呢！他找到一本旅行手册和一张地图，回到家后只是告诉我们要外出。想好该带些什么，孩子们需要穿什么，在去加利福尼亚的途中我们还可能有什么要留意的地方，那是我的事。唐就是这样，他只是做决定，而我们一起来完成！我想人在年轻的时候容易这样冲动。""这是你们唯一一次重大旅游吗？""不是。从那个夏天开始，我们每年都带孩子去旅游，从东海岸到西海岸以及两个海岸之间的各处地方。唐的生意更好以后，我和他开始旅游。筹划旅游和实际出行一样让人兴奋不已！"（此处是蒂娜一直在寻找的一个突破口，它是一个机会，可以引导布莱克太太从重复讲述迪斯尼乐园的故事，转向讲给她带来非常多快乐的其他旅游活动。事实很快表明并不是跟两个小儿子的旅游那么重要，而是布莱克太太非常想回忆全部旅游生活和那些快乐的时光。要从当事人所在的世界出发）"我在你的抽屉里看到你和丈夫在一个像是夏威夷的地方照的照片。那次旅游一定很特别。虽然我没去过那里，但是那里一定很美丽！"布莱克太太噙着泪说："那是我去过的最浪漫的地方。我们待在一个美丽的旅游胜地，每天去潜水，夕阳西下的时候天天在阳台上喝鸡尾酒。花是那样美，所有的一切都像是一个梦。我已经很多年没想过那段时光了。我想我是害怕想起那段往事会让我更思念唐。我有许多照片，但是都收藏了起来。"蒂娜帮布莱克太太把照片拿出来，这次的面谈时间都用在帮她重新激活对那次旅游的回忆上。布莱克太太回忆起半夜的时候她和丈夫一起在宾馆的游泳池里裸泳，结果让经理撞见了，每个人都很尴尬，说这些的时候她开怀大笑。无疑，蒂娜开启了一段非常快乐的记忆。尽管布莱克太太时时说起她多么怀念她的丈夫，但是最终她还是怀着喜悦之情看待这一往事，即使布莱克先生离开了，这也会是她永远拥有的东西。

蒂娜继续运用布莱克太太的旅游经历为她营造快乐的回忆，给她一些在情绪低落的时候很容易回想的东西。然而，布莱克太太自己做不到这一点，直到能在结构性的治疗中缅怀往事，按照指导把关注点放到愉快的记忆上，而不是用来缅怀丈夫。一旦社会工作者能找出布莱克太太重复讲述迪斯尼乐园的故事隐含的需要，即布莱克太太是想要谈论自己快乐的时光和旅游经历，就能让布莱克太太不必再讲同一个故事。

还应该注意的是，蒂娜本来可以从布莱克太太讲述她们最初的旅行开始，将讲述的重点转移到与两个儿子有关的快乐记忆上。然而，从接下来的谈话看，明显地，布莱克太太自己把谈话的焦点转到了跟丈夫一起的旅游上，因此没必要把谈话集中到孩子身上。在治疗性缅怀往事中很重要的一点是，社会工作者能够在必要的时候转移谈话焦点。朝着当事人想要的方向走。一旦老年人感到自在，社会工作者就比较容易进入更为个人化的话题。比如，如果干预的目的是回顾人生中取得的成就，那么在一节活动中老年人缅怀的重点可以是与工作或家庭有关的事件，而在另一节活动中的重点是跟他人的关系，再下一节是为他人做的事。

（二）人生回顾疗法

本斯顿和艾伦基于他们对人生历程的认识，用不同的说法来喻示人生回顾的含义。他们强调了解个人的同期群和家庭成员的情况的重要性，并把这些视为预测个人社会角色变化的指针。他们把人生历程描绘为一系列时钟。生物时钟是指人从婴儿到老年身体上的成熟过程。身体方面特定的变化标志着时间的流逝，如个人经历青春期、生殖期和身体衰老期。同期群时钟是指在特定的社会历史背景下塑造个人身份的社会力量。年龄同期群具有共同的生活背景，使这些人有特定的生活轨迹。家庭时钟是指个人与原生家庭和自组的生育家庭的关系。到特定的年龄意味着要建立自己的家庭，然后随着自己的孩子长大成家，最终卸除养育孩子的家庭责任。最后一个时钟是年龄时钟。它界定的是人在特定年龄应该做的事情。一个 25 岁的人要做的可能是开始自己的职业生涯，而一个 65 岁的人则更可能是慢慢退出工作岗位，去过退休生活。

1. 人生回顾的目的

与缅怀往事不同，人生回顾既注重老年人一生中的正面事件，也注重负面事件。它的用意是要重新营造老年人对人生阶段和一生经历的感受。通过直接负面的情绪和事件，人生回顾可能会识别出老年人在早年的人生阶段中未能解决的问题。在有指导的人生回顾中，社会工作者能够帮助老年人识别出此类问题，确定他们可以对哪些问题有所作为，而对哪些问题无能为力。有时老年人与家人的裂痕可以得到弥合，这些裂痕是由早年老年人伤害了家人，或者家人伤害了老年人造成的。有时一些未了的事宜可以在老年人有生之年做了了断。当发现事情与已经去世的父母有关时，社会工作者可能就有责任帮助老年人重新看待过去受的伤害，学会对自己的伤痛释怀。

人生回顾也可以用来帮助老年人历数一生中取得的成就，找出可以用来应对当前面临的人生挑战的技巧。这一目标与缅怀往事疗法的目标类似。尽管老年人可能认为老年所面对的挑战特别痛苦，但是他们在一生当中曾经成功地或不成功地应对过一些非常严峻的危机。着重看过去生活中有效（和无效）的方法，不仅会有助于改进老年人解决问题的技能，而且还有助于重建老年人的自信和自尊。

人生回顾也可以用来帮助老年人面对慢性病或伤残等危机。协助老年人从一生的角度来看待当前的健康问题，会鼓励他们看到健康不好只是一生当中非常小的一段时光。正如普恩茨所强调的，人们容易只看到当前的问题，并把它演绎成个人过去和现在的全部生活。老年人要学会接纳疾病，而不是陷入自怜自伤中，认识到相对于自己漫长的一生来说，这只是小小的一部分。

人生回顾疗法可能对于竭力寻找人生意义和目的的老年人来说最有帮助。感到孤独和与人隔离的老年人，可能难以看到自己的生命有什么价值。自己活着还是死去有什么关系吗？许多老年人从抚养孩子或者有意义的工作中找出自己生命的积极作用并不难。但老年人也有可能得出悲哀的结论，认为自己活得没有价值。人生回顾中引出的负面问题有可能导致出现老年期精神疾病，特别是抑郁症。巴特勒及其同事警告助人专业的工作者提防这一可能性，让他们在鼓励当事人做人生回顾前仔细掂量出现这一问题的概率。对一些老年人来说，人生回顾疗法可能不是最佳干预方法。

2. 人生回顾的工作过程

因为人生回顾常常涉及非常个人性的、有时是痛苦的回忆，所以对一些老人来说运用个别方式进行这一工作可能更有益处。小组方式难以保证每个老年人都有充分的机会实现个人目标并有平等的机会参与小组发言。当揭开痛苦的记忆或事件时，社会工作者可能需要把全部注意力都集中到帮助特定老年人处理和化解这些强烈的情绪反应上，难以兼顾小组中的每个人。

（1）建立干预前的基线数据

人生回顾的一个核心要素是它兼具评估性和治疗性。在按时间顺序做人生回顾前，社会工作者应该为老年人的情绪健康状况建立一个基线。这一工作可以用老年抑郁量表完成，或者是用生活满足感指数来测量，具体选择取决于干预的总体目标。人生回顾的落脚点不仅是帮助老年人更好地了解自己的一生，而且还要使他们从中领悟一些东西，并用于指导现在和将来的所作所为。人生回顾不是要让老年人抓着陈年往事不放，而是要帮助他们从中获得领悟，以远离过去的冲突，让现在的生活更有建设性、更有满足感。为干预工作建立前测和后测数据，有助于评估社会工作者和老年人在实现干预的基本目标方面做得好与不好。

（2）人生回顾的结构安排

有指导的人生回顾一般分为 6～12 节，具体取决于老年人参与人生回顾的目的、老年人的健康状况和社会工作者与老年人的个人偏好。每个大的人生发展阶段会用近两节的时间。伯恩赛德和海特提供了一个结构性的格式化工具，名为"人生回顾与经历表"，这一工具涵盖了人生历程中的诸多领域，包括死亡事件、悲伤经历、恐惧事物、宗教信仰、学校生活、艰难困苦、性生活、工作和各种关系等。很明显，在不同的人生发展阶段，某些话题会受到较多的关注。没有必要在回顾每个人生阶段的时候都想所有问题。这些问题的效度在以往的研究中得到了证实。在运用一段时间的人生回顾技术后，社会工作者或许可以有自己的实施方式，根据实际工作中的有效性来增加或删减这一工具的内容。

（3）社会工作者的角色

在治疗性人生回顾的过程中，社会工作者常常担当编辑的角色。社会工作者要去探寻额外的内容，这是大部分引导过程中经常要做的一件事。要做一个全面的回顾，必须帮老年人放慢节奏，集中精力回想一些重要的事件。尽管老年人要记起比较近的事可能有困难，但是对于很久以前的事情他们常常记得非常清楚。社会工作者的一个重要任务是促成老年人回忆起早年生活中的事件，并把它们详细列举出来。

社会工作者可以帮助老年人重新梳理往事。例如，一位老年人非常敌视和怨恨自己的父母，那么社会工作者或许能协助老年人从不同的角度来看待自己的父母。或许老年人觉得自己成长的过程中父亲没在身边只是为了工作。这件事可以被重新理解为"他做了自认为为照顾家人最应该做的事"，这可能会帮助老年人不再对此耿耿于怀，进而接受父亲不在身边即使在行为上不可取，但在动机上还是好的这种想法。这一技术尤其可以帮助老年人理解苦苦应对酗酒等问题，让家人也为此付出代价的家庭成员。这一技术的目的是帮助老年人接纳人生中的这些事，让负面的情绪能够离开自己，或者至少在事情无法改变时找到处置的方法。

在处理与虐待有关的问题时要做到人生回顾尤为困难。相关的问题有可能在人生回顾中浮出水面。不管作恶的人造成的伤害是多还是少，虐待不可能有什么说得过去的理由或者从另外的角度来看就可以接受，这也不应该是人生回顾的目的。例如，一位 85 岁的在童年时期受过虐待的老年妇女，担心没人来照看严重残疾的女儿。尽管社会工作者给她女儿安排了专业人员服务，提供高质量的饮食照顾，但她还是认为女儿不安全。后来，在她的人生回顾过程中显露出：她在还是小孩子的时候受到过一位近亲的虐待，当时她母亲住院了，这是差不多80 年前的事。社会工作者使用如喜爱的玩具和家庭照片等物品做成道具让她回忆起那件事，并把它与现在不愿意把女儿留给任何人照顾联系了起来。在处理了这些痛苦的记忆后，她最终同意暂时安置自己的女儿，但要按她提出的条件办，即她每天要打几次电话同女儿交谈。从人生回顾中得到的领悟让她能够理解自己现在的行为，并让她有能力设定边界，让自己相信在女儿身上不会发生同样的事情。

四、抑郁症和焦虑症的医学干预治疗

（一）药物治疗

尽管许多老年社会工作者认为老年人应该接受药物治疗而不是其他治疗，但是药物治疗常常只是传统精神健康治疗的重要辅助手段。社会工作者要与开药的健康护理人员密切配合开展工作，检查药物在与谈话治疗一起使用时的疗效，查看是否有副作用。

最常见的给老年人的抗抑郁药物是三环类抗抑郁药和杂环类抗抑郁药。尽管它们能非常有效地缓解老年人的抑郁症，但是其副作用可能会妨碍老年人按剂量服药。小的副作用有嗜睡、口干和便秘。有些老年人有更为严重的症状，如记忆力出现问题、头脑混乱、视线模糊、呼吸困难等。选择性 5- 羟色胺再摄取抑制剂是新型的抗抑郁类药物，包括舍曲林和帕罗西汀等。这些药物在治疗抑郁症方面，特别是治疗伴有焦虑症但身体没有严重不适感觉的抑郁症方面效果明显。然而，对于收入有限的老年人来说，这些药物还是太昂贵了。一旦老年人开始服用抗抑郁药，社会工作者就必须仔细监察，防范药物中毒。

有些医生和心理学家建议老年人先服用药物治疗焦虑，然后再寻求谈话治疗。缓解焦虑带来的身体症状，如极其恐惧、心动过速和冒冷汗等，会有助于老年人重新做到集中注意力，这是老年人投入谈话治疗所必需的。使用药物治疗老年人的焦虑症的要诀是"低起点、慢进展"。正常老化过程带来的新陈代谢方面的变化常常使老年人对抗抑郁药物的作用特别敏感。衰老的身体吸收分解药物的能力可能有所损伤，这会导致药物毒素在血管中迅速形成。苯二氮䓬类药品是最常开给老年人的治疗焦虑的药物。选择性 5- 羟色胺再摄取抑制剂及其他抗抑郁药物、治疗精神分裂症或其他精神病的精神松弛药甚至抗组胺药都可以明显缓解老年人的焦虑症状。像抗抑郁药一样，对这些药物也必须仔细监测，在治疗过程中根据需要加以调整。

采用药物治疗老年人焦虑症和抑郁症的最大障碍是药物产生的副作用，以及这些药物要发挥疗效缓解症状所需的时间。可能要经过几周的时间药物在血液中的浓度才能达到治疗水平，这常常会让老年人及其家人觉得药物没有疗效并中断服药。老年人也可能忘了是否服过药，因而再服药的时候或者将药量加倍。严格按照剂量按时服药是药物发挥疗效的必备条件。药物治疗的另一个障碍是费用昂贵。老年人每月所有的药物加在一起费用可能相当可观，迫使老年人必须在吃饭还是吃药间抉择。

（二）电休克疗法

电休克疗法用于对其他疗法都无效的患严重抑郁症的老年人非常有效。巴特勒及其同事建议，在患抑郁症的老年人抗拒药物治疗和心理治疗，或者有危及生命的自杀行为时，应采用电休克疗法。当情况表明老年人的心脏或神经有特别严重的问题，不宜服用抗抑郁药物时，也可采用这一疗法。加拉格尔 - 汤普森和库恩还建议，当老年人的抑郁症伴有幻觉或错觉等急性精神疾病特点时，也可采用电休克疗法。尽管精神病学界把这一疗法视为最后的治疗手段，但是对于严重的抑郁症不应该放弃考虑这一疗法。

尽管电休克疗法有一个不人道的"休克疗法"，但实际上这一治疗是非常安全的。正常疗程有 6～10 次，在医院里进行。治疗时，老年人会服用镇静剂并接受麻醉剂注射以防身体不受控制地乱动。这一疗法之所以有疗效，是因为电流重新设置了肌体里的感官腺，这些感官腺接收导致情绪变化的、影响神经系统的化学物质。这是用电子方法取得运用抗抑郁药物的化学方法想要起到的作用。老年人的情绪有可能在短短一周内就有所改善。

这一疗法并非没有副作用，最常见的影响是短期记忆出现问题，以及集中注意力困难。然而这些副作用会在治疗后的六个月内消失。电休克疗法的副作用可能不如严重抑郁症给老年人的记忆力和注意力带来的损伤那么严重。社会工作者不能决定采用电休克疗法，但精神病医生或主治医生可以指定这一疗法。重要的是，老年人可以选择这一疗法治疗严重的抑郁症。

第五节　老年人认知与情绪问题的另类干预手法

前面我们介绍了老年社会工作传统上对抑郁症和焦虑症所采用的干预方法。这些方法之所以被视为"传统"，是因为它们是最常使用的方法，表现为社会工作者把工作的重点放在谈话治疗上。社会工作者和老年人可以从这些方法中挑选，确定哪一种干预最适合特定老年人的智力和认知能力。然而，还有许许多多另类的治疗方法，它们将音乐、美术、戏剧和动物加入治疗过程中。之所以将这些模式称为"另类"，是因为它们在传统的社会工作干预方法之外另辟蹊径。尽管它们在医院、老年护理机构、住院治疗中心、成人日间护理中心和康复中心等中被广泛运用，但是这些手法直到近些年才被社会工作者认真考虑，作为社会工作干预的辅助手段。

从事音乐治疗、艺术治疗和戏剧治疗的人都要接受专门的培训和教育。这些领域的治疗师一般都要先获得研究生学位并在本领域积累丰富的经验，才可以拿到从业执照。所以，如果没有督导和培训，社会工作者不应该用这些形式开展治疗工作。尽管如此，所有这些创造性的治疗形式和动物辅助治疗都可以被吸纳，作为整个干预方案的组成部分提供给有社会生活问题和情绪问题的老年人。音乐、艺术、戏剧和动物对改善老年人的生活质量发挥重要作用。音乐可以抚慰困顿的灵魂，艺术可以把美带到每天都要面对身心问题挑战的老年人的生活里，戏剧给老年人提供了一个富有创造性的宣泄途径。

一、音乐治疗技术

音乐可以正式地、非正式地作为跨学科方法的组成部分用于解决老年人遇到的情感和心理问题。社会工作者可以把音乐纳入老年人的治疗方案中，但是必须强调的是，音乐治疗属于另外一个专业领域，有其完备的知识和技巧。本部分内容是要让社会工作者熟悉用音乐治疗这一手段捕捉老年人的情绪和想法时，都有哪些基本原则，并不是要代替音乐治疗的专业训练。社会工作者若认为音乐治疗适合自己的老年当事人，那么在具体的治疗措施上应该咨询受过培训的音乐治疗师，大部分医院、老年护理机构或成人日间护理中心都会有这类员工。

纵观历史，每种已知的文化都有某种形式的音乐，这让科学家相信制作和享受音乐是人类神经发展必不可少的一部分。音乐充当了媒介，让人类可以表达所有的情感，从悲痛欲绝到欣喜若狂。音乐陪伴着生命中许多最重要的仪式，如婚礼和葬礼。它充当了保存历史、庆贺今日、展望未来的手段。

尽管音乐在治疗身心疾病方面的价值早已为人所知，但是音乐治疗作为一种治疗流派兴起是 20 世纪下半叶的事。音乐治疗被界定为运用节奏和旋律促进人们心理、情绪和身体的健康。音乐的治疗价值不只是让老年人听听音乐，娱乐一下，尽管这也是一种恰当运用音乐的方式。音乐还可以帮助个人和精神健康专业人员捕捉到影响其行为的情绪与想法。音乐可以刺激中枢神经系统，激起多种情绪反应，这些反应可以用来调整在非音乐情境中的情感和行为。音乐的结构性特征（速度、节拍、韵律）加上其联想特征（记忆中的东西、事件）会通过人们感受到和想到的东西诱发强烈的情绪反应。比如，要调动出青春期所有躁动不安的感受可能没有什么能比听时下的流行音乐更有效。一些人际关系和事件既会以积极的方式，也会以痛苦的方式与特定的音乐深深联系在一起。

认知行为疗法的着眼点是先识别人们的思考模式，然后把他们的想法与随后的情绪状态挂钩，以此来解决情绪问题。音乐治疗则是反其道而行之。托特称其是由一系列催化步骤构成的过程。第一步，音乐会催生出情绪反应。这一步不可或缺，有了它就可以有第二步，识别这些情绪反应都是什么。一旦认识清楚，就可以通过语言或者行为昭示出来。个人一旦意识到自己的情绪与表达这些情绪的行为之间的关联，音乐治疗就能够起到合成、控制和修正行为的作用，使行为对个人来说更能发挥作用。老年社会工作者开展工作时可能遇到抵触与治疗师谈论困扰自己想法的老年人，或者是受沟通和认知方面的局限说不出自己困扰的老年人，针对这些情况，这种方法的特性就特别有吸引力。

（一）音乐心理治疗

在把音乐作为心理治疗元素用于老年工作时，社会工作者应该把它当成综合性的多学科干预方法的一部分。协调好医疗护理、支持性服务和精神健康服务，避免服务的重复和疏漏是十分必要的。一般情况下，老年人会由医生转介给音乐治疗师，他根据对患者的了解认为可以采用不太需要口头交流的、体验性较强的方法治疗老年人。恰当的转介取决于医生意识到音乐治疗的好处，对老年人有足够的了解，猜测音乐或许对他有治疗作用，并且了解机构或者社区里现有的治疗资源。尽管社会工作者可能不会正式充当转介老年人接受音乐治疗的角色，但是他可以成为有价值的信息来源，向医生提供资讯，介绍可以转介的服务，包括音乐治疗服务。

音乐治疗的第一步是识别干预的目标。音乐治疗的目标可能会与其他心理社会干预手法的目标差不多，如增进社会化，缓解抑郁或焦虑，刺激认知能力，促进个人的洞察力，改善自尊等。就像其他形式的心理治疗一样，它也要有具体的可以实现和测量的目标。老年人想让自己的生活有什么不同？通过参加治疗他们想成就些什么？通常工作者会用老年抑郁量表、生活满足感指数或其他基线评估工具为参加音乐治疗的老年人做前测和后测，以评定干预的实际效果。

治疗的第二步是挑选适当的音乐。音乐要与助人目标相吻合，也要与老年人的个人偏好相吻合。研究者发现，如果选择了老年人不喜欢的音乐，会加重老年人情绪上的纷扰状态，对实现干预目标起到相反的作用。比如，西班牙语裔美国老年人可能更喜欢用西班牙语演唱的传统拉丁音乐，而不是用英语演唱的抒情音乐。对于那些不能积极参与挑选音乐的老年人，家人可以发挥重要作用。一旦音乐治疗师有多种多样的音乐可供选择，他就可以挑选与治疗目标相吻合的具体使用的音乐。比如，如果干预的目标是帮助老年人缓解焦虑，那么欢快些的音乐就比柔和、缓慢的音乐更适合让老年人放松。治疗师应该鼓励老年人及其家人选择老年人孩提时代、青春期或年轻的时候喜爱的音乐，特别是老年人一生中最幸福时喜欢的音乐。

音乐治疗要获得成功，建立充满信任的治疗关系至关重要，这与其他治疗方法没什么两样。老年人必须信任治疗师，并学会在跟治疗师谈论深入的个人情况时有安全感。老年人在进行音乐治疗的时候可能比用其他心理治疗方法在情绪上更脆弱，因为治疗的重点是先诱发情绪，然后澄清相关的思维模式。直接触及情绪使任何人都难以过滤掉可能有威胁的东西。就像良好的社会工作关系一样，音乐治疗师要花必要的时间和步骤，让老年人明白这一治疗是怎么回事，并使其完全参与到干预中。

音乐治疗每次进行的时间一般是 30 分钟到一个小时，这取决于老年人的认知状况和情绪能力。对于功能良好、身体健康的老年人来说，每周几次的音乐治疗加上每天的作业可以很快带来情绪或情感改善。对功能状况不那么好，身体孱弱的老年人，每周一次 30 多分钟的活动可能也会让他精疲力竭。传统上，音乐治疗师在每次活动刚开始的时候会做一个聚焦活动，让老年人放松，帮他们把注意力集中到本次活动上。就像传统的辅导工作一样，治疗师会清楚说明整个干预工作的目标以及每次活动的目标。挑选出的音乐会呈现给老年人，然后音乐治疗师会和老年人一起谈论音乐带来的东西。对一些老年人而言，它可能触及遥远的记忆和相伴的感受，其过程类似于缅怀往事疗法与人生回顾疗法。治疗师的角色是让老年人把从往事中寻求到的意义跟眼前和将来的生活挂上钩。音乐能帮助老年人和治疗师触及这些情绪。较为传统的治疗技术，如支持、识别功能失调的防卫机制，提升洞察力等，能帮助老年人处理由音乐触发的感受，并运用洞察力在现有生活中争取其渴望有的思维模式和行为上的改变。

对另一些老年人而言，治疗过程可能是在音乐治疗师的带领下进行有指导的想象活动。音乐能帮助老年人和治疗师找出困扰老年人的情绪。在有指导的想象活动中，通过由治疗师引导的精神想象活动，老年人讨厌或者是受困扰的想法会被较为积极的、快乐的想法代替。比如，一位老年人因为所爱的人去世而陷入悲哀中无法自拔，治疗师可以帮助他学会用与所爱的人度过的所有美好时光的快乐意象，或者是所爱的人在精神上仍然与自己同在的精神意象，来代替那些悲哀的意象。探查到老年人的情绪并运用治疗技术去解决情绪冲突，这两者间复杂的交互作用是音乐治疗中对专业能力要求最高的部分，治疗师无论是在音乐方面还是在辅导方面，都要有良好的造诣。

音乐治疗用于老年人时也可以采用小组的方式，特别是当音乐治疗的目标包括了改善沟通技巧和促进社会化的时候。参加小组活动的人数可以是 6～10 人，具体要看成员的能力。每节活动可以在半小时到两小时，这取决于机构的情况和小组的构成情况。音乐治疗各节的活动安排基本上跟传统的社会工作小组一样，小组在开始、中间和结束的时候都会有一些特定的活动。如同社会工作小组一样，小组成员和小组发挥疗效间的关系与小组成员和小组组长之间的关系同等重要。

当分享对音乐的体会，流露出内心深处的情感时，成员尊重他人的脆弱、相互给予支持显得十分重要。

（二）阿尔茨海默病老年人的音乐治疗

阿尔茨海默病和其他器质性脑病变造成的认知损伤使得对老年人进行比较传统的谈话治疗受到限制。对这些老年人来说，音乐治疗可能是最有益的方法，它可以让社会工作者进入老年人的情感世界。当其他心理治疗方法无法奏效时，音乐具有神奇的力量，可以帮助身心健康专业人员与患阿尔茨海默病的老年人搭上线。贝蒂等和奥尔德里奇发现，患阿尔茨海默病的人即使许多认知能力都已经丧失，其音乐活动能力和反应能力仍然完好无缺。辨识不出时间、方位或人的患者或许仍能演奏乐器、唱歌或对音乐有恰当的反应。克莱尔和伯恩斯坦发现，有些患阿尔茨海默病的老年人在失去讲话能力之后很久仍能唱歌，这表明唱歌和说话是人的两种不同的能力，而不是同一能力的不同表现形式。这些研究者还发现，患阿尔茨海默病的老年人即使不能再通过任何口头语言跟人沟通，他们仍有能力用鼓或其他打击乐器有节奏地呼应音乐。音乐可能是一种最具抗打击能力的东西，它使我们能与患痴呆症的老年人保持某种形式的沟通。

汉瑟、克莱尔、陶斯主张，音乐把焦点放在老年人的优势和能力上，而不是伤残上。听音乐是接纳性活动，老年人只需要按自己的理解去聆听和欣赏就可以。对功能状况良好的老年人来说，音乐具有益智作用，因为他们会寻找音乐的主题或者理解音乐所要传达的情感要素。对这样一些老年人，把教育性元素融合到参加音乐演奏中常常都有益处。在一场音乐会之前和之后讨论其中的音乐，能让老年人有机会活动脑筋，学习一些新东西。认知衰退的老年人可以在初级水平上享受同一音乐，只把音乐当成带来积极情绪的让人愉快的声音。

如果阿尔茨海默病进入晚期阶段、已经丧失了所有沟通能力的老年人仍能对许多音乐做出有节奏的反应，对专业助人者来说，这可能是知道老年人仍能感知身外世界的唯一方式。

音乐也可以替代强制约束或服药，用来有效地让患阿尔茨海默病的老年人在情绪躁动的时候镇静下来。情绪躁动、坐立不安是患这一疾病的人常有的症状，无论是对家人来说还是对机构里的照顾者来说，这都是令人生畏的挑战。早年生活里熟悉的音乐或精选的古典音乐能使情绪躁动的老年人镇静并延长他们注意力集中的时间，降低侵扰行为的发生率。音乐似乎能通达大脑没有被阿尔茨海默病损伤的部分，起到舒缓躁动不安的情绪的作用。

汉瑟和克莱尔给功能状况中等和中等偏上的患阿尔茨海默病的老年人及其照顾者创办了一个音乐治疗小组，用来改善老年人与照顾者之间的关系，减少双方的压力。活动内容包括一些减压活动，有自我按摩、引导性联想、催眠术、配乐运动等。老年人和照顾者一起寻找方法，让这些活动融合到日常生活中，是干预工作指定的家庭作业。其他活动有合唱、即兴表演和单纯享受音乐。小组让老年人和照顾者有机会处理在活动中诱发的情绪，让他们可以全面谈论患阿尔茨海默病的老年人和照顾者所承受的压力。

（三）音乐熏陶

运用音乐作为老年社会工作的干预手法，也可以采用并不要求具备专业音乐治疗知识的方法。用这种方式开展工作最明显的一个例子就是，简单地让老年人听音乐，享受并放松。既可以让老年人单独听，也可以在搞活动的时候听。对音乐表演和乐曲有共同兴趣的人结伴去听音乐会，这可以促进社会化。如果老年人独处的时间太多，社会隔离会让他们遇到许多情绪问题。期待参加音乐活动，和其他人一起表演并分享音乐带来的愉悦，能成为有力的工具，帮助老年人与孤独做斗争，鼓励他们建立新的友谊。

晚年较多的闲暇时间可以让老年人有机会重拾早年学会的音乐技能或者生平第一次学习演奏一种乐器。演奏乐器需要读乐谱和运动身体。前者要求认知技能的协调，后者要求身体运动的协调。这是非常好的刺激老年人智力活动的方法。老年人可以自己演奏乐器，自娱自乐，也可以和其他人一起演奏，获得更多的社交活动。

当前一代的老年人可能会感觉合唱是跟其他人一起享受音乐的重要方法。唱歌要求老年人记住早年唱的歌词和旋律。回忆老歌常常能刺激老年人分享与之相关的记忆，如过去常在哪儿唱这些歌，跟这些歌联系在一起的都有些什么事。唱歌还会促进声带的运动，而独居老年人可能并不常常运动声带。一首好的、激动人心的歌总会引来欢笑或者眼泪，同时可以起到情感方面的运动保健作用。即使老年人不能或不愿唱歌，还可以用表达节奏的乐器来开展音乐活动，如用鼓、沙槌或其他打击乐器打出音乐的节拍。

（四）音乐与其他艺术形式的结合

艺术治疗师发现，音乐可以刺激其他创造性活动，如素描、绘画和诗歌创作。治疗师可以要求老年人听一段音乐并用艺术形式或创造性写作把由音乐引起的情绪呈现出来。一段欢快的乐曲可以调动和刺激与抑郁症做斗争的老年人。而一段比较缓和的音乐可能会让情绪躁动或焦虑的老年人平静下来。运用音乐去锁定情绪，然后通过艺术媒介捕捉到这些情绪，能帮助老年人处理困扰。

音乐还可以加入老年人的身体锻炼活动中，既可以被当作享受，也可以充当手段，为活动设定节奏。倘若身体锻炼能让老年人觉得比较愉快，那么他们就更可能会配合完成整个锻炼计划。老年人可能也会从跳舞中获得乐趣，即使他们的行动非常不便。跳舞要求配合音乐的节拍活动人的身体或活动辅助器具，音乐发出的声响会给中枢神经系统带来情绪刺激，跳舞还能带来社会交往，这些都可以起到振奋精神的作用。

二、艺术治疗技术

艺术一直被认为是一种比单用口头表达方式更为鲜活的传达思想和捕捉深层次情感的方法。借助多种媒介，如绘画、素描、雕塑、材料、摄影和多媒体装置，艺术家能够把思想和感受转化成视觉物品。马乔迪提出，艺术可能被当作获得或恢复心理平衡的手段在历史的文明进程中发展出来。从原始的洞穴绘画到今天的抽象作品，艺术或许被用来缓解或抑制创伤、恐惧、焦虑等感受，以及个人或社区所受到的威胁。即使是对于那些仅视艺术为消遣而不是职业的人，它也提供了机会，让人可以或积极或消极地参与到创造性活动中。用艺术充当治疗手段开展老年人工作可以很简单，也可以很复杂。

简单到安排老年人参观一个博物馆的展览或艺术馆的开馆仪式，复杂到实施经过专业筹划的艺术治疗方案。

（一）艺术治疗

就像音乐治疗一样，艺术治疗被视为专业性的干预手段，要求有广博的知识和技巧。艺术治疗和艺术心理治疗的原理是，艺术能反映出个人对内在世界的认识，并能反映出个人如何整理或表达对外在世界的看法。身心活动是合二为一的，所以当人们通过艺术表达出精神感受和体验时，身体也会受到影响。通过不同的艺术媒介用视觉形式呈现出恐惧、快乐或梦想时会带来生理上的反应，如血压降低或者产生快乐情绪的荷尔蒙分泌增加。这一专业疗法要求治疗师要有广博的心理学理论知识，包括心理动力理论、认知理论和行为理论，这跟从事社会工作实践所要具备的知识别无他样，因为这些理论有助于理解人们如何建立社交技巧，控制自己的行为并解决问题。此外，艺术治疗师还会接受培训，学习如何运用各具特色的艺术媒介去实现每个当事人的治疗目标。

艺术治疗师做当事人的工作时就像社会工作者一样，帮助他们识别出损害社会功能的潜在冲突。无法讲出困扰自己的东西的成人和孩子可能会通过画画或雕塑表达自己，从这些作品中工作者更容易识别出问题所在。例如，一幅家庭涂鸦告诉治疗师的东西要比许多个小时的谈话治疗多得多；一个用制模黏土雕塑出来的个人像对于识别一位抑郁老年人的自尊问题可能会透露出相当多的信息。艺术治疗不仅仅是"从事艺术活动"，而是一个复杂的过程，治疗师要促使当事人在一个充满支持性的治疗环境中表达情感和想法并对此加以诠释。

艺术治疗依靠的是投射方法，即在用艺术媒介，如绘画或素描表达时，内在体验无意识流露出来。人们可能意识不到自己潜意识里隐藏的东西，或者无法通过口头语言表达想法、恐惧和希望。用非语言和不具有威胁性的艺术手段可能会帮助人们表达出这些潜意识里的东西。艺术能把这些东西带到意识层面，让当事人和治疗师可以把它呈现出来。专业性的艺术治疗要求有高超的技巧，诠释出当事人通过艺术作品表达的东西。然而，即便是艺术治疗师也同意，诠释通过艺术符号表达的意义是一项主观性的活动。艺术符号的含义没有终极真理性，对这些呈现出来的东西的诠释要非常小心谨慎。

艺术治疗师常常是医院、老年护理机构、精神病治疗院里的专业员工。精神病学家和社会工作者也越来越多地把艺术治疗纳入干预措施中，用于帮助有严重抑郁症或者沟通能力受到损伤，看起来抵触传统谈话治疗的老年人。许多老年人乐于做富于创造性的事情，愿意接受一个全新的治疗形式。老年人要积极地与社会工作者和艺术治疗师一起确定是否应该尝试这一方法。尽管并不是所有老年人都会对艺术治疗感兴趣或者能从事艺术活动，但是应该认真考虑艺术治疗，把它视为传统辅导方法之外的多种选择之一。虽然深入的艺术治疗仍然是专业艺术治疗师的领地，但是社会工作者可以用多种多样的方式把艺术活动整合到老年人的干预方案中。

（二）运用艺术开展治疗性小组活动

老年护理机构、支持性住所、老年公寓、成人日间护理机构和老年人活动中心都可以开办艺术小组，这既能让老年人发挥创造性，也能起到治疗的作用。对大多数老年人来说，把音乐用作治疗较少是为了深入探究潜意识，更多的是帮助他们形成小组动力，完成任务，接受色彩或形状的刺激，引发对往事的缅怀。把艺术活动结合到这些机构的娱乐方案中，既能带来乐趣，又有助于推动社会化。

在给老年人开办艺术活动小组前，有几个问题必须考虑。首先，挑选的活动不能像艺术品制作项目，这一点十分重要。尽管让老年人有机会做珠宝有一定的好处，但是艺术在用作治疗活动的时候需要有具体的目标，能够满足老年人的需求，而不应当用来单纯地消磨时间或排解无聊。其次，任何与儿童艺术活动有关的材料都应该避免使用，如蜡笔或手指画颜料等。即使是认知能力有限的老年人也能感觉到自己做的事只有孩子才会做，自己被老年社会工作者当成了小孩子，从而拒绝参加。应该重视老年人的尊严和能力，根据这一点挑选活动。最后，福赛克提出，参与艺术活动的老年人不应该被置于彼此竞争的状态。评选谁的作品最好会抑制老年人创造性地表达自己，并引发其一生都担心的自己的创造才能问题。让老年人考虑艺术治疗方法时，最常见的一个回答就是"我不会画画"。在此，老年人把创造性能力等同于绘画能力，而没有把它当成值得珍视的个人独特的能力。要让艺术表达融入生活中并起到治疗作用，赞美老年人多样化的兴趣和各种才能是重要的工作之一。

当艺术活动被运用到小组中时，应该有与小组现有目标有关的主题。比如，如果一个老年人小组正面临老年期的独特挑战，如丧偶、患慢性疾病或要调整自己以适应新的居住环境，那么挑选的艺术活动项目就要围绕迎接挑战这一总的主题。

福赛克提出，让老年人用绘画的方式表达出对这些挑战的感受，借助色彩描绘自己的情绪或遇到的障碍。描绘出遭遇的挑战，如过桥或跨过一个栅栏，能让老年人想起自己人生中的其他时光，那时他成功地处理了挑战。

运用纺织材料做墙上的挂件，能引发老年人讨论触摸的重要性。纺织材料能带来触觉和视觉刺激，特别是能给认知能力有限的老年人带来这方面的刺激。不同类型的纺织材料也可以用来帮助老年人思考自己的独特之处，以及材料如何能象征性地代表自己的这些特质。当把不同人做的壁挂合在一起装饰一面墙时，材料的丰富性便能反映出人的多样性。

把艺术作为增进辨识力或自尊的手段。小组的艺术性活动可以作为一种手段，用来引导认知或记忆力受损的老年人。比如，用特定的色彩和符号标注各次小组活动。让老年人从事跟季节有关的绘画、染布或者做纸花等活动，能提高老年人对季节的辨识能力。如果老年人不能参与这些活动，那么可以让他们把杂志上的图片制成拼贴画来描绘季节，还可以要求老年人分辨形状和颜色，并安排他们做拼图活动。这些都要求老年人用富于创造性的方式与小组组长和其他成员互动，从而达到刺激他们的辨识能力这一治疗目标。在小组里共同做事能鼓励成员互动并促进受社会隔离之苦的老年人的社会化。

功能状况良好的老年人可能要处理更为复杂的自我身份或自尊问题，这些可以成为艺术活动项目的主题。让老年人画一幅自画像，只用颜色来描绘自己，不用必须能认出是谁，这可以帮助老年人和小组组长识别潜在的感受。用色彩来表示感受可能会触及深层次的情绪，完成口头表达无法做到的事。如果让老年人在小组里跟其他人交流自画像，这一活动还能进一步促进社会的互动。福赛克还推荐用她称之为"回声"的方法帮助老年人解决自尊问题。先让老年人找出一个可以象征性地代表自己的动物或物品，如鸟、花或岩石等，然后让他们在周围画上波纹，就像把石头扔到水里后形成的涟漪那样。这些波纹象征的是人们影响其他人的方式，自己不知道或者看不见，却实实在在地存在。那些觉得一生当中对他人没有起什么作用的老年人可能更能从中获得感悟，欣赏自己生命的这一涟漪效应。

威克斯·特罗姆研究出了可供护士使用的艺术活动讨论方法，可以用于社区老年人，既适合治疗性活动，也适合引发有关老年人是否幸福的讨论。具体方法是护士带着一张知名艺术品（一幅画或一个雕塑）的照片去老年人家里做家访，首先，让老年人描述他看到了什么。一些老年人可能会从娴熟的透视技巧、构图（比例）或颜色运用方面来谈论作品，也有些老年人只会简单地说自己看到了什么。其次，让老年人想象作品后面的故事，作品想要传达的是什么，艺术家在创作这件作品的时候事先可能做过什么，对艺术家来说这一作品可能会有什么意义。任何对作品背后故事的解说都是可以接受的，或者说没什么对错之分。最后，护士会和老年人一起探讨他们对这一作品有些什么感受或想法。同常规性的谈论健康、新闻，甚至是天气的拜访相比，这一方法能非常成功地促成较为深入地讨论感受和老年人的主观幸福感。艺术作品充当了催化剂，帮助揭示出更深层次的情绪状态，这比简单地向老年人询问感受要好。这种方法也能有效地激发老年人对创造性活动的兴趣。

（三）运用艺术开展娱乐活动

单纯的自娱自乐的艺术性活动也有治疗价值。一些老年人早年对绘画、编织或雕塑有兴趣，但因为要干事业或养家而把它放到了一边。还有些老年人一直都对艺术感兴趣，却由于没人鼓励或经济方面不宽裕而没能投入其中。有了更多的时间和途径参加有组织的活动，如老年人活动中心提供的活动，老年人就能重拾兴趣。老年人可以参加社区娱乐项目或本地老年人中心开办的艺术课程。制作艺术品带来的身体运动和在这一过程中体会到的乐趣，能改善老年人的身心健康状况。

艺术欣赏也能起到治疗作用。跟去看音乐表演一样，看艺术巡展或美术馆的作品展也是一种社会活动，它能帮助老年人建立新的社会关系。在这些活动中添加教育性元素，之前开个讲座，之后做个讨论，可能会对身心功能状况良好的老年人特别有吸引力。艺术作品带来的视觉享受能改善许多老年人的生活质量。

三、戏剧治疗技术

应对老年人社会情绪问题的另一个工作方法是用戏剧来治疗。本部分内容所说的戏剧涵盖了所有形式的表演活动，包括让演员讲故事来重现一个真实的或想象中的事件，或者是用小道具，如木偶或家中的物品传达一个想法或感受等。尽管主流的老年社会工作不会考虑戏剧治疗技术，但是这一疗法在鼓励能力各异的老年人探索自己的创造性、激发其想象力方面有广阔的前景。用戏剧方法开展老年人工作有其特别之处，因为戏剧形式非比寻常。

就像音乐和艺术一样，戏剧唤起的是老年人具有创造性的一面，而这一面在传统疗法中常常被忽视，因为它们注重的是老年人的机体能力和认知能力。老年人有一生积累的丰富阅历和记忆，可以营造各种"舞台"来表演治疗性戏剧。

有三种不同形式的治疗性戏剧与老年人工作的关系特别密切。心理剧是最传统的用来处理老年人的社会情绪问题的戏剧。它有一系列编排好的活动，用来帮助老年人识别和解决情绪上的冲突。这一流派有很强的心理分析意味，要求治疗师受过运用心理分析技术的专门训练。其他两种把戏剧作为治疗性元素融入干预行动中的方法是把戏剧用于治疗和参加戏剧表演，它们更多的是要求有创造性而不是技术性。戏剧治疗就像音乐治疗和艺术治疗一样，是一个独立的精神健康专业。正规的戏剧治疗要求工作人员在辅导技术和戏剧两个方面都接受过大量的培训。

（一）心理剧

心理剧作为专门的治疗性戏剧最早是由雅各布·利维·莫雷诺在 20 世纪 30 年代发展起来的。莫雷诺提出的这一疗法是用群体作为治疗手段，与当时正日益流行的西格蒙德·弗洛伊德的心理分析方法分庭抗礼。

莫雷诺的方法重在促进健康和创造性，而不是弗洛伊德比较注重的精神病理学。他把心理剧当成一种工具，用来帮助当事人脱离心理分析主张的深入的个人内省，在真实的情境下把精神冲突排遣出来。与同治疗师的口头交流不同的是，心理剧的价值在于人们能够在同伴和治疗师都在场的情况下再现冲突和用角色扮演来解决自身问题。这种在他人面前用戏剧方式呈现当事人问题的做法，不仅有助于治疗师而且有助于那些参与戏剧的群体成员洞察问题的成因和可能的解决办法。

莫雷诺觉得鼓励人们用更富于创造性的方式去解读生活，而不是评判现有的行为方式，会鼓励自发性、临场发挥和尝试新的行为模式的意愿。通过角色扮演而不是在真实的生活里这样做，能让参加者在有安全感的环境里发挥自己的创造性。换句话说，心理剧是一种人际和社会性质的实验室。

心理剧小组的成员要既愿意当演员参与表演，也愿意充当观众给予反馈。在心理剧的治疗过程中，治疗师做导演，小组成员充当辅助人员或者演员。要解决问题的当事人做主角并挑选其他小组成员做他的戏剧中的演员，不在戏剧中扮演当事人生活中重要人物的小组成员充当观众。"舞台"可以是任何小组开展活动的地方。

心理剧治疗每次活动时间一般为 60～90 分钟，共有三个不同阶段。

1. 热身阶段

热身阶段相当于传统小组治疗的开始阶段。治疗师（导演）会要求小组成员集中注意力，回想对他们有重要意义的节日或事件的具体细节，如挚爱的人去世，确诊患了慢性疾病或者人生中的某个里程碑。当成员能找出同特定事件联系在一起的感受时，可以由当事人（主角）志愿给小组表演这一事件，也可以让小组挑选人给其他人演示。只要愿意，在整个小组存在过程中所有成员都应该有机会担当主角。这些表演不要求具备通常意义的戏剧天分，只要愿意挖掘自己的创造性，向小组其他人传达自己的感受并再现事件就可以。

2. 行动阶段

一旦主角选定，他就可以挑选其他小组成员，即辅助人员，来扮演重要的角色，把事件表演出来。比如，一位老年妇女想把自己眼下跟孩子的冲突演示出来，她可以挑选一个小组成员扮演自己傲慢专横、好管闲事的女儿，另一个成员扮演对自己不理不睬的儿子。根据她对这两个孩子所作所为的描述，小组成员扮演这两个角色，帮助这位老年人直观地重现这些有问题的关系。可以用道具把场景布置成老年人家中的样子，或者与主要演员扮演的人物交往的其他地方。然后由主角演出令她不满的事情。

辅助人员和其他小组成员在这一过程中发挥着积极的作用，他们会询问主角的想法和感受，或者澄清一些行动的意义。主角可以自由选择重现真实的事件或者预演尝试解决冲突的新做法。

在行动阶段，治疗过程变得有互动性。主角和小组成员间的活动是众所周知的"心灵感应"，即将小组维系在一起的包括正面和负面两种感受的双向流动。导演可能会要求演员把角色颠倒过来，或者演"双簧"。双簧是一项技术，它由一个人用动作表演给其他人看，另一个配对的人对照他正在做的事情讲出演员此时的感受。以前面所举的老年妇女为例，她可能表面上用友善和合作的态度对待女儿，但脑子里回荡的声音是女儿把她当成无助的孩子，让她感觉很不好。公开的自我做的是一套，私下的自我承载的是另一套，有相当不同的非语言对话。这一情形也可以用"旁白"技术表现。即演员把头转向观众，说出自己脑子里在想些什么。这两个技术都能帮助演员澄清与公开表现出来的一面相矛盾或一致的感受与想法。

把事件演示出来是要给演员也可能是给辅助人员一个宣泄情绪的机会。强烈的情绪能在演员可以控制的情境中表达出来。按剧本呈现一个重要事件或情境，能让演员有机会向治疗师和其他小组成员讲述自己一方的故事，这样他们可以协助演员解决冲突。

基珀提出，演员在通过心理剧展现冲突的过程里可以扮演三种角色。

第一种是由当事人扮演自己，只是再现发生过的事件或者有可能发生的情况。这种模拟可能对那些对自己扮演的事情有自知力的老年人最有成效。第二种是模仿性复制某个角色，由当事人模仿某个熟悉的人的典型反应，如让前面提到的老年妇女模仿女儿的过度保护行为或者儿子的漫不经心行为，而不是让她再现自己的行为。第三种是假装某人，由当事人扮演一个想象中或幻想中的人。这类角色常常对想要尝试建立新的、不是那么传统的行为模式的人有治疗作用。还以前面那位老年妇女为例，她可以不扮演自己或自己的女儿，而是创造出一个想象中的朋友角色，这个朋友正面临着女儿对母亲的压迫。通过这一角色她可能会讲出自己对受过度保护的感受，而扮演其他角色则无法做到这一点。或者她也可以扮演自己过世的丈夫，告诫儿子不要忽略母亲。

3. 结束阶段

在演员呈现了情境或事件之后，治疗师会让小组成员对看过的东西发表意见。小组成员可能会分享自己洞察到的东西，建议主角将来或许可以怎样处理这一情况。看到主角和自己遇到的情况类似并加以讨论，能引导小组成员宣泄自己的情绪。这一阶段最有价值的部分可能是老年人有机会从新的角度看待熟悉的问题。比如，女儿可能看起来专横霸道、爱管闲事，这是因为她非常担心母亲。在老母亲憎恨过度保护的女儿对自己的所有强制行为时，女儿可能会把自己对母亲的频繁关注看成对她的安慰和支持。她的儿子看起来满不在乎，可能是因为要承认母亲老了，需要他的帮助太痛苦，而不是其他东西在作祟。他的不关心源于恐惧和否认现实而不是不爱母亲。若没有小组成员的贡献，老年人可能难以对其他人的行为有这样的解释。

除了对老问题产生新视角，老年人还能从小组解决问题过程中受益。对老年人来说，要跟家人谈论个人问题即使不是不可能，也可能会有难度。其他也经历过老年人所经历的年老过程中的问题的老年人，可能要比年轻朋友更容易成为有信服力的知己和出主意的人。

（二）心理剧的益处

1. 利用新途径解决问题

心理剧给老年人提供了一个可以学习和练习新的行为形态的机会。寻求有人试过的、真正解决问题的方法是人的本性。老年人可能看起来思维僵化、一成不变，这是因为他们已经发现了众多行之有效的行为模式，他们不需要学习新的做事方法。在排演心理剧的过程中，治疗师和其他小组成员的建议能给老年人提供新的解决问题的途径，这些途径可能是他们从未考虑过的。在小组环境里建立新的行为模式能让老年人获得从身边环境里得不到的支持。

2. 缓解社会隔离

社会隔离是有社会情绪问题的老年人最常见的一个情况。心理剧让老年人有机会跟其他人交往，有助于把他们从与世隔绝的状态中拽出来，并鼓励他们与别人交往。尽管在心理剧中呈现的问题是严肃的，但是老年人在和其他老年人在解决问题互动时常常能找到幽默感。有机会模仿他人或者重现自己生活里的事件，是一件有意思的事情。把情绪和烦恼从个人的头脑中搬上公共领域的小舞台，会有助于老年人从更好的角度处理这些情绪。

3. 化解悲伤

悲伤也是老年人常见的问题。老年人可能会被困在悼念亲人的哀伤中，不能往前走化解所爱的人去世带来的悲伤。在其他老年人给予支持的环境里道出自己的悲伤，表达深深的痛苦，可以起到宣泄作用。这些支持丧亲老年人的小组成员真正懂得这一损失多么有毁灭性，在他们面前呈现自己的状况可以帮助老年人继续前行。人们只有把悲伤倾诉出来，才能继续往前走。

4. 再现以前的角色

心理剧还给了老年人一个回想和重现体验过去角色的机会。卡曼和诺丁转述了一个很有说服力的一位住在老年护理机构的老太太的故事。

这位老太太在一个心理剧治疗小组中再现了家中过感恩节时的传统做法。她挑选其他小组成员充当家庭成员，让他们围坐在一张大桌子旁，她非常仔细、准确地表演。节日当天作为女主人她所做的一切，包括欢迎家庭成员、准备饭菜、确定每个人都有足够的东西吃，并清理桌子。在老年护理机构中她没有机会做呵护者和照顾者，而这些是令她早年乐在其中的角色。重现家庭节日给了她一个机会，让她可以再扮演这些角色，并从中获得早年体验过的同样的满足感。

"我的当事人绝不会做这些！"在遇到他人提议采用心理剧做治疗性干预手段处理老年人的社会情绪问题时，有些老年社会工作者的反应是"不相信"。他们难以相信一个坐轮椅的老爷子、一个老年护理机构或老年公寓里的与员工都不大讲话的老太太会同意加入戏剧治疗小组。

心理剧注重心理分析，这一点一直受到批评，乍看起来似乎不适合老年人。然而，莫雷诺最早建立这一派疗法的时候，就意在摒弃心理分析流派非常注重内在思考过程和潜意识内容的做法，试图帮助当事人在真实世界里解决实实在在的问题。

这正是老年社会工作者所要做的事情，即向老年人提供真知灼见，帮助他们改变行为以便从老年生活里获得更大的满足感。心理剧之所以能发挥作用，是因为它超越了传统的谈话治疗，向老年人提供了一个令人耳目一新的探索感受的方法。心理剧可能对老年人特别有吸引力，因为它如此与众不同，让人着迷。做老年社会工作就要相信老年人可以改变，如果这一点非常重要，那么社会工作者就迫切需要熟悉和探索各种治疗性的干预措施。

（三）其他形式的戏剧治疗

心理剧可能是发展得最成熟的戏剧治疗方式，但是戏剧也可以用其他结构性不那么强的方式推动个人的成长和促进情绪的健康。老年人可以用道具演示出困难的情形或者单纯把它当成艺术来享受。例如，木偶被用来帮助有轻微或中等程度痴呆症的老年人消除在熟悉的环境中迷失自己的恐惧感。就像《格林童话》中的汉赛尔和格莱特撒下碎石子帮助自己找到回家的路一样，老年人也可以找到方法，让自己在迷失的时候能重新获得引导。木偶成了演示出恐惧的媒介，同时也充当了探索解决问题途径的媒介。

在即兴表演中，老年人会有一个指定的角色或情境，要求他们自己去创作一个人物并即兴对话。即兴表演之所以能起到治疗作用，是因为参加者常常都会有意无意地把自己个性中的方方面面融入角色中。老年人把这些个性特质或情绪问题呈现出来不会觉得不踏实，是因为他们可以把行动、想法和感受都归结到剧中人物身上，而不是自己。当采用这种自我表达方式有一段时间后，老年人已和社会工作者都能够发现一再出现的主题。这些主题可能会指明没有得到解决的情绪冲突，而对这些冲突可以用个人或小组治疗的方式加以处理。

哑剧在许多方面与即兴表演类似，也可以用来帮助老年人传达很多他人熟悉的情形，如去看医生或者做困难的家务活。这一活动要求老年人想办法用非语言的方式传达感受和想法，这样的事情可以在许多方面激发他们的创造力。用哑剧表演看手势猜字谜游戏和其他游戏对老年人来说也是最好的治疗性干预措施。任何小组活动中的欢笑以及社会互动在治疗上都会有直接和间接的好处。

老年人可能会有兴趣组织自己的戏剧活动，重新展示搁置了很长时间的戏剧才能或者尝试一直感兴趣的某种艺术形式。娱乐他人的戏剧或音乐表演本身治疗性并不是那么强，在筹备表演过程中调动起来的组织技巧、社交技巧和个人技巧才更具有治疗性。老年人可以结交新朋友，发展新兴趣，感觉自己作为剧团的成员在参加某种创造性活动。

没兴趣参加戏剧表演的老年人若能去观看相关演出，也能起到治疗作用。就像听音乐会和看艺术展览一样，去剧院看演出也是一个不错的方法，可以给日复一日的生活添加新刺激，促进老年人与其他老年人的社会交往。

四、动物辅助治疗

如果你喜欢动物，那么不需要他人说服就能接受狗、猫、鸟或任何其他家养宠物给人带来的乐趣。宠物会无条件地接受爱和给予爱，并触及其他人类同伴都未能触及的那部分心灵。鉴于此，人们采用多种方式用动物来帮助老年人战胜抑郁，减轻焦虑，以及改善社交技巧。动物辅助治疗是指给老年人和动物提供大量机会进行治疗性的互动。动物辅助治疗尽管不要求有像音乐治疗、艺术治疗和戏剧治疗那样的知识和技巧水平，但是要求能切实了解动物与人的联结的重要意义，以及把动物用于治疗时要做的实际考虑。

（一）宠物对人情绪的安抚作用

所有年龄的人在人生历程中都需要依附他人才能茁壮成长。婴儿依附照顾者，儿童依附父母和兄弟姐妹，大点的孩子依附朋友、伴侣相互依附等，贯穿人的一生。

对老年人来说，这些纽带常常都会因亲朋好友的去世或者有社会隔离、与家人及朋友缺乏接触而严重受损。尽管与动物之间的纽带绝不应该替代与人的互动，但是当无法跟人互动时，动物常常是良好的获得情感纽带的替代品。无条件地跟另一个生命联结在一起的能力在这里是指动物要求人们走出自我，关心其他事情。动物不会在意身体残疾或沟通障碍，也不会对认知能力说三道四。如果人们能给予动物以关心和基本的照顾，那么它们就能以爱和献身回报。

与动物互动的结果显示，人的血压会降低，心跳和呼吸速度会减缓，宠物给人以一个可行的途径，体会揉搓、爱抚、梳理和抓挠等，满足老年人触摸和被触摸的需要。与动物之间语言和非语言的互动近似于同人的接触，满足了人跟另一个生命联结的需要。这对于社会生活陷入隔绝状态或认知上与人隔绝的老年人来说尤为重要。动物能成为独居老年人宝贵的伙伴。有一个宠物能缓冲因健康不好或者失去了生命中的重要人物给老年人带来的压力和困扰。宠物具有的安抚和慰藉能力能帮助老年人面对其他生活挑战并缓和社会隔离。

（二）动物可充当社会交往的催化剂

动物也能充当社会交往的催化剂，促使人们更好地沟通。和宠物一起散步是一个与邻居见面交谈的好途径。否则，人们可能就不会有跟邻居交往的机会。动物是一个安全的话题，能让人们建立联系。即使是在院舍类的场所里，如成人日间健康护理机构、老年公寓和老年护理机构中，动物也能让人们有一个开始交谈的话题，纵然交谈双方都认为彼此没有什么共同点。对动物的共同热爱可能会让老年人建立新的关系。

与跟动物的互动还能促使老年人缅怀往事。老年人可能会充满爱意地想起早年家里养的宠物，因而能追溯一些快乐的回忆。通过追溯快乐的回忆来改善当前的情绪状态是缅怀往事疗法的一个目的。动物能充当缅怀往事过程的良好催化剂。当老年人在一起回想家中宠物的事情时，他们就是在进行社会交往并建立交互关系，这是帮助老年人建立和保持社会支持系统的极其重要的一部分。

（三）动物辅助治疗的类型

1.用宠物做伴

对于仍有中等偏上独立生活能力，愿意承担一些责任的老年人而言，养个宠物便可能有了获得安慰和社会支持的来源。拥有宠物能带来幸福感、爱的感觉、安全感和责任感，类似于与人交往获得的益处。有宠物的人比没有宠物的人看医生的次数少，身体健康状况更好，身体更能处于活跃状态。照顾宠物可能实际上让老年人有了生活目标，鼓励他们保持健康，保持较为活跃的状态，因为宠物要靠他们照顾。宠物需要人喂养，需要锻炼，这让老年人有了忙活的事情，每天生活有规律。雷娜及其同事发现，有宠物的老年人比没有宠物的老年人保留日常生活能力的时间更长，即使控制了身体健康和精神健康因素的影响后，也是如此。实际上，动物帮这些老年人保持了健康。

当然，这些积极作用取决于老年人是否有兴趣承担自己养宠物的责任。有些老年人虽然喜欢宠物，但是可能在自己住的地方无法养宠物或者没时间或精力养宠物。看兽医，供给食物和其他必需品可能会导致不小的开支，对收入有限的老年人来说，这可能是令人望而生畏的养宠物的障碍。有些老年人一生都在对家庭、朋友和工作尽责，不想再受约束照顾宠物。一些社区有宠物租借服务，老年人可以租宠物陪伴自己一定的时间。他们可以尽情享受宠物跟自己在一起的时间，却不必负责全时间照顾宠物或者支付养宠物的昂贵费用。这样的方式可以由老年人的家人、朋友或邻居安排，也可以通过一些项目做正式的安排。

2. 宠物探访项目

宠物伙伴项目是让动物到家里或成人日间护理机构、老年护理机构等老年人住所中探访老年人，它是宠物探访项目中的一种。宠物伙伴项目是一个全国性项目，开办这一项目的目的是推动人与动物间的互利关系，帮助人们改善健康，促进自立，提高生活质量。宠物伙伴项目培训志愿者并筛选能去老年护理机构、医院、学校、康复中心和个人家中做探访的动物。宠物伙伴项目和其他此类项目的目的是给人们提供机会，让他们在对动物和人的需要都给予尊重的环境里跟动物打交道。筛选和培训工作保证了动物和活动受益人之间能有最好的搭配。尽管狗是最知名的"宠物伙伴"，但是这一项目也会用其他动物，如猫、豚鼠、兔子、马、山羊、羊驼、驴、迷你猪和鸟等。

宠物伙伴项目和其他宠物探访项目通过把人和动物放到一起，让其自得其乐，来达到治疗目的。尽管主办者认为这一交流会让动物和人双方都受益，但是项目的目的主要是娱乐，可能并不会去实现任何具体的精神健康目标。动物无论是做有计划的表演还是与老年人待在一起，目的都是让老年人跟动物联结到一起。动物探访活动对开展老年人工作特别有吸引力。这些项目的服务费用非常少，因为大多数是由社区里的志愿者开办的。它不要求老年人一方对饲养照管动物有具体的承诺，却让他能从宠物的短暂陪伴中受益。

3. 结构性动物辅助治疗

动物辅助治疗也可以采取更具结构性的方法而不只是动物探访计划所提供的互动。护士、社会工作者、职业治疗师、物理治疗师以及心理学家可能会把动物辅助治疗纳入老年人心理社会干预方案中。当真正用于"治疗"时，身心健康专业人员会为使用动物建立具体的目标，并不断评估动物辅助治疗在实现这些目标时的有效性。

工作者会评估老年人对用动物做治疗的兴趣以及积极跟动物交往的能力。

一旦征询了老年人的意见并做完了评估，就需要决定用哪种动物最合适。一些老年人比较欢迎可以放在膝盖上的小动物，而坐轮椅或卧病在床的老年人可能跟体形大的狗相处得更好。选什么动物常常是由精神健康专业人员、治疗所在的机构和老年人共同决定的。

动物辅助治疗小组的活动一般的时间安排是，先由动物做 30 分钟的表演，然后用一个小时或更长的时间让动物探访老年人或患者。动物表演一般纯粹是娱乐，让老年人有机会把注意力集中到动物身上，并让动物习惯跟老年人待在一起。一个小时的探访时间可以让动物待在老年人那里，让老年人有机会抚摸、触摸动物，或者与它们讲话。老年人可以选择自己感觉舒服的方式跟动物相处，不一定非要触摸动物。个人动物辅助治疗的单次活动时间一般持续大约 30 分钟。在这段时间里，老年人可以触摸动物，与它讲话，或者只是抱着它。小组治疗和个人治疗都鼓励老年人与工作人员和他人交流自己的体会。动物辅助治疗也能给实施方案机构的工作者带来益处。动物的出现能给老年人和工作者创造开心地待在一起的机会。动物给老年人带来的积极作用也能转化到照顾者身上，给他们带来身心方面的益处。

就像其他治疗性干预方法一样，动物辅助治疗一旦确定了目标，制订出了行动计划并付诸实施，就必须用可以测量的方式不断地监督观察，以评估认定目标的实现情况。如果目标是改善社会化，那么要怎样去测量呢？在行为上观察出哪些不同，便能表明动物辅助治疗改善了老年人的精神健康或社交技巧？跟动物互动的益处如何才能转化成老年人及其环境中的其他人在心理健康方面能广泛受益的东西？动物辅助治疗的最佳效果是，没有了与动物的接触，老年人在情绪和行为方面的改善仍然能够持续下去。

4. 动物提供服务

另一种形式的动物辅助治疗是用动物提供个人服务。对残疾人或身体行动不便的老年人来说，动物能够提供具体的协助，能帮助老年人独立生活。尽管一些猴子也被训练给人提供协助，但是大多数提供服务的动物是狗。提供服务的狗可以充当听力受损老年人的助听犬，在有电话声、门铃声或闯入者的时候警示老年人。用导盲犬协助视力受损伤的人已经有很长的时间，它既用来协助人们活动，也给人提供保护。

（四）动物辅助治疗与阿尔茨海默病老年人

类似于音乐治疗，动物辅助治疗似乎有神奇的能力可以与所有阶段的患阿尔茨海默病的老年人沟通。当传统的谈话治疗不能与老年人沟通时，非语言的方法显得有效得多。萨福尔、麦凯布等人发现，让患阿尔茨海默病的老年人与一个动物讲话并爱抚动物能显著减少常常由这一疾病造成的情绪上的激动不安。他们观察到，同没有动物相比，有动物的时候，平常不跟人进行口头交流的患者口头表达增多，注意力、面部表情和触摸行为都比较多。动物似乎有与患阿尔茨海默病的老年人沟通的方法，这是护士、社会工作者和其他治疗师难以实现的。这些研究者发现，在消除日落综合征上动物能起到非常有效的镇静作用。患阿尔茨海默病的老年人在傍晚时分会频繁出现迷失和情绪激动不安的现象，这被归结为光线改变对感觉系统造成了影响。一天中的这个时候如果老年人有动物相伴，他们的情绪就显得较为松弛，他们的血压和皮肤温度也会降低。有动物相伴看起来也能刺激阿尔茨海默病患者缅怀往事，激发他们的记忆力。此外，对阿尔茨海默病患者的其他好处还包括可以得到更个人化的关爱。尽管患阿尔茨海默病老年人的外表和认知能力都有了显著的改变，但是老年人能得到动物无条件的接纳，并从中受益。

（五）开办动物辅助治疗的注意事项

尽管把动物和老年人联结到一起有这么多的好处，但是在考虑把动物辅助治疗用于所在机构和个人时有几个问题需要认真考虑。

动物辅助治疗首先要考虑的事情是肯定老年人愿意与动物打交道。人们可能喜欢动物，却没兴趣跟它们玩耍，不管那只狗或猫看起来多么招人喜爱。这个问题再次强化了我们的观点，即社会工作者需要不断提醒自己究竟谁的目标才是干预的焦点。有些老年人害怕动物是因为早年被咬过或抓过。身体虚弱的老年人可能怕精力充沛的狗或猫对自己而言太好动，会伤到自己。知觉有问题的老年人可能会觉得行动敏捷的动物让人迷惑、恼火，让他们更焦虑而不是平静。同考虑动物辅助治疗的老年人有良好的沟通，对于制订出成功的方案来说必不可少。设立动物辅助治疗方案其次要考虑的是，为老年人匹配脾气秉性相契合的动物。并不是每个动物在进入一个全是陌生人的房间时都会很温顺或者有足够的耐心，不会变得情绪烦躁。要仔细评估使用的动物，它应该有平稳的个性，愿意被人热烈地爱抚、触摸。对孩子脾气好的动物一般对孱弱的老年人也会不错。此外，动物在用于治疗方案前身体要健康，没有传染病并接种过疫苗。建立方案最后要注意的问题是，仔细斟酌一天当中什么时候对老年人使用动物辅助治疗最合适。动物辅助治疗应该与改善老年人心理社会功能的大方案结合在一起，不应该打乱已有的用餐时间或治疗活动安排。老年人感觉疲倦或心情差的时候不要做动物探访。例外的情况是，患阿尔茨海默病的老年人出现日落综合征的症状，如坐立不安、情绪激动时，可以安排动物辅助治疗。我们在前面已做过讨论。

在老年人住所，仔细掂量谁应该参加动物辅助治疗是很重要的。老年人不一定因为有认知能力或知觉能力方面的问题就要被排除在外，事实上，他们可能会成为受益最多的人。然而，受到过度刺激会有攻击或暴力倾向的老年人可能不适合运用这一方法。

另外，有足够的员工监管动物辅助治疗至关重要。动物来到老年人住所中可能会出现短暂的混乱状态，需要有足够的员工在场，保证每个老年人都能接触动物而不会有受伤的危险。一般情况下，让员工志愿来做这件事情不成问题，因为它给机构的日常活动安排带来了一个受人欢迎的改变。

五、总结

本章讲述的另类治疗方法给社会工作者提供了另一套工具，可以用来开展有社会情绪问题的老年人的工作。这些疗法可以和较为传统的社会工作理论方法结合使用。

音乐能帮助老年人回忆早年快乐的时光，揭示没有化解的冲突或者只是单纯欣赏美妙的声音。它提供了一个大有前途的方法，帮助社会工作者与认知衰退的老年人沟通，因为在失去其他认知能力很久以后，接收和处理音乐信息的能力似乎仍未改变。

从事艺术活动对老年人来说可以既有趣又有治疗性。不管是做艺术治疗还是从事艺术活动，把艺术用作治疗手段都能刺激老年人动用平常很少用的创造力。重拾画笔或者到晚年才第一次拿起画笔的老年人可能会发现从事艺术活动很有收获。对认知受损伤的老年人来说，艺术可以充当媒介，让他能重新接触到内心最深处的感受，并与环境中的其他老年人重新交流并维系到一起。对老年人而言，艺术和音乐的美妙之处在于，用它们做治疗时没有统一的方式。每个老年人都可以参与进来，用自己独特的方式享受艺术和音乐。

戏剧和心理剧在老年人中运用得不是那么广泛，却提供了另外的富于创造性的方法来触及老年人的情绪问题，发展他们的社交技巧。心理剧是最具结构性的戏剧治疗方法，要求治疗师受过广泛的训练。然而，其他方式也可以成为综合性治疗方法的一部分，如木偶剧、即兴表演、哑剧等。戏剧的运用完全取决于社会工作者的创造性。动物辅助治疗不大注重正规的治疗性干预，更倾向于给老年人提供简单的快乐和陪伴。能得到动物所有时间或一周几小时无条件的爱和情谊，可以帮助与外界隔离的、孤独的老年人感受到被爱和其他生命体对自己的需要。

或许把替代性治疗方法纳入老年人干预方案中最重要的一点是，所有这些方法都可能起到治疗作用，原因很简单：它们都很有趣，并能促进社会互动。获得一个可以欢笑和交往的机会，可能是所有好处中最具治疗性的部分。

第六章 临终关怀常见问题
及社会工作干预情况

第一节 老年人的临终关怀的必要性

直接面对濒临死亡和丧亲的现实是做老年社会工作不可回避的一部分,无论是对新手来说还是对有经验的专业人员来说,这都是一个很大的挑战。

社会工作者对自己死亡的恐惧或者对自己所爱的人死亡的恐惧能带来相当大程度的不适感,许多时候甚至会打击社会工作者考虑老年社会工作这一职业选择。

一、死亡对老年人的意义

尽管老年人对自己临近死亡或所爱的人将要离世的反应会像任何年龄的人对死亡的反应一样痛苦和仓皇失措,但是也有迹象表明,老年人远不像其他年龄群的人那样否认死亡这一现实。按照埃里克森的观点,老年阶段的发展任务是实现自我整合,避免自我绝望,它要求老年人在接近死亡的时候认定自己的生活是重要的、有意义的。老年人面对年老带来的生理、心理和社会生活方面的挑战,不可避免地要去想自己的死亡。随着子女长大成人并开始成家,朋友和家人去世,自己也面临身体状况带来的限制,老年人会强烈地意识到时光的流逝。带有个人性或专业性的人生回顾过程目的就是,帮助老年人处理未了的事宜,找到跟自己和解、获得心灵安宁的方法。对老年人来说,死亡并不是突如其来的事情,大多数人思考这一问题已有很长时间。

不幸的是,当老年人最想谈论自己的死亡和对死亡的感受时,专业人员和家人更可能好心地(却没有什么建设性地)把他们的忧虑推到一边,说些如"你的日子还长着呢"或者"你能活到100岁"之类的话。社会工作者要处理许多敏感的情绪问题,如家庭暴力、药物滥用或精神疾病等,专业人员常常需要推动当事人去处理问题。但是对于那些围绕着死亡和濒临死亡的问题，常常是老年人想谈但是帮助他的专业人员可能不想谈。

可能有两个原因让老年人不那么害怕死亡。第一，他们认为自己已经经历了人生的大部分阶段，因此能接受自己临近死亡的事实。他们经历了从童年到成年的所有人生阶段，其间既遇到了机会也遭遇了挑战。他们有机会坠入爱河、成立家庭或追求事业。预见到死亡并不意味着自己的生活是在还没机会展开的时候就戛然而止。第二，成人随着年龄的增长受到了越来越多的对待死亡的社会教育。老年人目睹了其他同龄人的死亡或者埋葬过家人和朋友。随着他们对死亡更加熟悉，他们就更容易接受死亡是生命周期自然而然的一部分。需要在此强调的一点是，接受死亡并不等同于对于死亡所带来的破坏性的情绪后果有免疫力，而是接受死亡并不是只发生在别人身上这一现实。

有些老年人可能真的欢迎而不是害怕死亡。那些患有慢性病或者失去伴侣的老年人，可能觉得失去质量的寿命的延长不是一种馈赠。与身体不便做斗争或者在孤独中挣扎可能会减弱老年人生命的活力。尽管这些老年人或许从未想过终止自己的生命，但是可能希望死亡早一点到来。即便不抑郁或没生病，"我已准备好随时离去"也可能是老年人常见的感觉。他们可能对自己的生活深感满意，仍积极参加各种社会活动，但是感觉心里已经做好了死亡的准备。

二、濒临死亡的人的身心特点

尽管临近死亡时身体和心理上的实际状况可能会因人而异，但是在个体去世前几个月和几个星期的时间里还是会有一些共同的身体症状或行为表现。当然，这说的是知道死亡会在一段时间后来临而不是因心脏病发作或因卒中之类的情况很快去世。

在离去世还有一到三个月的时候，随着本人意识到或在潜意识里感觉到死亡不可避免，他可能会疏远家人和朋友，开始与他们分离。尽管此时家人可能需要跟即将离世的人特别亲近，但是他会退缩一旁，以掂量自己的一生，准备好抛开一切。他可能会比平常睡得更多，或者闭着眼睛安静地休息，这样可以限定自己愿意跟人交谈的时间。此时应该鼓励家人和朋友继续与要离世的人待在一起，用触摸而不是语言跟他沟通。他可能对吃东西没什么兴趣，或者只是对他而言食物味道不好。

在离去世一到二周的时候，人可能会开始糊涂，大部分时间都在睡觉。他可能头脑混乱，家人对此可能会很受困扰。然而，这是濒临死亡过程中一个常见的现象，家人不应该摒弃这些事件对于即将离世人的意义。这一阶段的躯体症状有血压低，体温忽高忽低，出汗量增加，皮肤颜色不自然，呼吸不平稳等。

去世前几天，人可能会突然精力旺盛，头脑不再糊涂和混乱。这常常会让家人和朋友误以为他已经康复了，不会像以前预料的那样过世。然而，精力旺盛的时间一般都很短，接踵而来的是频繁的坐卧不宁、呼吸不规律、循环不好和一定程度上对外界失去反应。当出现这些症状的时候，死亡就近在咫尺了。

三、临终老年人的需要

（一）身体方面

不管老年人是否为不可避免的死亡做好了准备，害怕延长身体上的不适或痛苦的时间可能是他们预见到死亡后最害怕的事情。濒临死亡的人需要知道大家正在采取一切措施控制痛苦。通常只是到出现了临终关怀运动（将在本部分内容后面的部分讨论）以后，控制濒临死亡人的痛苦的重要性才被当成一件事情直接公开解决。社会害怕使用太多的控制痛苦的药物会造成药瘾，对临终患者来说这似乎很有讽刺意味。

尽管已经调整自己适应年老带来的躯体上的变化，但是濒临死亡的老年人仍然关心自己的身体形象和其他人对自己的观感。让老年人更有尊严地离世的一项重要工作是，帮助他保持良好的个人卫生，并尽可能长久地保持能让人接受的外表。老年人在身体干净、衣着整洁的时候会感觉更好，不用担心自己的外表会令他人不快。

（二）情感和心理方面

濒临死亡的老年人在情感和心理上的需要就像身体方面的需要一样重要。他们需要尽可能长时间地保持对自己生命的某种掌控感。如果老年人的身体许可，认知能力可以胜任，那么就可以让他们通过预留治疗指示参与决定临终治疗方案或者参与决定日常护理方案以获得这种掌控感。

濒临死亡的老年人需要有机会在一个安全的、能接纳他们可能会有的多种多样的感受的氛围里谈论即将到来的死亡。接受濒临死亡的现实是一个伤痛的过程，老年人可能会感到悲哀、愤怒、怨恨、害怕或恐慌。从本质上说，老年人会为失去生命和机会，与所爱的人分离，对生命里的事无能为力而哀伤，这与老年人去世后其他人对他的哀悼反应差不多。老年人可能会回顾自己的人生并缅怀往事，这有助于他们在人生最后的日子里体会到生命的意义。这种人生回顾可能会促使老年人想有机会跟那些有未了心事的家人或朋友"了断感情账"。

老年人还需要时间调整自己，适应即将离世这一现实，这一过程通常会有几个接纳阶段。最初，濒临死亡的人在得知医生诊断自己的生命接近终点后会震惊或麻木，接着会有一段时间的情绪上的混乱，然后才能真正认识到即将离世对自己意味着什么。然而，并不是所有的人都会经历这些认定的阶段，并没有证据表明健康地接纳死亡有必须经过一系列阶段的内在要求。个体还可能会在各阶段间摇摆，或者以不同的顺序经过这些阶段。

（三）社会生活方面

濒临死亡的人需要跟家人和朋友接触，尽管此时他本人和家人、朋友常常相互都有抽离行为。家人和朋友在跟濒临死亡的人待在一起时可能会感到不舒服，抽离是开始准备悼念的表现。由于疾病的折磨或者自己的哀伤，老年人也可能越来越不想让他人围绕在身边。老年人需要见到自己的子女、孙子女、外甥、侄女等，这能提醒他们自己的部分生命会通过下一代延续下去。

身体和认知能力尚可的老年人可以参加由其他临终患者组成的支持性小组，他们和老年人有同样的恐惧与担心，老年人常常能从中受益。对于面对死亡的老年人来说，小组提供的正向的社会交往可能尤为重要。即使是那些一生都不注重精神生活的老年人，死亡也常常会让他们想要通过精神辅导整理好自己的精神家园。能得到自己选择的精神导师，对老年人及其家人来说会是一个莫大的安慰。即使是在最后的日子里，努力寻求生命的意义也是真正接纳死亡的一个重要部分。

四、临终关怀的意义

（一）提高死亡价值

死亡可以说是人的生命中的最后一课，之前大多数人无法接受死亡，把死亡看作生命的敌人，而随着社会的进步与发展，大家把死亡与生命联系到了一起，把死亡当作生命的一部分，或者说是生命的另一种形式。

（二）社会文明的标志

即将死亡之人不放心家属，心有牵挂。同时，家属用爱来照看患者，临终关怀人员给患者及其家属更全面的照顾，这完全体现了人类的情感，体现了人类道德的发展，体现了人类文明的进步。生者的意义、死者的价值，在这里都可以将临终关怀的意义完整地体现出来。

总之，临终关怀是临终患者需要的，是患者家属需要的，是整个人类社会所需要的。它所代表的不仅仅是个人和家庭的意义，更是整个国家、整个社会、整个人类文明的意义所在。

第二节　对老年人丧亲与哀伤的社会工作干预

尽管在缅怀逝者的过程中面临许多挑战，在情感上不可避免地会有伤痛，但是大多数老年人都能摆脱心理上的困境，在心理上重建对重大丧失的认识，获得良好的调整，适应失去所爱的人的生活而不需要专业人员介入。然而，对老年社会工作者来说，那些不能安度丧亲这件事、沉浸在哀伤中的人便成了一个比较大的挑战。

未完结或未得到解决的丧亲感受被称作"复杂的哀伤"。它的特点是，悼念和悲伤的时间拖长，丧亲者有自暴自弃或功能失调行为。比如，在哀伤过程中常见的愤怒情绪没有随着时间的流逝而减退反倒增强了。有复杂哀伤的人常常会滥用药物，以此麻痹自己或者驱散痛苦的感受。哀伤的人可能会完全被内疚感击垮，认为自己原本可以做些事情阻止所爱的人逝去。复杂哀伤与正常哀伤的差别在于情绪反应的周期和强度不同。复杂哀伤超出了正常的哀伤反应，对解决丧亲后的哀伤构成了障碍。

按照《精神障碍诊断与统计手册》，复杂哀伤的症状包括以下几个方面：

①表示对大范围内的许多事感到内疚，而其中很多事与丧亲并没有关系。

②死亡占据了头脑，除了希望和逝者一同离去不想别的。

③有反复出现的强烈认为活着没有意思的念头。

④精神运动迟缓。

⑤功能损害延长并且严重。

⑥除了想象听到死者的声音或看到死者外，持久出现有关死者的多种幻觉。

沃登识别出有三个条件会增加正常的哀伤演变成复杂的哀伤的可能性。第一，丧失是"说不出口的"，如因自杀、艾滋病或其他情况导致的死亡，在这些情况下，人们通常认为逝者的高危行为加速了自己的死亡。在某些情况下，死亡原因让丧亲者不能很好地面对现实。第二，死亡是不为社会所接纳的，如流产或者死者是与丧亲者没有法定关系的人。在这些情况下，社会不大能认识到丧亲者对于逝者的情感依附的重要性，因为它可能超出了社会认可的关系的范围。沃登提出没有任何社会支持网络的哀伤者是演变成复杂哀伤者的第三类高危人群。对这些人来说，没人知道（或者在意）他们正为死者哀伤。生活在继续，但没有人明显认识到这一丧失对他们的重要意义。这些人中包括没有子女，朋友也较少，又失去伴侣的老年人。因为跟外界的联系不多，丧偶的老年人可能真的是独自咀嚼哀伤的苦果。

老年人及其家人经过的一段必须学会应对失去生命中的重要成员的时期即丧亲时期。丧亲的时候个人会感觉非常悲哀、万念俱灰或孤独，即所谓的哀伤体验。

一、哀伤的表现

（一）心理和情绪方面

陷入哀伤的人会认为，自己现在的感受无论是在强度上还是在由情绪动荡所带来的混乱性质上，都是前所未有的，这让许多人认为自己快要崩溃了。他们会表现出多种多样的情绪，包括震惊、否认、悲哀、愤怒、内疚、混乱和抑郁。

他们可能在很长时间内都无所适从，或者不清楚该做些什么。所有这些症状都表明遭遇所爱的人去世会使人在情绪上受到极深的震动。巨大的丧亲之痛可能让人难以承受，一时处理不了，或者太痛苦，明白不过来。哀伤的人常常表示难以清晰地思考或者相信自己的判断。他们常常感到自己像是坐在情绪的过山车上，一会儿感到悲哀，一会儿又感到愤怒。尽管如此，也有些人并未马上感觉到什么，说自己"心死了"。

哀伤的人常有的一个反应是出现视听幻觉。他们可能听到去世的人的声音，或者是在人群里或家中某个房间里看到过世的人。这些幻象可能是由熟悉的刺激引发的，如在已去世的人通常下班回家的时候听到关车门的声音，或者闻到已去世人物品上的香水味道等，但也可能没有任何明显的刺激。有些哀伤的人会对此非常不安，担心自己要疯掉，但也有些人觉得这些能给自己莫大的安慰。社会工作者不要摒弃这些感受，将其认定为病态反应，而是应该跟老年人一起探讨这些感受对于他处理自己的哀伤有什么意义。

（二）躯体症状

哀伤期人们对于哀伤的反应在身心特点上各有不同。睡眠不好是常见的反应，包括失眠或嗜睡。哀伤的人常常很想睡觉，却睡不好，会被与所爱的人有关的梦惊醒。睡眠不好就休息不好，这会导致丧亲的人感觉所有时候都疲惫或身体虚弱，活力被耗尽。睡眠不好可能还会伴有呼吸困难或者长时间气短，从而使疲惫感加重。

有些哀伤的人会出现与过世的人在濒临死亡时一样的躯体症状或者患上其他疾病。比如，癌症遗属可能会担心自己患了癌症，并觉得自己同样的位置也有疼痛感。对那些倾向于用躯体症状诉说抑郁情绪而不是直截了当讲出来的老年人，这可能会特别成问题。一些科学研究的结果表明，哀伤会抑制免疫系统，哀伤的人更容易生病，尽管并没有证据表明这种作用是长期性的。虽然身体生病在哀伤的人中更为常见，但是它最可能是睡眠不足、胃口不好和不断累积的情绪耗竭共同作用的结果。

（三）行为表现方面

人们表达哀伤的行为有哭泣、躲避社会交往（或者过度依赖他人）、敌对、坐卧不宁，以及对社会关系或社会活动失去兴趣。这些症状与抑郁非常相似，鉴于这一原因，对老年人采取干预措施，弄清楚到底是严重抑郁症的症状还是丧亲的哀伤表现非常重要。抑郁症的诊断一般不适用于近两年有重要亲朋去世的老年人，因为老年人的症状更可能是丧亲的表现。

不建议近期丧偶的老年人和刚经历所爱的人去世的人在丧亲的头一年做重大的生活变动。他们需要花些时间才能平复情绪并重新组织自己的生活。丧亲的人会有强烈的冲动想马上卖掉房子，搬得远远的，或者是做出一些重大举动以缓解悲痛。由于在刚刚丧亲的时候，他们的判断力会暂时有问题，所以不建议老年人搬迁。

二、哀伤的阶段理论

（一）伊丽莎白·库伯勒·罗斯的哀伤阶段论

个人所经历的丧亲过程有一系列可以观察得到的情感和行为方面的表现。这一理论或许是流行的哀伤阶段论中最知名的一个。下面是伊丽莎白·库伯勒·罗斯的哀伤阶段论。

伊丽莎白·库伯勒·罗斯最知名的研究可能就是她识别出个人在接受自己不可避免的死亡或他人的死亡时会经历几个阶段，这些阶段包括以下几个。

1. 否认期

刚得知死亡或濒临死亡的消息时感到震惊和麻木，人们常常在心理上拒绝这一念头，说"我不相信"或者"不可能是我"。

2. 愤怒期

当麻木感消失后，濒临死亡的人及其家人可能会感到非常愤怒。愤怒的对象可能是医护人员或者垂死的人等。

3. 讨价还价期

讨价还价的特点是向其他人或自己提出一系列的交换条件。比如，一个人可能会许诺做个更好的父母、祖父母或者配偶，以此为条件要求多活几年。这便是在讨价还价。

4. 抑郁期

当愤怒和讨价还价都不能改变死亡一定会降临的事实时，人们常常就会抑郁。死亡成了真真切切的事，个人被迫要挣扎着明白这意味着什么。人们常常会变得非常绝望或者退缩，有典型的抑郁症的临床症状。

5. 接受期

当濒临死亡的个体或者丧亲的人已经达到能"安静地期待"死亡来临的状态时，便进入了接受期，他们尽管没有绝望或者屈从死亡，但是不再与不可避免的死亡苦苦抗争。

（二）鲍尔比的哀伤阶段论

另一个流行的阶段理论是由鲍尔比提出的。

基于依附理论，鲍尔比提出，人类有一种本能的依附他人的需要，当死亡让人与所依附的客体分离时，就会表现出一整套特定的行为。在丧亲的第一个阶段，个人处于震惊或麻木状态，除了迷惑和混乱外，实际上感受不到太多其他东西。他们不明白这一丧失的意义和重要性。在第二个阶段，个人深深渴望与已去世的人重新建立联系，可能会沉浸在去世人的物品或照片中，追忆所爱的人成了丧亲的人大部分时间日思夜想的核心内容。当丧亲的人完全认识到所爱的人已经离去时，他会进入精神涣散期或绝望期，特点是淡漠、悲哀、愤怒、怨恨或绝望。在这一阶段，丧亲的人被迫要面对失去所依附客体的现实。鲍尔比提出的第四个阶段是重组期，在这一阶段，丧亲的人必须重新界定其对自我的体认，重新评估其生活情境。此时是要学习新的角色并掌握新技能，以便在失去所爱的人的情况下生活下去。

（三）持续纽带理论

阶段理论之外的一个有关丧亲的理论是西尔弗曼和克拉斯提出的持续纽带理论。他们提出，丧亲过程是人在一段时间里不断地去弄清楚丧失意味着什么，而不是解决丧失问题。例如，刚刚失去丈夫的寡妇可能会感觉生活失去了意义和中心，这让她觉得困惑，不知该做些什么。当没有丈夫的日子一天天、一周周地过下来以后，她可能就会比较习惯了，把生活的重心转到其他社会活动和出口上，最初强烈的丧失感会有某种程度的减弱。她可能仍然深深怀念丈夫，但是已经用跟其他寡妇和家人的活动填充了一些孤独时间。在她调整自己适应寡居生活时，经历着不断弄清楚失去丈夫一事的意义的过程。尽管这一丧失不可能彻底化解，但是随着时间的推移，哀伤的形式和作用会发生改变。

三、影响哀伤的因素

（一）性别

研究发现，女性要比男性更能有效地悼念死者，度过哀伤期。这可能部分归结于在传统上女性比男性有更完备的社会生活系统。这既让她们能有一个富于支持性的环境分担丧亲带来的深切感受，也让她们有更多的机会参与有助于回归社会主流的社会活动。

在婚姻中，可能是妻子而不是丈夫负责处理配偶的社会关系。当老伴去世后，男人会发现自己主要的社会网络都是由其他成双成对的配偶组成的，这情形可能会让他觉得特别不舒服。因为社会传达的信息是男人的情感不要外露，男人要能控制自己的情感和局面，所以男人处理哀伤问题会更加困难。由于丧偶带来的高度的身心折磨，鳏夫更有可能追随配偶在短期内离世。

女性可能会比男性更快地调整适应丧偶的生活，因为她们对此已有心理准备，预演过这一角色。女性要比男性更可能丧偶，这是事实。目睹其他女性挣扎适应丧偶后的生活会让女性考虑自己的处境。不管是刻意去想有一天必须自己处理家庭理财方面的事，或者身为配偶处置一生积聚的财物，还是无意中想到这些，都可能会让女性在尚未失去配偶前就早早考虑后果了。

（二）文化背景

悼念过程嵌入特定的社会文化背景中，这一背景规定了或者至少是容许用许多特定的仪式来暗示亲友的死亡，得体地表达情感。尽管各民族在这方面的文化传统有巨大的不同，但是只要有一套相应的行为期待，哪怕是有对悼念时间的约定俗成，就有助于丧亲的人凭吊逝者。这些文化传统的核心可能是有关死亡的意义。文化和宗教习俗也可能规定丧亲的相关事宜，决定葬礼和处理逝者躯体的方式。如果文化传统容许社区中的其他人积极参与，那么丧亲的人及其家庭就可以聚集广大的社会关系网中的成员，这些成员能在丧亲后的日子里为他们提供生活和情感上的支持。

（三）模糊性丧失

哀伤过程还会受到博斯所说的"模糊性丧失"的影响。

亲人在火灾或飞机失事中去世而没有找到尸体便是一个模糊性丧失的例子。逝者的躯体不在这世上，但是丧亲的人在心理上认为他仍然活着。类似地，一位患阿尔茨海默病晚期的老年人丧失所有认知能力已有很长时间，或许躯体还在，但是亲人在内心里可能会觉得他早已不在了，这是另一种形式的模糊性丧失。这种类型的丧失让人难以体会死亡的真正意义。

当没有清楚的证据表明濒临死亡的人或去世的人真的不在了时，要完成丧亲悼念就是一个挑战。

（四）预支哀伤

患阿尔茨海默病的老年人的照顾者常常会有所谓的"预支哀伤"，即在濒临死亡的人还没有真的去世前就与其保持距离和脱离关系。随着老年人失去行为能力，照顾者在每个阶段都要过"哀伤关"。照顾者在老年人不再能自己照顾自己，越来越依赖自己的时候会哀伤。当老年人不再能认出所爱的人，照顾者要照顾一个成了陌生人的老年人时，又会哀伤。所以，照顾者的哀伤会伴随某个具体的丧失而起起落落，迫使他"一遍又一遍地经历哀伤"。

尽管在阿尔茨海默病或其他让人的重要功能逐渐丧失的病的病程中，照顾者已经体会过了丧失的悲恸，但是这还是阻止不了一旦所照顾的人真的去世所带来的哀伤。预支哀伤的照顾者常常对老年人有一种矛盾心理。当老年人最需要照顾的时候，照顾者却可能在照顾过程中投入的感情较少。这是一个痛苦的过程，要在同一时间"既抓着不放，又听其自然，画上终止符"。

（五）社会支持网络

影响哀伤过程的一个最重要的因素是丧亲的人拥有的社会支持网络状况。有朋友和家人的支持，宽慰丧亲者，缓解丧失所爱的人之后的孤独感，可以极大地促使丧亲者平稳走过丧亲后的心路历程。而对老年人来说，社会支持尤为重要。

老年人需要有人环绕在身边，倾听他们的诉说，准许他们充分感受与亲人去世有关的惊恐等正常范围内的情绪，还需要有人在服丧期间提供生活协助和情感支持。由助人专业的人提供的情感支持尽管在许多情况下都有作用，但是不能取代家人和朋友提供的社会支持。

（六）情绪健康和应对策略

哀伤过程还会受到老年人的情绪健康和调动以前的成功应对策略的能力的影响。感情脆弱、处理任何改变都有问题的老年人，可能更难以成功调节自己、安度哀伤历程。一直对自己的生活基本满意，并在丧亲前有中等偏上的个人幸福感的老年人最可能成功度过哀伤期，最终重新加入主流生活中。容易抑郁、焦虑或者一生都有心理健康问题的老年人要化解哀伤可能会特别困难。

四、丧亲老年人的社会工作

推动一个人进入社会工作专业的部分原因是，他深深同情那些承受苦难的人，觉得很难对一个与深深的悲哀、混乱或者愤怒对抗的人袖手旁观。尽管如此，哀伤仍有自己的历程。

（一）丧亲老年人所面临的问题

1. 接受死亡的现实

丧亲的人需要接受丧亲的现实，并能向其他人说出这一现实。他们要能肯定地跟自己和他人说出："我妻子（丈夫、伴侣、家人）去世了。"对一些老年人来说，这可能意味着触摸去世的人的身体，在死者被送去举办葬礼和埋葬前花时间单独跟他待会儿。而对那些丧亲后处于震惊或否认状态的老年人来说，真正意识到斯人已逝可能是几天或几周后的事，此时跟葬礼有关的活动没了，他要面对一个空房子。

2. 忍受情感上的痛苦

悼念期的老年人必然要体会跟失去生活中的重要人物有关的情感上的痛苦、愤怒、怨恨、混乱或其他情绪。

好心的家人常常会让医生开镇静剂帮助老年人度过情感痛苦期。尽管家人看着老年人在悲伤中挣扎可能会不是滋味，但是在哀悼死者的过程中这是必要的一步。社会工作者及老年人的家人可以鼓励老年人保重自己的身体，但是试图去除哀悼死者过程中的情感投入是不明智的。

3. 从现在时向过去时转变

在悼念死者的过程中，随着丧亲者重新组织起失去死者的生活，丧亲者与死者的关系发生了改变，从当前的关系转向了记忆中的关系。这就是丧亲的老年人有充足的机会谈论死者，向他人讲述记忆中事情极其重要的原因。当老年人谈论所爱的人的时候，常常会有意识或无意识地转变，从用现在时谈论逝者转为用过去时间回忆逝者。"我们怎样"变成了"我们曾经怎样"，这预示老年人已经接受时过境迁，往前走了一步。

4.建立新的身份感

丧亲者在没有逝者的情况下重新组织自己的生活时，其部分任务是开始用新的眼光看待自己的生活。随着丧亲者有了与逝者共有的生活之外的新活动或者发展了新关系，他便会形成自己的、个人性的身份感。例如，一个最近失去伴侣的老年妇女可能发现要找份工作养活自己。

身为上班族的新身份增强了她的个人意识。而一个刚丧偶不久的老年男性可能发现自己不得不学会做饭、买日常用品或者洗衣服，这让他获得了前所未有的独立感和掌控感。在另一个人去世后积极寻求新的、令自己有成就感的角色，是积极哀悼死者的重要组成部分。

（二）社会工作干预

1.帮助丧亲老年人渡过调整期

大多数丧亲的人在亲人刚去世后需要有一段个人的调整期，在这段时期支持性小组可能起不了什么作用。然而，当个人已经准备好，也对支持性小组有兴趣，那么这类小组就能带助丧亲者更好地度过哀伤期。支持性小组由几个处于不同阶段的都在哀悼死者的人组成，它帮助这些人把与哀伤有关的搅扰人的种种情绪看成情有可原的正常现象。通过加入自助小组，老年人能从度过类似丧失的人那里学到新的应对技巧，建立新的社会关系，接受真正能理解丧亲者的想法和感受的人的帮助。哀伤的人很容易不理会他人说的支持性的话语，因为他们坚信没人能知道他们的感受。当然，确实没人能真的知道另一个人的感受，但是，由丧亲的人组成的小组是远胜于一般人的更值得信赖的支持来源。

对于那些预支哀伤或者有复杂哀伤的人，治疗性小组可能要比自助小组更合适。受过培训的治疗师可能更有能力帮助识别病态的哀伤反应，这些反应需要专业人员采取干预措施并给当事人提供支持。复杂的哀伤不一定会随着时间的流逝而减退，可能需要采取专门的治疗性干预措施。

2.技能培训

除了用来帮助丧亲的人处理情感反应的自助性小组外，技能培训小组是另一类有益的支持性小组。技能培训小组的重点是教丧亲老年人一些具体的技能。他们需要这些技能以便能在没有逝者的情况下重新组织自己的生活。这可能包括教丧偶的老年男性如何做家务，或者教丧偶的老年妇女基本的理财方法。技能培训可能简单到学习准备饭菜或洗衣服，也可能复杂到管理投资和处理不动产。技能不一定复杂，重要的是给老年人提供机会以让他对环境从不知所措到开始有所掌控。这是积极处理哀伤问题的方法，让老年人感到有力量控制日常生活。

3. 促成或推荐家庭辅导

老年人自己的哀伤过程一直是本部分内容的焦点，但是家人在哀伤过程中可能也需要专业协助。一位家庭成员的死亡常常会让其他家庭成员遭受情绪上的混乱，影响所有成员。每个家庭成员与逝者都有独特的关系，跟逝者有"未尽事宜"或冲突关系的家庭成员可能需要社会工作者额外做工作，以避免他们的情绪演变成复杂的哀伤。

第三节　对老年人配偶和照顾者的社会工作服务

在美国，有 3/4 的年龄在 65 岁以上的男性跟配偶一起生活，相比之下只有不到一半的同龄妇女与配偶共同生活。这在很大程度上要归因于两性在预期寿命上的不同。妇女更可能比配偶活得长久，这使她们在 65 岁之后独居的风险增加。

到 85 岁，只有不到 10% 的妇女与丈夫一起生活。这些数字说明，即使随着年龄的增长在婚夫妇的数量会有所下降，但是仍有相当数量的老年夫妇共同生活到高龄，并面对一系列独特的挑战，包括婚姻角色的变化、退休和依赖关系的转换。

一、角色变动

（一）重回两人世界

对于那些认同传统的父母角色的夫妇来说，与这些角色有关的经济和监护方面的事宜会在他们 50 多岁的时候开始减少。长大成人的孩子已经完成了正规教育，开始建立自己的小家庭，越来越少地依赖父母的支持，这也是正常家庭生命周期的一部分。渐渐地，夫妇又回归到婚姻早年的两人世界状态。尽管为人父母要做许多事，但是有些夫妇仍能保持健康的、充满活力的关系。他们设法保持情感上的亲密无间，并能在承担父母角色之外投身到这样的关系中。对这些夫妇来说，不用照料孩子是一件让自己轻松的事情，他们乐于接受，认为这将是找回两人世界乐趣的时光。而对另一些夫妇来说，抚养孩子一直是把他们维系在一起的纽带，他们常常会为此而置夫妇关系于不顾。当孩子离家后，他们面临的可能是要与一个相对而言陌生的人一起生活。他们熟知对方是"妈妈"或"爸爸"，但是对于亲密相处有些不自在。选择还待在一起的夫妇面临着重新界定伴侣关系问题比身为父母相互担当的责任要多。

（二）退休

当今社会的从业人员对于退休有非常复杂的感情。对一些一生从事的工作都需要有大量脑力和体力付出的老年人来说，退休是一件受欢迎的事情，他们可以从此摆脱工作的压力，终于有时间放松，做因上班和肩负养家责任而做不了的所有事情。退休被看作一个新起点，也是一个长长的娱乐期。而另有一些人面临退休时会感到惊恐，他们把退休看成自己最有贡献、最重要的那部分生活的终结。

决定退休给老年夫妇带来了一系列新的挑战。最明显的是他们要根据有限的收入定位自己的生活方式。尽管有了更多的时间从事休闲活动，但是收入也减少了。对许多人来说，工作场所是获得社会接触和社会交往的主要来源。退休要求个体找到富有创造性的方式替代已有的跟他人的社会交往。还有一些人，不管男女，退休迫使他们要重新界定常常跟职业角色紧密维系在一起的自我形象。

无论自己的社会经济地位如何，人们都能从服务于他人，知道自己毕生做的事情有重要意义中获得极大的个人满足。退休角色说的是个人不再能做的事情，而不是他们正在做的事情。

对于把大部分时间和精力都投入工作中的人来说，找到有意义的活动消磨闲暇时间也可能会是一个巨大的挑战。忧虑经济问题、社会隔离的威胁、重新界定自我形象、填充没有特定安排的时间可能给老年夫妇带来压力。

（三）依赖角色

尽管配偶双方可能对在生病或伤残的时候要相互照顾心照不宣，但是真正做好准备，在心理上和体力上能应付照顾配偶需要的夫妇却寥寥无几。互惠性的彼此照顾义务会因为一方配偶需要特殊照顾而受到严重干扰。尽管在大多数长久持续的婚姻中都会有很深的感情和投入，但是转换依赖关系依然可能会带来愤怒和怨恨。例如，一位男性老年人的妻子生了病，他可能就要担负起做饭和收拾屋子的责任，他可能对这些事毫无准备。而如果一位老年妇女的丈夫得了阿尔茨海默病，她可能就要接手家庭的财务管理，这与她一直以来担当的角色和所负的责任有所不同，对她来说是一个挑战。这两种情形都要求配偶能发展出新技能，承担起新任务，许多夫妇多年来已经有了成型的交往方式，习惯用熟悉的方式共同生活，这样一来便会带来极大的恐惧和不安。

二、老年伴侣支持性工作的目标

（一）做配偶工作的背景

社会工作者做老年人配偶的工作大部分发生在向他们提供直接服务的时候，如协调家庭健康照顾服务，支持家庭照顾者或者进行个案管理。在这样的情形下，配偶工作被视为更大的干预工作的组成部分，工作的落脚点不只是配偶关系，而是比它更宽泛。然而，对于任何协作性个案而言，要获得整体上的成功，支持或者强化丈夫和妻子相互扶助，继续共同做决定并解决问题是十分重要的。

要着重强调的一点是，任何老年人配偶辅导的重点都不应该是尝试解决或矫正已经持续了一辈子的婚姻功能失调问题。有关研究表示，老年配偶发现对他们关系最大的威胁来自外部力量而不是内部力量。重要的是帮助老年夫妇运用使关系得以维系这么久的优势力量，而不是重建社会工作者所认为的更能发挥作用的关系。

有关夫妇辅导的文献很少关注老年配偶或者伴侣，这说明人们既不大愿意做老年夫妇的工作，也对这一人群所面对的心理社会挑战所知有限。

正如本书自始至终强调的，在精神健康辅导领域弥漫着微妙的年龄歧视。人们普遍认为，老年人年龄大了，改变不了，他们调动自身洞察力改变延续一生的行为习惯的能力有限，他们病得太重或者头脑糊涂不能积极参与到治疗过程中。另外，还有一个危险的想法，那就是认为在一起生活了很长时间的夫妇已经找到了解决方法，能求同存异，适应对方，所以不大需要支持性的辅导来改善关系。

当代老年人可能对辅导还持负面的态度，这阻止了他们寻求专业帮助来解决夫妇关系方面的问题。婚姻辅导可能被视为适合那些"发疯"的人或者是有酗酒、亲子关系问题或者是不忠问题的夫妇。在一起生活了很长时间的夫妇有理由感到自豪，因为他们在面临终生的挑战时"坚持了下来"，他们可能对于婚姻所能带来的福祉没太多理想主义的想法。然而，在面临与年纪有关的如严重疾病之类的危机时，惯用的应对措施可能会瓦解，甚至使最持久的关系发生动摇。

许多老年夫妇所关心的事情与其他年纪的夫妇并没有什么不同，这些事情包括夫妇间的沟通、婚姻中权力的平衡、经济事宜和性等。这些问题在家庭的生命周期中会一直处于磨合协商之中。然而，老年夫妇会因为变老而面临额外的一些心理方面的挑战。

（二）帮助老年夫妇处理好丧失问题

帮助老年夫妇在不动摇其关系的前提下处理好丧失问题是支持性辅导的一个重要目标。例如，配偶一方可能会错误地认为，一旦另一方不能做饭或管家，两人就都得进老年护理机构。但实际上这对夫妇仍然可以彼此陪伴，安心地住在自己家中，这一权利不会被剥夺，而是身体更好的一方得到帮助，或者学习新的持家技能，或者得到支持性服务。这些方法既能让这对夫妇继续生活在一起，又能现实地处理由一方功能丧失带来的问题。对于因配偶一方不能再理财而要接手管理钱财的配偶来说，情况也是一样。请求某个成年子女帮忙，或者安排外界帮助处理钱财方面的事，都能让夫妇继续待在一起，同时又弥补了家庭功能方面的丧失。

同身体或认知方面明显的丧失相比，老年夫妇可能会经历比较微妙的丧失。有大量的逸闻趣事都讲丈夫退休后整天待在家里，而妻子一生都在持家的夫妇面临的挑战。特别常见的是，丈夫把"执政能力"转移到家里，认为家里的厨房需要重新调整，或者给妻子提建议，让她可以更有效地做事，却不受欢迎。在自己做事的地方失去权责可能会突然给妻子带来巨大的压力，她可能会把丈夫视为入侵者，觉得他妨碍自己做家事。要想减轻夫妇间的压力，可能需要帮助他们找到创造性的方法安排新的家庭劳动分工。

（三）创造掌控生活的机会

对老年夫妇来说，处理好丧失而不动摇两人的关系是创造掌控生活机会的一部分，这对防止老年人出现抑郁症是一个重要因素。比如，尽管一个生病的妻子不能自己做饭，但是她仍能建议做什么饭或者指导配偶做饭。尽管一个上了年纪的丈夫可能做不了简单的房屋维修工作，但是仍然能负责叫来外面提供服务的人，指挥他们做修缮工作。尽管一直乐于一起种植的一对夫妇可能照管不了一个大植物园，但是他们可以转移兴趣，种一小片花园或者一个小草药园。夫妇一起识别和建立能掌控的那部分生活，通过重新界定他们自己感到能保留的有意义的角色，可以帮助他们避免婚姻出现紧张局面。

（四）保持自我认同

健康的夫妇关系能给彼此提供机会，通过为共同生活做贡献界定自己在这一关系中的身份。当疾病或伤残夺去了配偶一方在婚姻中扮演的惯常角色时，这一配偶可能会对维持这一身份有些焦虑。一位丈夫一直是家中的顶梁柱，退休的时候可能会焦虑不安，感到自己不能再为婚姻做应有的贡献。一位妻子一直照顾家人，生病迫使她不能再做这些事情，不能像以往那样为夫妇关系贡献自己的力量，她可能会抑郁。夫妇可能需要不断得到保证，尽管自己为婚姻联合体所做的事情和贡献的方式有所改变，但是他们在夫妻关系中的身份不会改变。

三、老年伴侣的治疗干预

有时老年夫妇最需要的是资源方面的信息。虽然他们对夫妇关系和沟通状况感到满意，但是面对身体不便和认知方面的问题，靠有限的收入维持生活已经耗尽了他们的应对能力。在这一情形下，夫妇治疗工作意味着帮他们澄清自己的需要，接触可以到手的资源，满足他们的需要。夫妇可能需要人协助以识别和动员现有的支持网络并建立新的支持网络。那些一直靠自己的能力解决自身问题并引以为豪的老年人，可能会认为有求于人是自己的重大失败。鼓励老年人向家人和专业人员求助，要求社会工作者极其敏锐地体察老年人因自豪感受挫而带来的痛楚。

老年人可能还需要协助，以便找到方法，平衡依赖需要与独立需要两者关系的改变。当有迹象表明老年人需要支持性服务时，助人专业人员超出实际需要给老年人提供过多的支持性服务，本意虽好却有破坏性作用。尽管这在短期内可能会让老年人的生活变得容易一些，但是常常剥夺了他们设法至少保持一定程度的自我效能感的机会。例如，一对老年夫妇可能自己做午饭或晚饭有困难，但是仍能自己做早饭。即使是做早饭这样简单的活动也能让这对夫妇保有独立感。避免在调动资源帮助老年夫妇时陷入制造习得无力感的陷阱，这一点值得重视。

（一）婚姻生活的回顾与缅怀

婚姻生活的回顾是帮助夫妇缅怀他们如何相识，最初吸引彼此的东西是什么，以及对早年婚姻生活的回忆。这些能唤起老年人当初决定这辈子生活在一起时的感觉，让他们回忆起当初彼此有吸引力的地方。

接下来，工作者会询问他们在婚姻生活的早期和中期发生的事情，识别他们遇到的障碍以及如何处理冲突和压力。如同个人的人生回顾一样，这一过程可以帮助夫妇识别出在整个婚姻生活中他们是如何相互扶持的，让他们想起过去用的多种多样的应对方法也可以用到现在的生活中。这对那些对年老带来的挑战感到力不从心的夫妇特别有帮助。他们可能忘了自己过去是如何动员起来，成功战胜艰难险阻的。历数过去的事情可能会提醒老年人他们在婚姻生活中是如何通过协商重新调整角色和责任的。

　　老年夫妇婚姻生活回顾工作的一个最重要的好处是提供了一个机会，让老年人可以从一个全新的角度讲述自己的故事、追寻往事，并从中获得新的意义。比如，一对老夫妇可能忆起丈夫被解雇，家庭面临流离失所时非常危险的情形。尽管回忆这样的事可能会带来愤怒和尴尬，但是夫妇也能从中得出一些教益。可能正是因为这件事才促使丈夫完成了大学教育或者让妻子工作，事情最终让家庭的未来更有经济上的保障。尽管这对夫妇不会把遇到这件事看成婚姻中的快乐时光，但是能从积极的一面"重新诠释"，有助于动员已有的技能，协助他们重新看待目前遇到的与年龄有关的挑战。

　　婚姻生活回顾可能会有工具性价值，帮助老年夫妇识别和解决旧时冲突。即使是对夫妻关系高度满意的夫妇也可能会有些积怨郁结在心里。让夫妇有机会重新撩起旧伤，看到过往的失望可能也会帮他们最终释怀，使夫妻关系更进一步。在前面所举的丈夫丢失工作的例子中，妻子可能终于说出对不得不把孩子留给别人照看，自己做养家糊口的顶梁柱这件事的不满。尽管如此，在述说自己的不满时，她可能也认识到重新工作让她有了一些技能和自信心，除了妻子和母亲的角色之外，她还有了一些喜爱的角色，这些角色并没让她感觉应付起来有困难。多年后再来看这一负面事件带来的积极结果对于帮她把愤怒转化为理解有非常宝贵的价值。

（二）认知行为疗法

　　用认知行为疗法开展夫妇工作旨在转变夫妇负面的思维方式，最终改变其功能失调的行为模式。情形诱发想法，想法衍生情绪，情绪影响行为。如果对特定情形的认知反应能有所改变，那么负面的情绪和继之而来的行为也可能会得到修正。

　　这一疗法对于帮助老年人处理对丧失的反应会特别有益处。尼科尔斯识别出老年人面临的丧失有三种：其一，失去重要的人，如配偶、朋友或家人等；其二，失去自我的重要方面，如个人的健康、身体功能或者角色等；其三，失去身外之物，如钱财或家庭。经过一段时间悼念这些丧失后，许多老年人都能接受现实，不会失去自尊。

　　但也有些老年人死盯着这些丧失不放，导致抑郁，严重损害了生活能力。认知行为疗法能用来帮助老年人找到弥补丧失的办法，把想问题的重心移到自己仍然拥有的资源上。例如，一位退休的律师可能固执地只想自己退休后的无聊乏味，感觉自己不再是社会中有用的人。他长期的不快乐会影响夫妇共同的幸福感。当妻子仍忙于与子孙待在一起时，丈夫却闷闷不乐，缅怀自己过去的生活是多么激动人心的。认知行为疗法能帮助丈夫查看让他一直得不到满足的负面的思维模式。他需要帮助，对于不再能做原来的工作这件事建立新的反应机制。过去的律师工作要求非常多的付出，让他没机会跟家人和朋友共度时光，现在可以弥补了。同样，这一工作还让他没机会向低收入的当事人提供免费的法律服务，这是他一直以来的一个梦想，却从未有机会实现。现在退休了，他有了这样的机会。把退休视为一个机会而不是丧失，能帮助个人从自叹自怜中摆脱出来。认知重建会承认由如退休等事件带来的丧失，但是会帮助老年人探求不同的行为反应，使之更有建设性，更能实现自我完满的目标。

（三）沟通技巧训练

另一个能用来帮助老年夫妇改善夫妻关系的技术是沟通技巧训练。在长期的婚姻关系中，夫妇会形成习惯性的沟通方式。

只要这样的沟通方式行得通，情况就不大可能会改变。夫妇知道有选择地争吵，包容配偶的脾气，理解微小的动作具有的含义。然而，角色的改变或者生病、伤残等，可能要求夫妇在沟通方式上有重大的改变，必须学习。例如，一位丈夫可能知道妻子阴沉着脸不跟自己说话是因为在生自己的气，最终妻子会告诉他什么地方错了。最好的处理方式是让她自己想好了再来找他。所以，他会让她一个人待着。在这种情况下，妻子不会怪罪他。眼下妻子为自己的身体健康感到沮丧，担心无法购买她治病所需的昂贵药物。她感觉丈夫在拒绝她，因为他似乎没注意到有什么不对劲。她感到内疚不愿跟他讲自己的忧虑，因为钱很紧缺，看起来他自己的问题已经够多了。结果，他们很少交谈，两人对对方在做些什么，有什么感受都有错误的想法。这是一个典型的例子，老年夫妇依赖熟悉的沟通方式，并把它用于婚姻中出现的新情况。沟通技巧训练能帮助夫妇认识到情况有什么不同，质疑他们惯用的沟通方式和解读彼此行为的方式。丈夫会不再认定情绪上的隐而不发是表明妻子在生气，而可能是她抑郁或忧虑的信号。妻子也不能认定丈夫会神奇地会意她沉默不语是担心钱或自己的健康，因为这样的行为过去在他们的婚姻中一直被视为生气的表现。

当夫妇一方的感觉、知觉功能开始出现问题时，如丧失视力、听力，或者因患痴呆症而有认知损伤时，惯常的沟通方式可能也会受到挑战。例如，丈夫可能会把妻子家务做得不好归结为对干净整洁不在意，而实际情况是妻子的眼睛不那么好使了，看不清楚，不能把清洁工作做到位。妻子可能会把丈夫看电视时声音开得很大理解为不想理自己，而实际情况是丈夫的听力有所下降。在面临因患阿尔茨海默病带来的退行性变化时，夫妇发展新的沟通技术尤为重要。在疾病的中后期阶段，个人丧失与他人互动的能力，配偶可能会忘却伴侣的感受，说话做事对其造成伤害或打击。若没有专业人员的帮助，伴侣可能要花很长的时间才能认识到这是疾病的表现，而不是两人的关系出了问题。

（四）家庭会议

除了做夫妇两人的工作，老年人工作还涉及他们的家人及其在提供情感和工具性支持中扮演的角色，这些也是工作中不可分割的一部分。下面会详细描述做家庭照顾者的工作面临的具体挑战，但在这一部分会谈谈如何以"家庭会议"为手段开展治疗性干预。家庭会议既可以被当作开展简单的家庭工作的一种方式，也可以充当"论坛"，为老年人及其家庭制订出协调性的服务方案。

一个此类工作方案的例子是美国的"一起关注年老"计划，由位于华盛顿州西雅图的家庭服务组织实施，该计划从20世纪80年代中期开始实施，到1994年结束。

尽管该方案因缺少资源而中断，但其把家庭会议的概念与简短的、以家庭为中心的治疗性干预结合到一起的基本做法，提供了一个富有创造性的家庭照顾系统的途径。该方案采用了一次性的、集中深入的3个小时的"家庭咨询"，把老年人、家庭成员、相关的朋友和邻居，以及如社会工作者和健康护理人员等专业人员聚集到一起。设计这一工作模式的目的是，鼓励家人在为满足年老的家庭成员的需要做计划时能更超前一步，为他们赋权，使他们能为满足老年人的需要制定出自己的富有创造性的策略。此外，这一工作方案的目的还在于帮助家庭成员认识到长久以来家中的矛盾和怨恨，并在帮助年老的家庭成员的过程中尽力解决这些矛盾。

1. 家庭会议的目标

"一起关注年老"计划共有四个目标。第一，帮助家庭"解除羁绊"超越当前阻碍，代表老年人把家庭动员起来。第二，识别成功的家庭应对技能并根据需要拓展新的技能。第三，帮助老年人及其家人把有冲突的需求排出先后次序。第四，通过为老年人制订一个行动方案，帮助家人治疗旧伤，处理积怨。这些目标反映出一个基本信念，即有了专业人员充当催化剂启动家庭解决问题的程序，老年人及其家人就有能力找到解决办法，应对年老带来的挑战。这一方法也认识到家庭动力长久以来的强大的影响力，它既可以是助力，也可以是障碍。尽管家人为了决定如何更好地照顾年老的成员可能会把个人恩怨搁置到一边，但是同样的恩怨可能会把未解决的冲突矛盾表面化。在这一模式中，无论是家庭发挥功能之处还是功能失调之处，都会得到处理。

2. 家庭咨询活动的内容

家庭咨询具体有五个方面的内容。最重要的内容是围绕家中老年人当前的情形，讨论了为了保护老年人的福祉要做些什么决定。老年人要直接参加这一讨论，充当决策者的角色，而不是由家庭成员和会议召集人谈论老年人，把他作为第三方。这是形成行动方案这一家庭咨询终极目标的核心要点。处理家庭未了的事宜是这一工作方法的第二项内容。它要协助老年人及其家人找出过去经历的丧失以及家庭是如何处理这些丧失的，其目的是帮助找出可能阻碍家庭做决定的障碍。在讨论经历的丧失和相关对策时，家人常常会意识到家里的规则和角色分配，意识到言明的、未言明的家规影响着哪些行为可以被接受，哪些不可以被接受。成年家庭成员在与其他家人交往的时候仍被认定要扮演儿时在家中的角色，包括照顾者、小大人、叛逆者、替罪羊或者小丑等，这种情况并非罕见。识别出家庭规则和角色常常能让人们越来越清楚地认识到家庭的沟通风格和内部劳动分工情况。这是家庭咨询的第三项和第四项内容。召集人帮助家人识别出他们在表达矛盾情感或其他强烈的感受时运用的妨碍了家庭良性运行的技能（或者是缺少的技能）。

家庭咨询的内容放在老年人需要支持性照顾这一不期而至的事件上，但也认识到受损的家庭动力可能会妨碍家人形成彼此都能接受的行动方案。

3. 召集人的角色

在家庭咨询过程中召集人扮演着多种多样的角色。探索家庭动力、沟通形态和未解决的家庭矛盾要求召集人起到治疗师或丧亲辅导员的作用。处理家庭成员间的冲突还要求召集人充当调解人和谈判人的角色。召集人还要有与衰老过程有关的生理、心理和社会生活变化方面的专门知识，以及家庭动力方面的知识。他们还需要有广博的知识面，了解老年人及其家人可以得到的各种配套性的社区支持服务。

家庭咨询的最终目的是形成一个初步的行动方案，满足老年家庭成员的需要。会议中简明的家庭工作内容目的是处理障碍，让家人能从认识到老年人的危机情况过渡到形成彼此都能接受的行动方案。有些家庭有出色的决策能力，只花有限的时间就能重新处理悲伤并解决过去的矛盾。这些家庭在会议中能很快解决家庭动力问题，能把开会的大部分时间用在识别资源和积极解决问题上。也有些家庭需要不止一次家庭咨询活动，或者需要接受长期的专业帮助来处理家庭问题。不管怎样，这一模式提供了一个令人耳目一新的方法，可以最大限度地让家人参与决定老年人的照顾方案，并让家人有机会改善家庭关系。

四、老年人的照顾者

尽管老年人可以得到大量的配套性的正式支持服务，但是在所有有损伤的老年人中，大多数人只靠朋友和亲属照顾，没有使用任何正式服务。

随着老年人在总人口中的数量不断增长以及有功能性残疾的老年人寿命的延长，正式和非正式照顾的需求都有望持续增长。在美国所有老年人中，有近 1/4 的人有功能性残障或者需要一些协助，到 2040 年，这一数目预期会增加 90%。人口出生高峰期的一代人较低的生育率，其子女在各地的流动，以及越来越多的妇女进入职场，都预示着更加艰巨的照顾责任会落到更少的能提供照顾的人身上。这些人口方面的变化对于发展和传输正式服务以替代不断萎缩的非正式照顾者队伍有深远的意义。

（一）性别因素对给予和接受照顾的影响

1. 女性照顾者

绝大多数照顾者都是女性，主要是配偶、女儿或儿媳。常有的情况是，这些照顾者除了照顾老年人外还有全职工作，并且正在抚养孩子。女人可能在社会化的过程中就被教导她们更有责任照顾年老亲属情感和身体方面的健康，按照对他人的责任的伦理道德观评判自己。妇女也更有可能跟年老的父母建立和保持较深的情感纽带，所以她们接受照顾责任既源于与年长父母的情感纽带，也源于其他家庭成员微妙的期待，两者起了同等作用。

成年儿子在父亲而不是母亲需要协助的时候更有可能参与照顾活动，这可能是个人照顾需要亲密接触的缘故。然而，男人参与提供照顾多是协调社区提供的正式服务，而不是直接照顾老年人。

2. 受照顾者

年长的老年男性更愿意接受配偶的照顾而不是成年子女的照顾，这与老年男性更有可能再婚的情况是一致的。上年纪的妻子常常是其配偶的唯一照顾者，不仅要承担所有家务，而且还要完成一些艰巨的任务，包括个人护理。坦斯特德发现，配偶或其他女性照顾者给男性提供照顾时常常是基于自己感觉被照顾者需要些什么，而不是他的实际能力。也就是说，年老的男性更可能吃其他人做的现成饭，这不是因为他们做不了饭而是因为他们不想学做饭。在其他传统的与性别有关的活动中，情况也是如此，如做家务和购物等。

上年纪的妇女会得到成年子女特别是女儿的照顾，这比接受配偶照顾的情况更常见。

这些成年子女会比配偶更有可能扩大照顾网络（包括正式服务），增加 2～4 个照顾者。

这并不是说上年纪的丈夫不照顾妻子，而是这样的情形出现的可能性较小，因为年纪在 65 岁以上、丈夫仍健在的妇女的数量不多。

（二）照顾他人的压力

1. 照顾工作的压力来源

（1）关系缺乏互换性

若不考虑老年人患痴呆症的情况，照顾关系中的一个压力来源是照顾者与接受照顾的人之间缺乏互换性。在正常的家庭关系中，家人会提供相互的、代与代之间的支持。例如，一位成年子女可能会帮助老年人出行或购物，而老年人帮忙照顾他的孩子。当老年人生了病或者有了伤残情况，开始依赖成年子女或其他照顾者时，这一关系的互换性就被打破。成年子女发现自己要照顾老年人，但对老年人能给予的回报不能寄予太大希望。至于那些患痴呆症的老年人，甚至难以对照顾者做出情感反应和表示感激。

若配偶中的一方需要照顾患阿尔茨海默病的伴侣，其婚姻关系的性质会随着病情的加重而发生急剧的变化。到阿尔茨海默病的中晚期，照顾者一方会失去原来婚姻关系中存在的支持和情爱。随着患病的一方不大有能力回应自己的另一半，维持夫妇关系的个人吸引力消失了。终生的琴瑟合鸣会很快成单边的独角戏。

（2）社会隔离

照顾配偶的老年人，特别是独自照顾丈夫的妻子，常常会变得与社会隔离，这是造成身心疾病的高危因素。如果没有别人代为照顾，照顾者难以离家外出。晚期痴呆症老年人常常无法与他人沟通，迫使照顾他们的人也生活在无声世界。不管老年人是否有痴呆症，超过半数的照顾老年人的人说自己与朋友或家人相处的时间明显较少，或者不得不放弃休假、爱好和其他重要的社交活动。即使是那些有支持系统的人也会由于照顾老年人抽不开身，不大容易获取他人的支持。

（3）成年子女与父母的关系的动力

照顾年老的父母可能会重新引发成年子女和父母之间长久以来存在的问题，激化业已存在的需要处理的问题。考克斯和杜利发现，照顾者与受照顾者之间关系的好坏是如何看待照顾安排所带来的压力的一个最重要的决定因素。成年子女（或者配偶）在受照顾者生病或伤残前就与受照顾者有感情，心无芥蒂，就不大可能有情绪上的压力或者认为照顾责任是个负担。

跟父母断乳，在情感和生活上获得健康的独立，是青春期和成年初期面临的部分成长方面的挑战。直到成年还在情感或经济上依赖父母的子女很难认为自己要担当照顾父母的责任。在心理上他们难以接受不是父母给自己支持和安慰而是父母要依靠自己这一现实。布伦克那提出，要真正长大成人，在"孝"方面成熟是一个重要的挑战。这方面的成熟要求成年子女能把父母看成拥有财富和过失的个体，而不只是他们的照顾者。当成年子女在这方面不成熟或者在潜意识里不接受父母会需要帮助这一现实时，照顾父母就可能会被他们看成沉重的负担。

（4）受照顾者的特点

受照顾者自理能力的强弱是照顾者是否感到很大压力的至关重要的决定因素。将照顾痴呆症老年人和照顾非痴呆症老年人的人相对比，两者有令人吃惊的差异。同其他照顾者相比，照顾痴呆症老年人的人更可能在个人时间上受到限制，出现身心疾病的可能性更大，更可能与其他家庭成员关系紧张，更需要调整自己的工作安排。阿尔茨海默病和其他痴呆症常常伴有一些搅扰行为，如四处游荡、敲打东西或者出言不逊等，照顾者的压力直接与能否掌控此类行为所带来的挑战有关。

照顾抑郁老年人的人要比照顾无抑郁问题的老年人的人压力更大。眼睁睁看着挚爱的人退缩到孤独的抑郁世界中会引发照顾者一方强烈的情绪反应。

抑郁老年人的悲伤、了无生气和对大部分事情毫无兴趣，会影响照顾者的心理并转嫁到家人身上，造成婚姻和家庭关系的紧张。

老年人即使伤残也不接受照顾，或者太轻易地完全依赖他人会增加照顾者的压力。做到既不会照顾不够也不会照顾过度，便会让照顾者和受照顾者双方都对照顾关系更为满意。有意识地尽力保留哪怕是有限的自理能力，并能保持积极态度的老年人，同不这样做的老年人相比，不大可能抑郁，也不大会被人看成负担。

2. 照顾者中的抑郁症

照顾老年人最常见的心理方面的后果是照顾者出现抑郁症状。在美国，照顾患痴呆症老年人的人中，抑郁症的比例高达 43% ～ 52%，差不多是同龄人中非照顾者患病比例的三倍。没患痴呆症的老年人的照顾者患抑郁症的比例也是不照顾老年人的同龄人的两倍。抑郁源自照顾者感到有负担、与社会隔离、自责未能倾其所能提供照顾，还加上身心上的耗竭。

欧洲裔照顾者抑郁症的发病率似乎更高一些。非洲裔照顾者常常比欧洲裔照顾者有更广的亲属网，这让他们能获得更多的可临时帮忙的人。西班牙语裔和非洲裔照顾者患抑郁症常常是因为照顾者感到自己做得不够或者力所不及，而不是个人时间受到限制。这些照顾者感到，如果自己能有更多的时间或者更多的钱用于照顾老年人，便会做得更好一些。研究发现，一些族裔上的差异可能是由确定照顾者是否抑郁所使用的测量工不具有文化敏感性导致的。这些人的照顾者更有可能不说自己的情绪状态不好，而用身体不适来表达抑郁，这些不适没被看成与照顾老年人有直接关系。

3. 影响照顾者压力的中介因素

大部分照顾者说照顾老年人只给他们带来很小的负面影响，对照顾工作表现得很积极。照顾老年人可能会让成年子女或配偶深感生活有目的。为所爱的人服务能让人非常自豪，即便原来的关系并不平和。无论是对照顾者来说还是对受照顾者来说，有机会解决一辈子的矛盾或者是未了的事宜都能起到宣泄作用。

（1）情绪方面的支持

没说照顾老年人给自己带来压力的人都找到了行之有效的方式，调节压力给自己的个人生活和自己与受照顾者的关系带来的影响。有配偶、伴侣或朋友等支持系统的照顾者感受到的压力较低。美国照顾者联盟与美国退休人员协会调查指出，与朋友或亲属交谈是应对照顾工作压力的一个重要方法，另有不到 16% 的人靠专业性的精神健康辅导来获得支持。

（2）工具性支持

除了善于利用家人和朋友调节，自述压力较低的照顾者似乎更能发现在哪些情形下照顾工作超出了自己的能力范围并请求外援。使用成人日间护理服务或者偶尔使用短时托管服务都让照顾者有机会防止压力上升为危机，避免危及自己和受照顾者的健康与幸福。家人的援手或正规护理服务带来的工具性支持能让照顾者有掌控感，调节负担过重、压得透不过气来的感觉。

（3）其他调节因素

根据美国照顾者联盟与美国退休人员协会所做的调查，在所有照顾者中，有

3/4 的人把祷告作为自己的一个应对策略。认识和动员精神方面的资源可能对于照顾者也十分重要。另有 1/3 的照顾者指出，活动或者兴趣爱好对他们保持身心健康有帮助，这是面对照顾责任保护好私人时间的范例。

任何活动只要能让照顾者哪怕是短暂脱离高强度的照顾责任似乎都有益处。

五、面向照顾者的社会工作干预

朋友、家人或者配偶照顾一位老年人会得到回报，但也极具挑战性。实际的照顾工作不仅给照顾者带来身心付出方面的困难，而且随着照顾工作需要占用越来越多的时间，照顾者还会面临与社会隔离的危险。照顾者支持小组让成员有机会与他人谈论照顾压力，学习一些新方法应对照顾事宜带来的多种要求。

（一）照顾者支持小组

1. 目的

照顾者支持小组的主要目的是让照顾者能继续发挥作用，给他们提供情绪上的支持和具体的建议，让照顾者工作效率更高，更有收获。照顾者常常希望别人知道自己的复杂感受，这是情有可原的。尽管照顾者可能非常愿意承担老年人日常的个人护理、做家务和管理钱财等事宜，但是也可能受内疚感的折磨，因为他们会疏忽自己的家人，对工作也不能全力以赴。支持小组能帮助成员把这些感受看淡一些，并设法表达出来，为人所知。刚开始照顾老年人的人可能完全被照顾事宜压得透不过气来，不知道可以从哪入手找到资源或者学习个人护理技能。支持小组能帮助照顾者把需要其付出时间的接二连三的要求理出头绪，重新掌控自己的生活。

支持小组还能协助照顾者防止、掌控或者尽量减少受照顾者的问题行为。米特尔曼等发现，当照顾者对痴呆症带来的破坏性行为有了更好的了解时，受照顾者不仅能得到更好的照顾，而且也不大可能被送到老年人护理机构。

2. 小组成员资格

照顾者支持小组成员间的共同纽带是他们都在照顾他人。然而，照顾患痴呆症老年人的人所面临的困扰更严重，所以小组成员照顾的对象都差不多的话可能对他们更有益处。没患痴呆症的老年人即使身体非常不便，仍然能与照顾者交流，并能积极参与照顾自己。受照顾者若能尽量保持自理能力，感觉对照顾者表达出了自己的感激之情，会对受人照顾这个事实感觉好一些。相反的情况是，痴呆症到了中后期的老年人常常丧失了与人沟通的能力，生活除了基本的需求再无别的内容，使照顾关系没多少双向性。照顾这两类老年人情况会非常不同。为每类照顾者单开小组可能会更有效地处理各自独特的需要。照顾者小组结束后内部形成的支持系统可能会成为成员的宝贵资源。

照顾者小组还应该特别留意照顾者所属的特定文化在意的事宜。例如，文化传统和文化期许令其照顾老年人的人可能对于在自己的群体外谈论家庭问题感到非常不自在，甚至羞于跟他人谈论自己的照顾感受，感觉别人理解不了。建议对那些有共同语言的照顾者及其家庭开办专门的小组。否则，会严重影响成员全身心投入小组中的积极性。

3. 支持性小组的积极性

支持性小组可以围绕特定的主题开展活动，如时间管理、个人护理技能、冲突化解，或者如何得到正式资源补充非正式照顾等。这些小组主要是心理教育性小组，向成员提供情绪上的支持以及对照顾者来说有用的具体信息。其他支持性小组的内容不是那么完全确定的，重点是满足成员谈论照顾老年人的努力和磨难方面的需要。这类小组面向负责实际照顾工作，但是仍对照顾老年人感觉矛盾混乱的人。不管照顾者支持小组的重点是什么，特别重要的是，小组成员能有足够的时间相互交谈，有机会从有同样经历的人那里获得支持和理解。

4. 小组组长的角色

照顾者支持小组的组长要担当多种角色。组长要提供教育性内容，特别是当照顾者需要病程知识的时候，让他们了解如阿尔茨海默病、脑卒中或心脏病等疾病的知识。照顾者可能对受照顾者的状况能有多大程度的改善抱有不现实的想法。新照顾者常常迫切地想得到更多的资讯，以确认自己和受照顾的人将来会面临什么问题。

此外，小组组长还要充当小组成员的经纪人和倡导者。小组成员常常无法获取正式的支持性服务或者协调各方面的服务。小组组长可以代表小组采取行动，或者直接做工作以获得其他支持性服务，或者给成员赋权，让他们更有自信去获取这些服务。

小组组长最重要的角色是充当支持者，并在必要的时候做辅导员。谈论照顾老年人带来的挫折感常常会暴露出长久以来照顾者和受照顾者之间的矛盾，这需要在照顾老年人的早期阶段就加以处理。照顾曾经虐待过自己的父母或者非常挑剔、要求非常多的父母是一件让人特别困扰的事情。帮助照顾者认识到让照顾关系更为复杂的这些人际关系问题，有助于在它给照顾者和受照顾者的幸福带来危害前便将其解决。

（二）改善照顾者与受照顾者之间的关系

与受照顾者长期有矛盾的照顾者可能会从旨在改善关系的个人辅导中获益。辅导可以是本部分内容前面已经讨论过的配偶工作，也可以是向与年长父母有矛盾、照顾他们有挫折感的成年子女提供支持性辅导。

1. 配偶或伴侣关系

前面讨论过配偶或伴侣关系中角色和角色期待方面的变化，特别是当其中一方要照顾另一方的时候发生的变化。伴随阿尔茨海默病或脑卒中等疾病而来的关系上的失衡和社会行为的改变会给延续了很长时间的关系带来一些严重的问题。米特尔曼等观察到，即使是在一些痴呆症很严重的病例中，配偶间情感依恋的强度并没有改变，而是照顾者对疾病给配偶带来的变化感到困惑和害怕。如果可能，向照顾者和受照顾者提供支持性辅导有助于识别夫妇关系有些什么变化，哪些还是保持原样，以及彼此对这些改变必须怎样做出调整以保持关系的稳定。

2. 子女与父母的关系

当照顾者为成年子女时，子女与父母关系的好坏是预测照顾关系压力的一个最重要的指标。关系好坏受两方面因素的影响，一是成年子女是否达到了"孝顺"，二是在情感和实际生活上是否能健康地自立。对于那些还没与父母感情疏远的成年子女，可能需要做个人辅导或家庭辅导。致力于改善子女与父母的关系，好处在于可以改善双方对于照顾他人和接受照顾的感受，帮助成年子女及其父母在仍然有机会的时候解决一辈子的积怨。成年子女可能需要社会工作者的肯定才能着手处理这一未了的心结。当受照顾者看起来似乎也同样关心这件事时，社会工作者可能就需要帮助成年子女弄明白情感上有哪些障碍影响自己与父母的关系。

3. 推动照顾者的自我保健

社会工作者可以做一些切实的事情，鼓励照顾者照顾好自己。本部分内容的一个核心主题是照顾关系中照顾者感受到的压力。为了向一位伤病老年人提供最好的照顾，照顾者常常会忽略自己的幸福。在照顾者中，抑郁、身体有病、家庭关系紧张是经常出现的问题。即使说出自己需要一些个人时间，或者求他人短时间照顾一下老年人，也有可能会让照顾者感到内疚。

照顾者能实事求是地评估自己的照顾能力，并在需要的时候求他人帮忙，便更可能感到自己可以控制和把握照顾老年人这件事，这对照顾者认为自己是否幸福是一个重要因素。除了能识别个人拥有的资源并动员其他照顾者给予支持外，掌控感，包括愿意并能够预知将来照顾老年人需要做些什么并采取有针对性的行动，可以防止因照顾事务不断增加而带来的失控。那些没因照顾老年人而毁掉自己生活的照顾者都学会了如何保持本人的幸福感。

自我保健不只是花时间参加活动或者有时离开受照顾者。它还是一种社会工作者可以帮助照顾者建立的思维模式。这一模式是把个人的照顾责任放到人生的大背景中去看待，欣然接受别人的帮助，并对自己身为照顾者的表现感觉良好。尽管赞扬和支持照顾者是社会工作者的专业职责，但是照顾者也必须愿意接受和内化别人的正面反馈。

下面为大家展示了美国家庭照顾者协会给家庭照顾者提出的一套小建议。这些建议说明了照顾者自己给自己加油和不断进行正面的自我对话的重要性：

①选择掌控你的生活，不要让所爱的人的伤病总是占据舞台的中心。

②记得善待自己，爱自己，尊重自己，看重自己的价值。你所做的事非常不容易，值得拥有一些只给自己的美好时光。

③留意抑郁征兆，需要的时候别拖延，寻求专业帮助。有人提出帮忙的时候欣然接受，告诉他们具体可以做些什么。充实自己，掌握所爱的人的情况。

④护理与埋头做事不同。开放地接受能提高你所爱的人的自理能力的技术和观念。

⑤信任自己的直觉，大多数时候能让你往正确的方向走。

⑥怀念自己失去的东西，然后构建新的梦想。

⑦坚持自己身为照顾者和公民的权利。

⑧寻求其他照顾者的支持。

对于每天的生活都面临挑战的伤病老年人来说，家人和朋友是他们能够得到的最重要的支持系统。随着年老，一起抚养了子女的配偶和伴侣要重新界定两人的关系，从个人关系的角度而不是主要从为人父母的角度来看待自己的人生伴侣。退休不仅给伴侣带来挑战，使他们要设法靠有限的收入生活，而且还需要他们找到彼此都满意的方式来充实新得到的休闲时间。当夫妇进入晚年时，他们还可能变得要更多依赖他人，其中一个人要成为另一个人的照顾者，这对一生扮演的角色和担负的责任是个挑战。社会工作者面临许多挑战，包括帮助老年配偶处理好丧失问题，制造机会建立新的掌控区域，并让老年人面对认知和身体功能上的变化保持自我认同。通过婚姻生活回顾、沟通技巧训练和认知行为技术，配偶能找到新的联结彼此的方式，让晚年的婚姻也成为最令人满意的一段婚姻。

家庭会议是一种技术，不仅能用来帮助家人处理长期照顾家中长辈必须做的决定，而且还能帮助他们认识和解决危及家庭良好运行的长久以来的矛盾。对许多家庭的成员来说，做照顾决定涉及指定谁做家里的照顾者，这是家庭成员所能遇到的一个最艰巨（常常也是最有收获）的任务。建立家庭照顾者支持小组，提供以照顾者和受照顾者之间关系为重点的支持性辅导，提高照顾者的自我保健意识，都是社会工作的干预措施，可用来帮助缓解许多照顾关系中存在的压力。

参 考 文 献

[1] 袁妙彧. 社会分层视角下老年人对养老机构地址与设施的需求选择——以武汉市 14 个城市社区的调查为例 [J]. 湖北经济学院学报, 2021, 19（4）: 95-104.

[2] 李君华, 张翰丰. 基于用户体验理念的老年助行产品研究 [J]. 设计, 2021, 34（13）: 18-21.

[3] 王一然, 赵䢃龙. 万物互联时代居家适老化改造研究 [J]. 设计, 2021, 34（13）: 52-55.

[4] 赵文婧. 老年群体居住空间中的无障碍设计 [J]. 设计, 2021, 34（13）: 56-58.

[5] 沈晗斌, 何学聪, 刘壮. 空间类型视角下的社区老年人户外休闲活动空间设计——以南京孝陵卫社区为例 [J]. 设计, 2021, 34（13）: 148-151.

[6] 李敏华, 贺志武. 西安市养老服务设施需求分析 [J]. 中国集体经济, 2021（22）: 165-166.

[7] 余柳君, 周五四. 社会质量理论视域下老年教育质量提升的实践逻辑与优化路径 [J]. 成人教育, 2021, 41（7）: 27-34.

[8] 陈文娇, 刘巧巧, 肖杨. 基于当代老年人学习需求的社区老年教育课程开发 [J]. 成人教育, 2021, 41（7）: 35-40.

[9] 房亚哲, 马萍, 郭楠. 北京老年人血细胞分析参考区间验证及增龄变化 [J]. 中国老年学杂志, 2021, 41（13）: 2759-2762.

[10] 周建芳, 宋作为, 肖雨琦, 等. 南京市老人网络使用及障碍性因素 [J]. 中国老年学杂志, 2021, 41（13）: 2836-2838.

[11] 白雅萍, 林英, 吴冬梅, 等. 农村地区中老年高血压患者睡眠质量及影响因素 [J]. 中国老年学杂志, 2021, 41（13）: 2839-2842.

[12] 景璐石, 冯景蕙, 冯吉玲, 等. 老年人主观幸福感与社会支持、家庭结

构类型的相关性［J］. 中国老年学杂志，2021，41（13）：2842-2845.

［13］宁敏，郑海华，姜冬辉，等. 海口市老年人急救知识影响因素及培训效果
［J］. 中国老年学杂志，2021，41（13）：2845-2849.

［14］逢颖鑫，丁冬，朱颖俐，等. 2007—2014 年吉林省伤害监测点老年人伤
害病例特征［J］. 中国老年学杂志，2021，41（13）：2852-2855.

［15］范志光，袁群明，李菲. 乐观、希望对老年人睡眠质量的影响：安全感
的中介作用［J］. 中国老年学杂志，2021，41（13）：2858-2861.

［16］张羽，辛延伟，刘晓芹，等. 农村老年人总体幸福感与人格特征——
社会支持的中介作用［J］. 中国老年学杂志，2021，41（13）：2862-
2865.

［17］齐伯嫣，常翰玉，刘丹，等. 大连市社区老年人跌倒发生及其影响因素
［J］. 中国老年学杂志，2021，41（13）：2866-2869.

［18］梁霞，刘玉，金凌. 心理护理对手术室老年人工髋关节置换术患者情绪
的影响分析［J］. 心理月刊，2021，16（15）：148-149，179.

［19］耿芳，袁美霞，吕桂秀. 积极心理干预对养老机构老年人心理弹性、自
我护理能力及生活质量的影响［J］. 心理月刊，2021，16（12）：7，
11-12.

［20］盖兴文. 军队干休所老年人心理问题的调适对策与思考［J］. 心理月刊，
2021，16（12）：201-202.

［21］曹咏平. "互联网＋"医疗模式下促进老年人群健康素养［J］. 科技风，
2021（17）：160-161.

［22］王文玥，鲁翔，高伟. 欧洲老年健康体系建设现状——多元化模式进程
中的先行者们［J］. 实用老年医学，2021，35（6）：544-547.

［23］咸海迪. 在"健康中国"战略下，构建医养结合智慧养老服务平台
［J］. 东方养生，2021（6）：18-19.

［24］甘珊，李峥. 基于倾向性评分匹配法的社会网络对老年人心理健康状况
的影响研究［J］. 医学与社会，2021，34（6）：83-87.

［25］张锦纯，朱兆鸿，杨德全，等. 利用互联网促进老年人心理健康［J］.
家庭科技，2021（6）：41-43.

［26］张淼，吴绍鹏. 基于老年人心理需求的养老建筑规划模式探析——以北
京市医物园建筑方案设计为例［J］. 中国住宅设施，2021（5）：5，
93-94.